本书为
云南师范大学中国史一级学科博士点建设成果

东南亚澜湄五国华商与"一带一路"建设的云南实践

保跃平◎著

中国社会科学出版社

图书在版编目(CIP)数据

东南亚澜湄五国华商与"一带一路"建设的云南实践 / 保跃平著 . —北京：中国社会科学出版社，2021.3
ISBN 978 - 7 - 5203 - 7848 - 2

Ⅰ.①东… Ⅱ.①保… Ⅲ.①华人—企业家—研究—东南亚②区域经济发展—研究—云南　Ⅳ.①K815.38②F127.74

中国版本图书馆 CIP 数据核字(2021)第 021979 号

出 版 人	赵剑英
责任编辑	耿晓明
责任校对	王佳玉
责任印制	李寡寡

出　　版	中国社会科学出版社
社　　址	北京鼓楼西大街甲 158 号
邮　　编	100720
网　　址	http://www.csspw.cn
发 行 部	010 - 84083685
门 市 部	010 - 84029450
经　　销	新华书店及其他书店
印刷装订	北京君升印刷有限公司
版　　次	2021 年 3 月第 1 版
印　　次	2021 年 3 月第 1 次印刷
开　　本	710×1000　1/16
印　　张	15.75
字　　数	266 千字
定　　价	89.00 元

凡购买中国社会科学出版社图书，如有质量问题请与本社营销中心联系调换
电话：010 - 84083683
版权所有　侵权必究

目 录

第一篇 东南亚（澜湄五国）华商现状研究

引 言 ……………………………………………………………（3）

第一章 泰国华商历史与现状 ……………………………（5）
    一 泰国概况与中泰关系发展 …………………………（5）
    二 泰国华商历史 ………………………………………（8）
    三 泰国华商的规模与分布 ……………………………（12）
    四 泰国华商与住在国关系现状 ………………………（19）

第二章 柬埔寨华商历史与现状 …………………………（24）
    一 柬埔寨概况与中柬关系发展 ………………………（24）
    二 柬埔寨华商历史 ……………………………………（28）
    三 柬埔寨华商的规模与分布 …………………………（30）
    四 柬埔寨华商与住在国关系现状 ……………………（34）

第三章 老挝华商历史与现状 ……………………………（42）
    一 老挝概况与中老关系发展 …………………………（42）
    二 老挝华商历史 ………………………………………（48）
    三 老挝华商的规模与分布 ……………………………（50）

四　老挝华商与住在国关系现状……………………………………（52）

第四章　缅甸华商历史与现状………………………………………（60）
　一　缅甸概况与中缅关系发展………………………………………（60）
　二　缅甸华商历史……………………………………………………（67）
　三　缅甸华商的规模与分布…………………………………………（70）
　四　缅甸华商与住在国关系现状……………………………………（78）

第五章　越南华商历史与现状………………………………………（90）
　一　越南概况与中越关系发展………………………………………（90）
　二　越南华商历史……………………………………………………（96）
　三　越南华商的规模与分布…………………………………………（101）
　四　越南华商与住在国关系…………………………………………（105）

第六章　东南亚华商发展趋势分析…………………………………（112）
　一　经济地位的逐步提高……………………………………………（113）
　二　政治地位的逐步改善……………………………………………（115）
　三　文化上的"嵌入性"……………………………………………（116）

第二篇　东南亚华商在云南服务与融入
"一带一路"建设中的作用研究

引　言…………………………………………………………………（121）

第七章　"一带一路"建设的云南实践……………………………（125）
　一　云南概况…………………………………………………………（125）
　二　云南的优势………………………………………………………（127）
　三　云南服务和融入"一带一路"建设的探索实践………………（142）

第八章　"一带一路"建设对东南亚华商的影响…………………（156）
　一　政策支持…………………………………………………………（157）

二　平台搭建 …………………………………………………… (159)
　　三　信心提升 …………………………………………………… (164)

第九章　东南亚华商在"一带一路"建设中的角色定位和战略路径 ……………………………………………………………… (170)
　　一　东南亚华商是"一带一路"建设中的角色定位 ………… (171)
　　二　东南亚华商服务"一带一路"建设的重点领域 ………… (176)

第三篇　新形势下侨联在云南"走出去"战略平台创建中的对策研究

引　言 ………………………………………………………………… (193)

第十章　侨联在实践"走出去"战略中的地位和作用 ………… (197)
　　一　"走出去"战略的重要意义 ……………………………… (197)
　　二　侨联与侨务工作概述 ……………………………………… (202)
　　三　侨联在实践"走出去"战略中的作用 …………………… (210)

第十一章　侨联在"走出去"战略平台创建中的对策思考 …… (225)
　　一　创新侨务观念，以大侨务观促进侨务工作社会化 ……… (225)
　　二　把握工作重点，努力拓展和深化侨联工作职能 ………… (229)
　　三　加大侨情调研，夯实侨联侨务工作基础 ………………… (230)
　　四　转变工作方法，由牵线搭桥转向铺路架桥 ……………… (235)

参考文献 ……………………………………………………………… (238)

第一篇

东南亚（澜湄五国）华商现状研究

引　言

东南亚地区是华侨华人的主要聚集地，华人是当地重要的族群之一。东南亚华侨华人有近3400万，包括约250多万新移民及其眷属，约占全球华侨华人总数的73.5%。其中"澜湄五国"①共计约1639万人，具体为泰国约970万，老挝330万，越南192万，柬埔寨113万，缅甸34万。

华侨华人移居东南亚历史悠久。东南亚华商史是华人奋斗史的典型缩影，勤劳勇敢的东南亚华商在极其艰苦的社会生态环境中，不断调适自身的生存策略，展现出强大的文化适应力，与当地民族和睦相处，共同促进当地社会的发展和进步。

东南亚华商人数众多，经济实力雄厚，在东南亚各国具有强大影响力和号召力。他们为促进和繁荣东南亚各国的经济做出了重大的贡献，是东南亚各国经济建设的一支重要力量。近些年，随着"一带一路"建设和中国—东盟自由贸易区建设以及中国"走出去"战略实践的推进，东南亚华人凭借在东南亚国家长期以来积淀的经济优势，积极参与国际经济竞争，发挥着显著的经济影响力。与之相应，东南亚华人的政治地位也得以提高，华人在当地的社会融入程度进一步增强，华文教育与文化蓬勃发展。

东南亚华商的政治境遇逐步改善。20世纪50年代之后，东南亚国家先后获得独立，华商与广大华人均面临一个现实的问题，那就是国家认同问题。经过多方长期努力，华人放弃了旧的政治认同，建立了新的政治认同，在住在国安居乐业。政治身份的改变有力地推动了华人在地化进程。

---

① 即"澜湄合作"框架下除中国外的境外五个国家，分别是澜沧江（境外称湄公河）流经的缅甸、老挝、泰国、柬埔寨、越南五国。

当然，东南亚华人的政治参与程度是参差不齐的，如泰国、柬埔寨、老挝、缅甸、越南五国中，泰国有华人在政府各级部门担任要职，华人政治地位日益提高；其余四国由于历史背景和政治原因，对华人参与政治设置了诸多限制，华人主要在经济领域寻求发展，较少涉足政治。近些年，随着这些国家开放程度的加强，以及与中国关系的稳步发展，华人政治参与度不断提高，政治地位有所改善。

在文化方面，东南亚华人在地化趋势中仍然保持着自身特点，虽然第二代、第三代以后的华商已经在文化、语言、生活方式等方面与当地居民高度融合，对住在国有较高的政治认同和文化认同。然而，由于父辈的熏陶以及祖籍国文化的强大影响力，他们仍然保持中华文化的某些特质。当然，这种特征在各国之间也有差别，如泰国华人与当地社会已经完全融为一体，不再具有明显的中华文化特征；而柬埔寨、老挝、缅甸、越南等国华人，由于面临的社会隔阂较多，其聚集社区仍然保留着较为明显的中华文化特征。

东南亚华侨华人在全球经济浪潮中打拼，既培育了国际视野和商业智慧，也韬养着深厚的中华传统文化；既熟悉东南亚情况，也了解中国情况，对中国和住在国的风土人情、产业特征、政策趋向、发展走势等比较熟悉，同时还具有明显的资金优势、人才优势、技术优势。东南亚华侨华人资源的整合与利用，对促进中国与东南亚国家的全方位合作与交流，"一带一路"和云南辐射中心建设的稳步推进，服务于人类命运共同体和周边国家命运共同体打造，具有重大的社会现实意义。

第一章 泰国华商历史与现状

一 泰国概况与中泰关系发展

泰国,全称泰王国,位于亚洲中南半岛中南部,东临老挝和柬埔寨,南面是暹罗湾和马来西亚,西接缅甸和安达曼海。在1949年5月11日以前,泰国的名称是暹罗。1949年5月11日,泰国人用自己民族的名称,把"暹罗"改为"泰",主要是取其"自由"之意。因为当时的东南亚,只有泰国是独立的国家。泰国的官方语言是泰语,用泰语字母,当中约5000万人视为母语。泰国全国共有76个一级行政区,其中包括75个"府"与首都曼谷。

泰国总人口数量达到6880万人①,是一个以泰族为主体的多民族国家,少数民族散布于泰国各个区域,包括老族、华族(华人)、马来族、高棉族、孟族、苗族、瑶族、克伦族、阿卡族、木瑟族、傈僳族、拉瓦族、拉祜族、塞诺伊族、莫肯族等民族。泰国官方认为,除泰族外全国共有56个少数民族,而民族学界则认为泰国有超过60个少数民族。从地域分布看,居住在平地的少数民族有38个、居住在高山、丘陵地区的少数民族(山地民族)有13个、居住在海边的少数民族有3个、居住在森林的少数民族有2个。从各民族的构成来看,泰族比重最大,约占全国人口总数的40%。另外老族约占35%,华族约占10%,马来族约占3.5%,高棉族约占2%。②佛教是泰国的国教,大多数泰国人信奉南传上座部佛教,

---

① 数据来源:《泰国国家概况》,外交部网站,https://www.fmprc.gov.cn/web/gjhdq_676201/gj_676203/yz_676205/1206_676932/1206x0_676934/。

② 周建新、王美莲:《泰国的民族划分及其民族政策分析》,《广西民族研究》2019年第5期。

90%以上的居民信仰佛教，马来族信奉伊斯兰教，还有少数信奉基督教新教、天主教、印度教和锡克教。泰国南部的陶公府、北大年府和惹拉府以回教徒为主。几百年来，泰国的风俗习惯、文学、艺术和建筑等几乎都和佛教有着密切关系。

泰国是君主立宪制国家，以前国王普密蓬·阿杜德（1927年12月5日—2016年10月13日）的生日（12月5日）为国庆日，国王是国家元首和军队的最高统帅，又是宗教的最高维护者，但国王权力受宪法约束。

1975年7月1日，泰国总理克立·巴莫亲王率领政府代表团访华，会见毛泽东主席和邓小平副总理，就东南亚形势和泰中关系举行会谈。7月1日，克立总理与重病在身的周恩来总理在医院里主持了泰中建交的签字仪式，泰中关系从此翻开了新的一页。至今已是40多年的历史了。泰中建交40多年来，在双方共同努力下，两国关系发展顺利。双方秉持"泰中一家亲"与和平共处五项原则，坚持相互信赖，真诚合作，和睦相处。泰国政府恪守一个中国的原则，坚持把台湾、香港、澳门、西藏和人权等问题都视为中国内政的立场。中国政府尊重泰国奉行的独立自主外交政策和全方位的外交方针，涉及泰国的内部事务从不干涉。

两国领导人互访频繁，泰国王室成员也多次访问中国。各阶层人民往来密切，双方在政治、经济、贸易、军事、文化、教育、科技等各个领域进行了卓有成效的合作，泰中两国都奉行独立自主的和平外交政策，对重大国际问题的立场是一致的或近似的，在国际和地区事务中友好磋商，密切配合，为世界和平与共同发展事业做出积极贡献。

1999年2月，泰中两国签署了"关于21世纪合作计划的联合声明"，为两国友好合作关系在新世纪发展确定了指导原则和发展方向，规划了蓝图。通过双方共同努力，在新世纪里，泰中睦邻友好及全方位合作关系必将迈向新的台阶，在友好、平等、互利、互惠的基础上，泰中两国双边关系获得了全面迅速发展，两国之间建立了全方位的睦邻友好伙伴关系。在两国政府和人民的共同努力下，两国在各个领域里的合作交流日益深广，堪称不同社会制度国家睦邻友好和互利合作的典范。2001年8月，两国政府发表《联合公报》，就推进中泰战略性合作达成共识。2012年4月，两国建立全面战略合作伙伴关系。2013年10月至2019年11月，两国先后发表或签署《中泰关系发展远景规划》《中华人民共和国政府和泰王国政府关于共同推进"一带一路"建设谅解备忘录》《中华人民共和国政府和泰王国政府联合新闻声明》，进一步巩固了双边关系。

泰中两国文化相似，血缘相近，繁荣进步的愿望相同，两国人民在长期交往中建立了兄弟般的友谊，两国的民间友好往来更加活跃，成为泰中睦邻友好关系的重要组成部分。两国各民间友好团体相继成立，为促进各界民众之间交流发挥了巨大的作用。两国民间团体的友好往来十分频繁，促进了相互了解、信任和友谊，有力地推动了两国在政治、经济、文化等领域的广泛合作。泰中友好省、市的建立和交往已成为两国民间交流的重要组成部分。泰中两国已结成多对友好省、市，例如：北京市与曼谷市、上海市与清迈市、云南省与清莱府、河南省与春武里府、昆明市与清迈市、烟台市与普吉府、南宁市与坤敬府、葫芦岛与碧武里府、澳门特别行政区与普吉府等。

泰中建交以来，两国的贸易往来与经济合作与日俱增，已成为两国关系的重要组成部分。1978年，中泰两国成立了政府间的经济贸易联合委员会，后又成立了"经济合作委员会"和"科技合作委员会"，并相继签订了《民间航空运输协议和对方全权证书》（1980）、《促进和保护投资协定》（1985）、《避免双重征税和防止偷漏税协定》（1986）、《贸易经济和技术合作谅解备忘录》（1997）、《海运协议及补充议定书》（1999年）、《双边货币互换协议》（2011、2014）等。这些合作机制的建立和协议的签订，有力地推动了中泰经济合作关系的发展。目前，中国已超过美国，成为泰国最大的出口市场，而泰国自中国的进口也大幅增加。泰国主要向中国出口大米、玉米、绿豆、橡胶、原糖和水果等农产品，尤以香米、榴莲闻名华夏。中国主要向泰国出口石油产品、机械设备、轻纺产品、五金矿产和医药等工业品，以其物美价廉备受欢迎。两国经贸和投资合作不断增长，并扩大到金融、农业、工业、旅游、交通、海运、信息、环保等领域的全面合作。

20世纪90年代，中泰经济合作扩展到地区经济合作，两国积极参与"10+3"合作，支持包括中、泰、老、缅四角经济合作，和包括中、泰、老、缅、越、柬六国的大湄公河次区域经济合作。2003年，《关于在〈中国—东盟全面经济合作框架协议〉"早期收获"方案下加速取消关税的协议》签订。中国已成为泰国的主要投资对象国，泰国则是中国在东南亚投资最多的国家。2010年元旦，中国—东盟自由贸易区全面实施，泰中两国之间90%以上的产品变为零关税。这极大地促进了泰中经济发展，为泰中两国带来不可估量的巨大商机，泰中经贸合作关系展现出广阔的发展前景。

近年来，随着"一带一路"倡议的稳步推进，中泰关系发展进入新的机遇期。双边在贸易、投资、旅游业等领域的合作快速发展。

贸易方面，2018年1—12月，中泰双边贸易额为801.4亿美元，同比增长8.7%，其中泰国对华出口301.8亿美元，同比增长2.3%；自华进口499.6亿美元，同比增长12.9%。2019年1—8月，中泰双边贸易额586.3亿美元，同比增长1%，其中中国出口285.3亿美元，同比增长1.2%，进口301亿美元，同比增长0.9%。①

投资方面，2018年，中国申请泰国投资优惠的项目数量为131个，涉及投资额554.8亿泰铢，位居泰第三大投资来源国，前两位分别是美国和日本。2019年1—8月，中国对泰新增非金融类直接投资额5亿美元，同比增长11.4%。截至2019年8月底，中国对泰累计直接投资额64.4亿美元，泰国对华累计直接投资额43.3亿美元。截至2019年8月底，中国企业在泰国共签订承包工程合同总额292.5亿美元，完成营业额235.2亿美元。②

旅游业方面，泰国旅游和体育部公布的数据显示，2018年到泰国的中国大陆游客达到1035万人次，同比增长7.44%，创历史新高；为泰国创收5807亿泰铢（约合1240亿元人民币），同比增长11.52%。③

二　泰国华商历史

华人最早移民暹罗始于何时，目前尚无定论。据泰华学者黎道纲的考

---

① 数据来源：中华人民共和国商务部网站，http：//www.mofcom.gov.cn/article/tongjiziliao/fuwzn/ckqita/201903/20190302844012.shtml，2019-03-18；外交部网站，https：//www.fmprc.gov.cn/web/gjhdq_676201/gj_676203/yz_676205/1206_676932/sbgx_676936/，2019-11-31。

② 数据来源：中华人民共和国驻泰王国大使馆经济商务参赞处网站，http：//th.mofcom.gov.cn/article/d/201903/20190302844012.shtml，2019-03-28；外交部网站，https：//www.fmprc.gov.cn/web/gjhdq_676201/gj_676203/yz_676205/1206_676932/sbgx_676936/，2019-11-31。

③ 数据来源：《2018年赴泰中国大陆游客人数创新高》，新华网，http：//www.xinhuanet.com/2019-01/28/c_1124054992.htm，2019-01-28。

证，至少在1165年，就有中国商人到今泰国境内，或贸易，或流寓，成为最早的华侨。十三四世纪，克拉（Kra）地峡两岸如春蓬（Chumphon）、素吻他尼（Surat Thani）与六坤（Ligor）等商港，吸引大批华裔前往经商。16世纪初，阿瑜陀（Ayudhya）成为主要的华人聚集区。

到了17世纪末，全泰国的华人人口约有10000人，占全国总人口的10%弱。可见，泰国华人社会形成于大城王朝时代（1349—1767）。① 1688年，泰王驱逐欧洲人之后，大部分欧洲人被排除于贸易体系之外，泰国人又因为传统的"萨克迪纳"②制的约束，暹罗的对外贸易就主要依靠华人，暹中私商贸易业迅速发展。于是更多的中国人来到暹罗，从事贸易或与贸易相关的职业。

吞武里时期（1767—1782），泰国国王支持商业，支持华人移居泰国，华人对发展泰国国内经济和促进泰中海上贸易发挥了重大作用。拉玛一世时期（1737—1809），华人大量移居泰国。拉玛二世（1809—1824）秉承一世时期的传统，泰中关系顺利发展。拉玛三世时期（1824—1851）是华人移居泰国较多的时期。

拉玛王朝初期，移民到泰国的华人增多，由于华人在种种经济活动中付出劳动、发挥才能，华人虽然被视为本地市民，能自由择业并到各地经商。泰国政府规定初次入境的华人必须缴纳入境税。最初，华人可以免除徭役，从拉玛二世时起华人要缴纳徭役税，一直到拉玛五世时期才被取消。来泰国经商居住的华人也带来了他们的思想、生活方式、艺术和知识，为泰国增添了活力和清新的色彩。华人背井离乡来到泰国，大多能任劳任怨，艰苦创业。拉玛王朝初期的各朝给予了华人许多优惠政策，未曾有歧视欺压之举。此外，华人在安家、就业、贸易、务农、造船和航行等方面还享有与泰国公民等同的权利。海上贸易方面，华商可自由出入泰国，是他国商人不能享有的特权。更有甚者，华人获准以缴税代替劳役，有别于当地人和居住在泰国的其他国家的人。

拉玛三世时期之后，中国人移民泰国是快速增长趋势。施坚雅

---

① 刘半甜：《泰国华商发家史》，《世界博览》2010年第12期。
② 亦称食田制度。在泰语中，"萨克迪纳"可直译为"对稻田的权利"。该制度以国王授田的等级来区分人们的社会地位。

(G. William Skinner)综合各种因素估算认为,拉玛三世(1824—1851)初期,每年移入泰国的中国人为6000—8000人。到19世纪30年代降至年均约2000人,后逐渐增加,1870年达4000人,之后略有下降,1882年起再度激增。①

19世纪中期以来泰国华人资本的形成与早期华人参与泰国对外贸易的历史有密切关系,通过贸易积累财富是泰国原始资本积累的途径之一。

1855年,英国迫使泰国签订《鲍林条约》,规定英国公民可以在泰国任何港口从事自由贸易,英国输入泰国的商品只缴纳商品价格3%的进口税,同时期中国、印度、日本的进口税为5%。从此,泰国逐步沦为半殖民地国家,其最重要的贸易对象由中国转向英国,逐渐被纳入资本主义的贸易体系。随后泰国又与其他国家签订了类似的条约,这些条约给泰国的政治、经济以及社会带来了广泛的变革。《鲍林条约》签订后华商对产品的垄断不复存在,中层华商作为代理或中间商、零售商参与了西方人主导的国际贸易,这导致越来越多的华人移居泰国。此时的华商积极学习欧洲商人的经营方式,相比泰人而言,旅泰华人长期的经商经验使其很快担当起中间商的角色,此时的华商主要是泰王的包税商、欧商的买办、港口商和米商。

1855年,泰国对西方开放后,华商学习并采用了资本主义生产经营方式,但未影响与国王的联盟。在萨克迪纳制度下,下层泰人没有条件从事商业活动,华商充当国王的代理,获得各种经商特权。华人包税商为政府创造了多种新形式的收入,为拉玛五世的改革和君主专制的加强提供了大笔资金,因而在某种意义上说,泰国君主专制政体是在华人支持下建立起来的。

1932年,泰国从君主专制过渡到立宪君主制,华商实现在泰国的经济融合,也在一定程度上实现了政治融合。政治融合和经济融合进一步促进了华商与泰国的文化融合。不少华商完全融入了泰国的权力集团,有的在第一代完成,有的在第二代及以后完成。泰国的民族主义兴起前,这个过程自然而然地发生着。②

---

① 石维有:《泰国华商资本的兴起与发展研究》,广西师范大学出版社2009年版,第20页。
② 刘半甜:《泰国华商发家史》,《世界博览》2010年第12期。

二战后，华商长袖善舞，逐渐把握了泰国的经济命脉，使当地开始出现排华情绪。华人为求自保，都主动放弃原来的中国姓氏拼音，而改用有相同意思的泰语文字来当作他们的新姓氏，甚或采用当地原有的姓氏。该运动后来被称之为"改姓名运动"。但自从20世纪90年代开始，泰国连同其他三个"亚洲四小虎"成员马来西亚、菲律宾、印度尼西亚的经济开始起飞，群众的态度开始转化。当地传媒更制作节目，讲述华人在泰国历史所扮演的角色，强调他们与泰国的其他种族一样，都是泰国人。

移民泰国的华人按方言可以划分为，潮州人，来自潮安、潮阳、澄海、普宁、揭阳、饶平六个沿海和沿江河口地区的县；广府人，以广州人为主；福建人，以厦门为主要港口，以泉州人和漳州人居多；客家人，未形成聚居的群体，大多与其他地区中国南方人混居；海南人，多为移居海南的福建人，大多来自海南岛东北侧的文昌和琼山两县。潮州人是旅居泰国数量最大的华人群体，福建人次之，接下来是海南人和广府人，而客家人数量较少。

中国人之所以选择移居泰国，除了泰国的地理环境、气候、思想方式、生活方式、宗教、文化等与中国十分相近外，更重要的是，泰国人民的友善亲和，历代的泰国国工对华人一视同仁。1891年拉玛五世下令在曼谷市修建并赐名"耀华力路"，即俗称的泰国"唐人街"。

泰国华商为在经济、生活等方面更好地融入泰国社会，以合法而有章可循的形式组织起来，这种组织可分为依方言区设立的会馆、姓氏社团、行业协会和慈善机构四大类。按方言成立的会馆先后有广肇会馆、海南会馆、福建会馆、客家会馆和潮州会馆等等。姓氏社团由同一姓氏的人组织起来，其目的是为成员提供相互联系的机会，建立彼此间的友谊，同时也提醒后人不要忘记中国的传统文化和与国内的亲情。目前，泰国有六十余个宗亲合作成立了"泰华各姓宗亲总会联合会"。行业协会是同一职业或行业的组织，这些同行业的企业通过协会进行信息、知识交流，制定统一的章程以便与政府的规定相协调，避免过度的竞争。泰国最大、最有影响力的华人行业协会便是泰国中华总商会。慈善机构旨在为华人提供救助，这种救助不分方言或姓氏。现在主要的华人慈善机构有天华医院和报德善堂。天华医院是由五大会馆的华商领袖于1904年联手共建，以解决华人治病就医的问题。报德善堂是由12位华商捐款，于1900年成立。目的是作为公益组织,专为无亲无故的死者办理后事。后来该机构把业务范围扩展到免费为孤苦无依的患者提供医药费或住处和医疗,为贫困者或遭受灾害的人提供帮助。

目前,泰国的华文报纸主要有六家:《星暹日报》《亚洲日报》《新中原报》《京华中原联合日报》《中华日报》《世界日报》。据记载,泰国第一所民营华文学校于1782年诞生。华人会馆对早期华校的发展影响重大。热心教育的华人还以私人名义在各处华人社区开设华校。1989年,泰国政府批准汉语作为另一外国语,可在幼稚园到小学六年级阶段开设。1992年,官方宣布汉语在泰国学校拥有和英语、法语、德语、日语等外国语同等的地位,准许从中华人民共和国聘请拥有学士学位或师范学历的中国教师任教。1992年以来,泰国的汉语教育愈来愈受到欢迎,现在汉语已成为热门语种。泰国的汉语教学除在小学、中学和大学有系统地提供外,还有许多民间的语言中心。尤其在曼谷,这些语言中心每日都在授课,既有日课班也有夜课班。此外,许多大学还向社区提供汉语教学服务。泰国华裔喜欢给子女起泰式名字,连姓氏也要泰化。泰国人直到1903年才拥有了自己的姓氏,当时的国王拉玛六世要求每个泰国人都要有姓氏,要名姓兼用,并亲赐千余姓氏。

三 泰国华商的规模与分布

(一) 泰国华商规模

由于缺少相对准确的普查数据,目前对于海外华侨华人的数据大多是估算得出的,这就出现多种版本的估算结果,从3000万到8700万人都有。2007年国家汉办主任许琳介绍,约有5000万以上的海外华侨华人和超过100万的留学生;《中国经济周刊》2005年第24期称,华侨华人多达8700多万;伦敦经济学院学者马丁·雅壳(Matin Jacques)估算,华侨华人总数大约有4000万;中国社会科学院发布的《2007年全球政治与安全报告》认为,目前我国大陆海外移民人数已经达到3500万人。① 而王耀

---

① 庄国土:《东南亚华侨华人数量新估算》,《厦门大学学报》(哲学社会科学版)2009年第3期。

辉、康荣平 2018 年发布的《世界华商发展报告（2018）》认为，海外华侨华人总数为 6000 多万人。①

由于泰国华人数量大，且与住在国融入度较高，目前还没有一个准确的数据，仅有部分学者或研究机构对泰国华人进行估算，提出不同的人口"比例"。如曾任新加坡亚洲研究学会会长、新加坡华裔馆馆长的廖建裕教授推测泰国华人约占泰国总人口的 8.6%；台湾华侨志编纂委员会提出 15% 的比例；台湾"侨委会"则提出 11% 的比例。② 美国著名人类学家、汉学家施坚雅（G. William Skinner）对泰国华人数量有过较为系统的考证，他综合泰国历年华人出入境数据，在对华人聚集区进行的实地调查的基础上，估算 1955 年泰国华人总数为 231.5 万人，约占泰国总人口的 11.3%。施坚雅估算了 1917—1952 年间每 5 年的泰国华人数量，得出约"11%"这一稳定比例。③ 施坚雅对泰国华人比例的判断为大部分研究者所认可，成为推断泰国华人数量的重要依据。

据庄国土教授的估算，2007 年，泰国华侨华人总数约为 700 万，大约占泰国总人口的 11%。华人经济是泰国经济的重要组成部分，华人企业在泰国的各重要行业中占 60% 以上。虽然二战后曾一度遭遇泰国政府压制并于 1997 年经历金融危机，但在 21 世纪的头十年，在东南亚和泰国经济回暖的带动下，泰国华商稳健发展，东盟自由贸易区的建设和中国 21 世纪海上丝绸之路的建设为泰国华商提供了新的发展机遇。④

根据《华侨华人蓝皮书：华侨华人研究报告 2013》的统计，截至 2011 年，泰国华侨华人人口约 718 万人，占泰国人口比例的 10% 左右，其中，潮州籍人口位列榜首，约占 65%。泰国 76 府均设有潮州人同乡组织，可见泰国华侨华人大部分来自广东潮州。⑤ 按照世界银行公布的数据，

---

① 王耀辉、康荣平：《世界华商发展报告（2018）》，社会科学文献出版社 2018 年版，第 2 页。
② 康晓丽：《20 世纪 50 年代以来东南亚闽籍华人数量的估算》，《华侨华人历史研究》2019 年第 9 期。
③ [美] 施坚雅：《泰国华人社会：历史的分析》，厦门大学出版社 2010 年版，第 193 页。
④ 邱会珍：《1975 年以来泰国华侨华人与中泰关系研究》，硕士学位论文，华侨大学，2016 年。
⑤ 潘艳贤：《浅析 20 世纪以来泰国华族群关系》，《八桂侨刊》2016 年第 6 期。

2018年泰国总人口6943万人，按照泰国华人占总人口14%①的比例估算，2018年泰国华人数量约为970万人，与泰国总人口一样，呈逐年稳定增长的态势。泰国华人主要居住在曼谷和半岛的中部地区，在泰国工商业、金融业、旅游业、传媒业中有着重要位置和影响。

（二）泰国华商分布

1. 地域分布

在泰国，华侨华人主要聚居在曼谷、清迈、合艾等大中城市。尤以首都曼谷最多，约有50多万华侨华人，以潮州人为主。泰南主要以闽籍华人为主。普吉岛也是华人较多的地区之一，约有30万人，占该地区人口总数的60%。②

泰北17个府约有华侨华人100余万，其祖籍地大多为云南、广东和海南等省。清迈府是华侨华人聚居较为集中的地区，约有华侨华人30余万。祖籍潮州和云南的华人在当地占大多数，其次是客家人、海南人和广肇人。

此外，在清莱、清迈、夜丰颂、达府等地，分布着70多个"难民村"，居住着原国民党93师残部及其后代，还有不少从缅甸逃难到泰国的云南籍人以及国内历次政治运动中逃跑出去的各省人士，这些人共计15—20万，其中云南籍约占90%以上。泰北还成为中国新移民的集散地。尤其以陆路前往泰国的中国新移民，大都居留在泰北，再伺机流向泰国各地及其他东南亚国家。20世纪80年代中期以来，泰北还成为中国新移民前往欧美各国的重要中转地之一。③

2. 行业分布

泰国华商从事的行业广泛，主要集中在商业、金融业、工业和制造业、农业、旅游业、房地产业、传媒业等领域。④

---

① 商务部：《对外投资合作国别（地区）指南—泰国》（2018年版），2019年1月，第11页。
② 刘红梅：《中国的发展太不可思议了——泰国普吉侨领访华》，《侨情》2004年第35期。
③ 朱柳：《独具特色的泰北侨情》，转引自庄国土、刘文正《东亚华人社会形成与发展——华商网络、移民与一体化趋势》，厦门大学出版社2009年版，第420页。
④ 参见庄国土、刘文正《东亚华人社会形成与发展——华商网络、移民与一体化趋势》，厦门大学出版社2009年版，第421页；国务院侨办侨务干部学校编《华侨华人概述》，九州出版社2005年版，第63页。

商业领域。泰国约有80%华侨华人从事商业。按行业可分为进出口业、土产业、米业、中西药业。按类别又可分为大规模进出口公司、中间商、零售商等。商业是泰国华侨华人经济的传统行业，与其他行业相比，经营商业的华商人数最多。泰国华人零售商遍布于城镇和乡村。泰国是大米出口国，最大的十家华人米商的出口量占泰国大米出口总量的80%。随着泰国经济的发展，大型超级市场和百货公司也逐渐在泰国兴起。郑有英的中央洋行集团经过60多年的发展，已经成为泰国最大的经营百货、超级市场的商业集团，控制了泰国近一半的零售行业，郑氏家族以210亿美元排名2019年福布斯泰国富豪榜第二名①，仅次于谢国民兄弟的正大集团。

工业和制造业领域。泰国华商商业资本早在19世纪末20世纪初就已进入工业领域。20世纪六七十年代，泰国华商资本在纺织、汽车组装、钢铁制品、家电、化学制品等制造业出现勃兴的局面。1979年泰国100个营业额最高的企业集团中，24个属于泰国控制的工业集团②，全部为华商所有和经营。③ 24个集团之外的著名华商工业企业集团和企业机构还有：南洋纺织集团、联华塑胶集团、泰布厂集团、泰兴钢铁集团、沙炎钢铁集团、刘炳源钢铁集团、泰华塑胶集团、泰万发罐头集团、永丰铁工厂集团、宪成纸合集团，以及东方实业机构、东亚机构、青山机构和丽真机构，等等。21世纪初以来，泰国经济结构随着的高速发展出现了明显的变化。虽然农业在国民经济中仍然占有重要的地位，但制造业在其国民经济中的比重已日益扩大。制造业已成为比重最大的产业，且成为主要出口产业之一。泰国工业化进程的一大特征是充分利用其丰富的农产品资源发展食品加工、纺

---

① 《福布斯发布2019年泰国富豪榜》，福布斯中文网，http：//www.forbeschina.com/billionaires/504，2019-05-09。

② 这24个集团及其业务分别是：暹罗汽车集团（Siam Motors）：汽车、正大集团（CP Group）：农业和工业、美都（Metro Group）：农业和工业、Chawkwanyu：炼油、汶洛集团（Boon Rawd Brewery）：啤酒、鸿益成（Hong Yiah Seng）：纺织与石化、协成昌（SPI Group）：消费品、甲蒙素歌颂（Kamol Sukosol）：汽车和酒店、兰栋公司（Laemthong）：农业和工业、泰伦亮公司（Thai Roong Ruang）：制糖、泰美伦集团（Sukree Group）：纺织、协联集团（Saha Union Group）：纺织、奥梭沙帕（Osothsapha）：医药、汶信（Boonsung）：矿业和汽车、伟成发（Sahaviriya）：钢铁、叶贤才（Yip In Tsoi）：纺织和汽车、广顺利（Kwang Soon Lee）：制糖、Mitr-Phol：制糖、实芬芬（Cathay Trust）：化工和金融、玛哈坤（Mahhakhun）：糖酒、社里（Thai Seri）：冷藏、肖（Siew）：电器、BIS Group：钢铁、曼谷纸业（Bangkog Paper）：纸。

③ 石维有：《泰国华商资本的兴起与发展研究》，广西师范大学出版社2009年版，第103页。

织及其相关的制造业。泰国的国内工业资本包括外资、国家资本和私人（含华商）资本三大部分，相对于国家资本的衰落，华商工业资本发展迅速，在泰国国内工业资本中占有重要地位，成为泰国工业资本的代表。① 据统计，华商经营的食品加工业和纺织业超过泰国全国的一半以上，达60%左右；金属及化学工业约占全国的40%；电子工业约占30%。②

金融业领域。金融业是泰国华人经济中的支柱行业。随着泰国经济的发展，华资银行的业务已经扩展至资金、信托、保险、投资等领域。泰国国内五大金融财团的前4位都是华人所拥有。以华人持有的盘古银行的资产就已经占了泰国30家商业银行总资产的32.6%。③ 虽然亚洲金融危机之后，一些有相当规模的华商银行和金融公司被迫易主或关闭，但并未对华人经济在这一领域的影响力产生实质性影响。东南亚地区的华人经济素有"华人钱库"之称，战后这一地区崛起了一批具有国际影响的华人金融集团。其中，泰国的华人资本尤其突出，形成了以盘谷银行的陈弼臣、泰华农民银行的伍班超、大城银行的李木川、京华银行的郑午楼四大金融集团为中心的11家华资银行，其分支机构超过了1000家，是实力最强的海外华人金融集团。

农业领域。泰国农业人口占泰国总人口的80%左右，享有"东南亚粮仓"的美名，是亚洲唯一的粮食净出口国和世界主要粮食出口国之一。泰国的大米出口量在世界上已居第一位，木薯输出位居全球之冠，橡胶名列世界第三，玉米排名第四，鱼产品出口在亚洲仅次于日本。华商历来是泰国农业发展的重要力量。二战前，华商以大米业为核心，扩展到金融等各行各业，出现"一米带百业"的景象。20世纪30年代，泰国大米业被八个华商家族所主导（见表1.1）。二战后，华商资本涉足领域逐步拓展，大米业的核心地位逐渐被消解，但仍然是华商资本的选项之一。20世纪70年代，泰国在实行进口替代工业化的过程中，同时推行出口导向的工业化政策，鼓励使用本地原料生产出口产品。政策调整创造了利润空间，于

---

① 石维有：《泰国华商资本的兴起与发展研究》，广西师范大学出版社2009年版，第118、115页。

② 吴东儒、李义斌、林春培：《华侨华人蓝皮书：华侨华人研究报告（2016）》，社会科学文献出版社2017年版，第154页。

③ 同上。

是，一向甚少涉足农业的华商纷纷投入该领域，原来从事这一行业的华商，也迎来了快速发展的机会。其他行业的华商，逐渐转向这个有利可图的行业。这样，产生了泰国华商企业的一种新形式——农基工业（Agro-based Industry），即以农业为基础的工业，兴起了泰国华商资本的一种新形式——农业资本，[①] 大量农基企业集团快速成长，最有代表性的如谢氏家族，以农业起家，发展成以农牧业、食品业、商业零售业为核心业务，同时涉足金融、地产、制药、机械加工等十多个行业领域的正大（卜蜂）集团；刘哈泰创办，以进口和销售化肥起家，后发展至面粉和木薯粉加工等领域的美都集团；陈兴勤创办的波·乍仑攀集团，以经营饲料起家，后发展成集饲料、养鸡、农业、水产、畜牧业为一体大型农基企业集团，是泰国最大的鸡肉、饲料供应商和鸡肉出口商之一，此外还有李光隆创办的协达饲料集团、经营大米和玉米加工出口的顺和成集团和马振盛集团、经营蓖麻深加工的那那班集团、经营金枪鱼罐头的尤尼科德集团[②]，等等。

表1.1　　　　20世纪30年代主导泰国大米业的华商家族

企业名称	领导人	祖籍
陈黉利行	陈守明、陈守镇	潮州
卢裕隆行	卢飐川	潮州
马振盛行	马立群、马国华	广州
蚁光兴利行	蚁光炎	潮州
伍广源隆行	伍柏林、伍竹林	客家
廖荣兴行	廖公圃、廖欣圃	潮州
许长老发行	许仲宜	潮州
陈振盛利行	陈振敬	潮州

资料来源：石维有：《泰国华商资本的兴起与发展研究》，广西师范大学出版社2009年版，第62页。

旅游业及相关产业领域。自20世纪80年代中期起，旅游业已成为泰国创汇最多的行业，超过了传统的大米、橡胶出口业，位居首位。2019年

[①] 石维有：《泰国华商资本的兴起与发展研究》，广西师范大学出版社2009年版，第146页。
[②] 参见吴壁鸿《改革开放以来泰国华商对中国大陆的投资分析》，硕士学位论文，暨南大学，2012年；石维有：《泰国华商资本的兴起与发展研究》，广西师范大学出版社2009年版，第152页。

泰国接待外籍游客约 3980 万人次，外籍游客为泰国带来 1.93 万亿泰铢（约合 4400 亿元人民币）的旅游收入，同比增长约 3%，约占泰国国内生产总值的 12%。① 旅游业的发展促进了工业尤其是工艺品、食品工业的发展。如泰国的柚木雕刻、佛像、纸伞、泰丝、鳄鱼皮制品等，都受到了游客的青睐。旅游业还提供了大量的就业机会，目前在泰国，从事与旅游直接相关职业的人员近 300 万人，旅游业成为继农业、工业之后的第三大劳动力就业领域。华商资本总是与时俱进地紧跟泰国经济发展态势，旅游及相关产业发展也成为泰国华商投资的重要领域。杨海泉创办的北榄鳄鱼湖动物园、丘小平创办的曼谷野生动物园等，成为泰国著名的旅游景点。华人所经营的明拉酒店（Minla Hotel）、普南宫（Phranang Place）、国宾大曼谷酒店（Ambassador Hotel Bangkok）、曼谷亚洲酒店（Asia Hotel Bangkok）、律实他尼酒店（Dusit Thani Hotel）、普吉华南酒店（Phuket Graceland Pesort and Spa）等，均先后发展成为泰国一流的大酒店集团。同时随着泰国旅游业快速发展，大量华商资本还投资旅行社，成为推动泰国旅游业发展的重要力量。

建筑和房地产领域。华人是历来是泰国建筑业领域的重要参与者，早在大城王朝和曼谷王朝开国初期，建设都城的主力军就是华人。二战后，华商成立了暹罗华侨建筑公会。20 世纪 60 年代以后，伴随泰国工业化的发展带来的对基建、厂房建设、办公设施建设等业务的增加，华商建筑公司纷纷成立。1963 年，泰国新法案准许国民建造楼房自由买卖，为建筑业与房地产业的兴起提供了法律保障，房地产成为一个重要的行业领域，一些有条件的华商建筑公司逐步发展成为房地产建筑公司。此后，与泰国工业化、城市化同步，泰国建筑及房地产业飞速发展，成为越来越多华商投资的热点。比较有代表性的华商房地产企业有玲英豪集团（Land & House Group）、曼谷置地集团（Bangkok Land）、杏玛叻地产（Hemaraj Land And Development）、中泰工程（Sino-Thai Engineering And Construction）、百信集团（Somprasong）、建全置业集团（MK）、意泰集团（ltalian-Thai Group）、裕益集团（Univest Land Public Co., Ltd.）、明泰集团（Ming Thai Group）、

---

① 《泰国去年入境游客近 4000 万人次中国游客仍然居首》，人民日报海外网，http://news.haiwainet.cn/n/2020/0125/c3541083-31705535.html，2010-01-25。

康蒂集团（Country）、初刚创集团（Ch. Karchang）等。泰国主要的金融集团——泰国农业银行集团、大成银行集团、盘古银行集团、京华银行集团，华尔街金融证券有限公司、丘细见金融证券公司，以及制造业、农业、商业等领域的知名华商企业如实芬芬、甲蒙素哥颂、协成昌、协联、暹罗汽车、正大（卜蜂）、广顺利、群侨等，也纷纷投资房地产。① 2019年泰国福布斯富豪榜第四名苏旭明，除酿酒和饮料业务外，也将房地产作为其主营产业。

四　泰国华商与住在国关系现状

（一）经济关系

华人经济是泰国经济的重要组成部分，华商是泰国的重要经济支柱，在泰国的各大经济领域都占有重要地位，如旅游业、工业、农业、金融业、采矿业等领域。据统计，泰国国内企业近一半为华人所有，华商企业市值占泰国前100家企业市值总额的31%。泰国所有上市华商企业的市值约为521亿美元，上市华商企业的总资产约为1575亿美元（表1.2）。

表1.2　　**泰国主要华商上市企业市值及资产（2013年）**　　（单位：百万美元）

企业名称	市值	营业额	总资产
泰华农民银行	2893.2	4008.1	56504.7
磐谷银行有限公司	1439.7	2696.9	69097.2
正大集团	9879.4	5309.3	1814.9
卜蜂食品企业有限公司（大众）	7836.7	6854.7	8244.1
大城银行大众有限公司	6147.7	1813.7	31083.5
BEC世界（大众）有限公司	3315.3	425.4	323.0
京都水泥大众有限公司	2507.5	762.5	870.3

数据来源：吴东儒、李义斌、林春培：《华侨华人蓝皮书：华侨华人研究报告（2016）》，社会科学文献出版社2017年版，第155页。

泰国华人经济在推进泰国经济现代化的过程中也加快了自身的发展步

---

① 石维有：《泰国华商资本的兴起与发展研究》，广西师范大学出版社2009年版，第152、171—183页。

伐。华侨华人经济，尤其是华人经济深度融入并影响着泰国经济社会发展进程，可以说，泰国的现代化与华侨华人经济密不可分，甚至融为一体。日本东京大学社会学研究院末广昭（Suehiro Arira）在其论文《战后泰国的资本主义发展：商业银行家、工业巨头和农产企业集团》中指出："虽然泰国主要的国内资本家集团一直都是华人，但他们基本上都在当地出生，加入了泰国国籍并使用泰国语言；年轻一代的企业领导人完全是在泰国学校接受教育。与战前的时期不同，大多数华人企业领导人都与该国有着经济上的利害关系。有鉴于此，我不把这些资本家定义为外国商人，而是把他们列为国内或泰国商人。"①

泰国华人经济由泰国华侨经济演变而来。如同东南亚其他国家华人经济对住在国的贡献一样，泰国华人经济在近几十年来泰国经济建设与发展中，壮大了国家的经济力量，加快了国家现代化进程，同时也使自身得到了长足发展，并在世界华人经济中占有重要地位。

（二）政治关系

日本龙谷大学教授卓南生曾指出："基本上东南亚华人经过几代繁衍，对于当地的认同是相当牢固的，不是可以轻易改变的。"② 这个结论完全适用于泰国。二战后，与东南亚其他国家相比，泰国的华人同化政策比较成功，因此，华人在融入当地社会过程中没有受到过多的阻碍。而且，随着华人经济实力的不断增强，其自身也需要通过加入当地国籍，深度融入当地社会，积极参与政治活动来保障和获取更多的权利。随着泰国政治民主化进程的加快，泰国的华裔以各种形式参与泰国的政治活动并发挥了重要作用。③与此同时，华人社团也开始成为泰国政治生态结构的重要组成部分。

尤其是 20 世纪 80 年代以来，随着泰国的政治环境的宽松，广大华侨华人不仅社会融入度提高，政治融入度也达到前所未有的高度，大量华人政治家通过选举、组建或加入政党等方式进入泰国的政治集团。20 世纪

---

① ［日］末广昭：《战后泰国的资本主义发展：商业银行家、工业巨头和农产企业集团》，向来译，《南洋资料译丛》1996 年第 Z1 期。
② 吴群、李有江：《二战后泰国华侨华人社会的变化》，《云南师范大学学报》（哲学社会科学版）2004 年第 5 期；思想者论坛：《东南亚华族社会面临的问题》，《中国译论》，1998 年。
③ 范锦荣：《泰国华人政治参与研究》，硕士学位论文，暨南大学，2011 年。

90年代后,差猜·春哈旺、川·立派、班汉、他信·西那瓦、阿披实、英拉·西那瓦相继出任总理。他们都是第三代及以上的华裔泰国人,差猜·春哈旺是祖籍潮州的第三代华裔,而阿披实的祖先是从越南移民到泰国的袁氏华侨;英拉·西那瓦是第四代华裔。此外,许多华人通过选举成为泰国的议员、阁员,广泛参与国家事务的管理。①

如今所有具有泰国国籍的华人华裔都自称泰国人,并按照泰国法律享有公民一切合法权益,进入了泰国主流社会。值得关注的是,泰国华人华裔并不是以泰籍华人或华族的法律身份参与泰国政治的,而是以泰籍泰人的法律身份组建政党、参加选举、走上政坛的。这也从另一侧面说明华侨华人在泰国社会的深度融入性。

华人华裔对泰国的政治认同不仅仅表现为履行归化手续,实现法律身份的转换,而是在思想认识上达到了理性的高度。泰国华人伍启芳女士曾撰文表示:"中国是我们的'根'之所在。但也应该确认我们已经分枝落叶在泰国","虽然我们的祖先来自中国,但是我们却生于斯,长于斯,且可能永远生活于斯,所以我们几乎已全部归化为泰籍,所以我们要崇敬泰皇,忠爱泰国及遵循泰国法律;并以保存和发展泰国文化为主,绝不崇洋媚外,如此才能融入泰国生活和社会,并将自己的成就回馈给泰国社会"。可见,泰国华人真正从落叶归根转变为落地生根。

(三) 社会与文化关系

华侨华人已高度融入泰国社会,并形成一种以文化认同、族群认同或是社群认同为基础的社会关系网络。至今,泰国华商已在当地耕耘了300余年,形成了很多类型的社会关系网络圈,包含族缘及地缘关系网络、婚缘关系网络、侨团关系网络;族缘和地缘关系网络是先赋性的,始终是所有社会关系网络中最重要的类型;婚缘及侨团关系网络是后致性的,是泰国华商扩大社会资本的集中体现。②

其中侨团关系网络是当前华人华商社会关系网络中最重要的形式,也

---

① 冯子平:《海外春秋》,商务印书馆1993年版,第296页。
② 吴东儒、李义斌、林春培:《华侨华人蓝皮书:华侨华人研究报告(2016)》,社会科学文献出版社2017年版,第161页。

是许多泰国华商资本运营的重要载体。目前泰国是侨团数量最多的国家之一，有代表性的如泰国中华总商会、泰国潮州会馆、泰国中国和平统一促进会、泰华各姓宗亲总会联合会、泰国工商总会、泰华进出口商会、泰国华人青年商会、泰国青年企业家协会、泰中新时代领导精英班、泰中工商业联合总会、泰国石狮同乡会、泰国南安同乡会、泰国泉州晋江联合总会、泰国广东商会代表，等等。

中泰文化相互渗透和影响已经达到了水乳交融的程度。泰国的华侨华人社会仍保留着中国传统的春节、元宵、清明、端午、中元、中秋、腊八祭灶等节日，但也重视泰国的泼水节、佛诞节、水灯节等，许多盛大仪式采取泰中结合的方式庆祝。华人普遍有泰国名字，泰语流利，会说中文的已经很少。宗教信仰上，华裔也愿意信仰泰人所崇拜的小乘佛教，而开始减少对儒教和大乘佛教的信仰。因此泰国的华人文化已成为一种混合型的文化。

除了华侨仍保持着中国姓氏外，泰国华人华裔的中国姓氏已完全为泰国姓氏所取代。如：郑姓演变成郑差沛汶、郑差哇尼、郑差鲁威吉等。有的泰国姓氏来自历朝历代泰国国王的赐予，大部分则取自于泰语中吉祥如意、勇敢智慧的词汇。华人华裔甚至于像泰人一样，从小就取一个单音节的小名。小名的使用时限和范围与中国的风俗习惯不一样，不仅终生使用，并且可供老师、同事、上司称呼，而大名只有在较为正式的场合才使用。[1]

泰国华人的宗教信仰与泰国国教一样都是佛教，泰国华人所尊崇的儒家思想传统深入泰国人民思想生活领域，对泰国的哲学、文学、艺术、道德和民间风俗都有深远影响，泰、华伦理道德相类，生活习俗相近，相处历史悠久，血缘关系源远流长，因而华人与泰国各兄弟民族已形成水乳交融的亲密关系。这种状况，在海外各国的华人中，是比较突出的。

泰国华文教育发展较好。泰国社会目前形成的学习华文的热潮，有人誉之为二战后泰国华文教育的第二个"春天"。这一热潮开始于20世纪70年代初。1972年，朱拉隆功大学率先开始教授中文课程。20世纪80年代

---

[1] 吴群、李有江：《二战后泰国华侨华人社会的变化》，《云南师范大学学报》（哲学社会科学版）2004年第5期。

后，泰国政府逐渐放宽对华文教育的限制，1992年宣布全面开放华文教育。20世纪90年代以来，泰国大、中、小学纷纷设置中文课程，教授中文课程的学院、学校、补习班如雨后春笋般出现。[①] 目前泰国著名的大学，如朱拉隆功大学、法政大学、易三仓大学、农业大学、艺术大学和曼谷国际学院等都开办了华文课，并取得了一定的学术成就，培养了一批硕士生。有些大学已经与北京大学、北京语言大学、华侨大学、厦门大学等中国高等学府建立了师生交流关系。泰国全国76个府的华人社团、会馆、同乡会等组织开设的华文补习学校、夜校、培训班、华文讲座班等更是不胜枚举。

另外，泰国华人依托于华人社团、宗亲组织及其他民间机构，积极团结华人在服务于泰国社会发展的同时，也起到连接中泰关系的作用。

当前，中国"一带一路"建设稳步推进，与"泰国4.0"战略和"东部经济走廊"[②] 有巨大的合作空间和广阔的发展前景。泰国华商经济实力强、社会融入程度深、社会影响力巨大，泰国侨团侨社数量众多、历史悠久、运行规范，是推动中泰两国经济、政治、文化等多领域合作的重要力量。

---

① 吴群、李有江：《二战后泰国华侨华人社会的变化》，《云南师范大学学报》（哲学社会科学版）2004年第5期。

② 2016年，泰国总理巴育提出，泰国拟在未来20年将经济发展提升到一个基于高附加值的发展阶段，被称为"泰国4.0"阶段，希望通过该战略，传统的农业种植模式升级为智能化农业，将传统的中小企业升级为智能型中小企业，将传统的服务业升级为具有高附加值的服务业。为此，泰国推出了"东部经济走廊"计划。泰国东部经济走廊，指泰国在东部沿海的差春骚、春武里和罗勇三府设立的经济特区，旨在通过大力发展基础设施建设以及实行一系列投资优惠政策吸引高附加值产业到此落户。在"东部经济走廊"计划推出两年后，泰国政府决定效仿"东部经济走廊"的投资发展模式，打造一条包括拉廊、春蓬、素叻他尼和洛坤四府的"南部经济走廊"（SEC）。希望通过建设这一走廊，重点改进南部上端四个府的交通运输基础设施，使这四府成为衔接太平洋泰国湾与印度洋安达曼海域的枢纽陆桥，并且成为"孟加拉国—印度—斯里兰卡—泰国合作倡议—环孟加拉湾多领域经济技术合作组织（BIMSTEC）"的开发中心，由政府主导带动民间企业对四府进行密集工业与交通设施投资，开发陆运、海运与空运无缝衔接。参见汪瑾《两条"走廊"与泰国4.0战略》，《环球》2018年第23期。

第二章 柬埔寨华商历史与现状

一 柬埔寨概况与中柬关系发展

柬埔寨，即柬埔寨王国，旧称高棉，位于东南亚中南半岛南部，东部和东南部同越南接壤，北部与老挝交界，西部和西北部与泰国毗邻，西南濒临暹罗湾。湄公河自北向南纵贯全境。海岸线长460千米。全国面积约18万平方千米，分为20个省和4个直辖市。柬埔寨首都为金边（Phnom Penh），人口约300万（2018），洞里萨河与湄公河交汇处，是柬埔寨政治、经济、文化和宗教中心。

柬埔寨全国人口共计约1625万人，其中35岁以下年轻人口占72%。[1] 全国分布着20多个民族，其中高棉族为主体民族，占总人口的80%以上，而其他的少数民族中，占比较高的有越人、华人、泰人、占人，以及其他的一些山地高棉人。山地高棉人是柬埔寨的古老民族，他们和高棉人有着同样的祖先，讲高棉方言，他们和高棉人大概在3—5世纪的时候开始分化。山地高棉人的支系很多，主要有库伊人、布劳人、墨农人、斯下人等。[2] 高棉语为柬埔寨通用语言，与英语、法语同为官方语言。佛教为柬埔寨国教，全国95%以上的人信奉佛教，占族多信奉伊斯兰教，少数城市居民信奉天主教。

宪法规定，柬埔寨系君主立宪制王国，立法、行政、司法三权分立。

---

[1] 《柬埔寨2018年各项数据出炉 表现东南亚中排名第一》，世通海外网，http://shitong-hk.com/news/au/201903/7621.html，2019-03-28。

[2] 田霞：《柬埔寨民族国家建构与民族整合进程研究》，硕士学位论文，云南大学，2016年。

国王终身是国家元首、国家军队最高司令、国家统一和永存的象征，有权宣布大赦，可根据首相建议并征得国民议会主席同意后解散国会。国王因故不能视事或不在国内期间由参议院议长代理国家元首职务。王位不能世袭，国王去世后由首相、佛教两派僧王、参议院和国民议会议长、副议长组成的9人王位委员会在7日内从安东、诺罗敦和西索瓦三支王族后裔中遴选产生新国王。① 现任国王为诺罗敦·西哈莫尼国王，系诺罗敦·西哈努克太皇和莫尼列太后的长子。

国民议会是柬埔寨全国最高权力机构和立法机构，每届任期五年。参议院为国家立法机构，有权审议国民议会通过的法案，每届任期六年。柬埔寨宪法规定，国家法案须经国民议会、参议院和宪法委员会审议通过，最后由国王签署生效。2004年7月，柬埔寨颁布宪法修正条款。该条款规定，国民议会可以通过一次性投票方式决定国民议会领导层人选和批准新政府。2004年10月，柬埔寨国民议会审议并批准了关于选举王位继承人的王位委员会组成和执行法，规定在国王去世、退休或退位后7天内选举产生柬埔寨新国王。第六届国会成立于2018年9月，由125名议员组成，人民党包揽全部议席，韩桑林任国会主席，人民党主席洪森任首相。共10位副首相、17位国务大臣，28个部和1个国务秘书处。本届参议院成立于2018年2月，由62名参议员组成，其中人民党58人，2人由国王直接任命，2人由国会委任，赛冲连任参议院主席。②

1958年7月19日，中柬两国正式建交。1993年，柬埔寨新政府成立，中柬关系进入新的发展阶段。2000年11月，中柬双方签署了《中柬关于双边合作的联合声明》，确定两国在新世纪发展更加密切和稳固的传统睦邻友好关系。2006年中柬发表《联合公报》，宣布建立"全面合作伙伴关系"。2010年12月，两国建立全面战略合作伙伴关系。2019年4月，两国签署《构建中柬命运共同体行动计划》，双边关系进入新的发展阶段。

长期以来，中柬领导人保持密切联系（见表2.1），尤其是中国几代领

---

① 《柬埔寨概况》，央视新闻网，http://www.cctv.com/news/special/C13222/20060328/100339.shtml，2006-03-28。

② 《柬埔寨国家概况》，中华人民共和国驻柬埔寨王国大使馆网站，http://kh.china-embassy.org/chn/ljjpz/jpzgk/，2018-04-27。

导人与柬埔寨太皇西哈努克建立了深厚友谊,奠定了两国关系稳定发展的基础。几年来,双方持续推进高层交往。两国在军事、文化、教育等方面合作密切。双方迄今已签署《中柬引渡条约》《中柬文化合作协定》《中柬互免持外交、公务护照人员签证协定》以及文物保护、旅游、警务、体育、农业、水利、建设、国土资源管理等领域的合作谅解备忘录。①

表2.1　　　　　　　　　2018年以来中柬高层交往

时间	高层交往	成果/意义
2018年1月	李克强总理赴柬出席澜湄合作第二次领导人会议并正式访问柬埔寨	李克强总理与洪森首相共同主持澜湄合作第二次领导人会议,并与柬、老、缅、泰、越领导人一道,回顾澜湄合作成果,总结合作经验,规划未来发展方向,推动澜湄合作从培育期顺利迈向成长期
2018年2月、9月 2019年3月、8月	西哈莫尼国王和莫尼列太后先后四次来华查体休养	
2018年5月	国务委员兼公安部长赵克志访问柬埔寨	柬埔寨首相洪森会见赵克志,双方强调将以两国建交60周年为契机,深化务实合作,扩大人文交流,共同落实好"一带一路"建设合作规划纲要,加强重大项目安保和执法安全合作,推动中柬全面战略合作伙伴关系不断深入发展
2018年6月	国务委员兼国防部长魏凤和访问柬埔寨	洪森首相会见魏凤和,强调柬方坚定支持习主席关于构建人类命运共同体、共建"一带一路"等重大合作倡议
2018年9月	洪森首相来华出席第15届中国—东盟博览会	洪森首相第11次出席中国—东盟博览会,成为出席东博会次数最多的东盟国家领导人,是东博会最"铁"的亲历者、见证者和推动者之一
	柬埔寨参议院第二副主席迪翁来华出席第17届中国西部国际博览会	

---

① 《李克强总理出访柬埔寨 推动澜湄合作走向新高度》,中华人民共和国中央人民政府网站,http://www.gov.cn/xinwen/2018-01/10/content_ 5255054.htm,2018-01-10。

续表

时间	高层交往	成果/意义
2018年10月	柬埔寨参议院主席赛冲访华	赛冲同中国全国政协主席汪洋、中国全国人大委员长栗战书等人会谈，并参观北京的一些文化社区和工业区
	柬埔寨副首相兼国防大臣迪班来华出席北京香山论坛并访华	国务委员兼国防部长魏凤和与迪班举行会谈，双方强调要落实好两国领导人共识，推动两国两军关系持续向前发展
2018年11月	全国人大常委会副委员长张春贤访问柬埔寨	双方强调要加强立法机构等各领域的交流与合作，不断深化双方全面战略合作伙伴关系，构建中柬具有战略意义的命运共同体
2019年1月	洪森首相对华进行正式访问	这是洪森首相2019年首次出访，也是柬第六届新政府成立后首次正式访华。中方承诺向柬埔寨提供约40亿人民币援助；中国从柬埔寨进口大米的配额增至40万吨；讨论了对柬项目投资的设想
2019年4月	洪森首相来华出席第二届"一带一路"国际合作高峰论坛及北京世界园艺博览会开幕式	表示柬方对"一带一路"建设的支持。中柬双方签署一系列有关中国援助与合作项目的文件
2019年5月	柬埔寨副首相兼外交与国际合作部大臣布拉索昆访华	
2019年9月	贺南洪副首相来华出席在南宁举行的中国—东盟博览会	韩正会见贺南洪，双方强调要深化全面战略合作，加快发展战略对接，高质量共建"一带一路"，推动重大项目合作，更好造福两国人民
2019年11月	李克强总理在东亚领导人系列会议期间会见洪森首相	强调要继续推动产能、经贸、农业、水利、基础设施建设等重点领域合作；加强文化、旅游、教育等领域合作；在中国—东盟和澜沧江—湄公河合作机制中加强协作，共同促进区域合作与稳定繁荣
2020年2月	洪森首相访华	洪森首相是疫情暴发后首位访问中国的外国领导人。对于洪森在特殊时期的访问，习近平主席在会见洪森时指出，"体现了牢不可破的中柬友谊和互信，诠释了患难与共这一中柬命运共同体的核心要义。"《高棉时报》《柬华日报》《柬埔寨之光报》《柬中时报》、"最新新闻"网站等柬埔寨媒体纷纷为洪森首相访华点赞，"柬中友谊"成为柬埔寨媒体热词

资料来源：外交部网站，https://www.fmprc.gov.cn/web/gjhdq_676201/gj_676203/yz_676205/1206_676572/sbgx_676576/，2019-11-31；新华网等官方媒体报道。

中柬两国在发展经济方面有很强的互补性,经贸合作潜力很大。中国是柬第一大贸易伙伴国,是柬最大的外资来源国和最大的外来援助国。2017年,中柬双边贸易额57.9亿美元、同比增长21.7%。截至2017年底,中国企业在柬累计签订承包工程合同总额175.4亿美元,完成营业额110.8亿美元。2017年中国对柬非金融类直接投资5.5亿美元,同比增长45%。① 2018年中柬双边贸易额73.9亿美元,同比增长27.6%。最新的统计数据显示②:2019年1月至11月,中柬双边贸易额达85.3亿美元,同比增长27.8%。截至2019年11月底,中国累计对柬投资近90亿美元。从近三年的数据可以看出,中柬双边贸易额每年都维持在20%以上的高增长速度。

旅游方面,柬旅游部部长唐坤向媒体透露,2017年柬接待外国游客560万人次,同比增长11.6%,其中中国游客达120万人次,同比增长46%,成为柬第一大旅游客源国。目前中国—柬埔寨直航的有15家航空公司(柬埔寨3家,中国12家)、每周155个航班和50个直飞包机航班。③

二 柬埔寨华商历史

华侨华人移居柬埔寨历史悠久,人数众多,对柬埔寨社会、经济和文化的发展做出了不可磨灭的贡献。总体来讲,他们与柬埔寨各族人民之间的关系是好的。由于文化背景、宗教信仰和生活习俗比较接近,柬埔寨的华侨华人与当地人和睦相处,相互通婚。但是,在柬埔寨的各个历史时期,统治阶级从自己的国家利益和民族利益出发,对华侨华人的政治和经济活动都不同程度地加以限制,即便是在号称柬埔寨当代历史发展黄金时期。

---

① 网易新闻,http://dy.163.com/v2/article/detail/DCP9QE800512DAHC.html,2018-03-13。

② 《中柬经贸合作2019年成果丰硕》,人民日报海外网,http://news.haiwainet.cn/n/2020/0105/c3541083-31694185.html,2020-01-05。

③ 中华人民共和国驻柬埔寨大使馆商务参赞处网站,http://cb.mofcom.gov.cn/article/ddgk/zwfengsu/201801/20180102698768.shtml,2018-01-15。

20世纪五六十年代，当局对华侨华人所采取的也是限制加利用的政策。在20世纪50年代，华人的经济活动受到很大限制。例如，1956年，柬政府禁止外侨从事的职业达18种之多，主要有盐业、碾米业、土产、金饰业、理发业、码头工人、司机、收音机修理等。在这种情况下，许多华侨被迫加入柬籍，以便能获得更多的就业机会以维持生计。①

20世纪60年代末期，受到中国国内局势的影响，一些华人在柬埔寨"闹革命"，引起柬埔寨当局的极大不满，并最终掀起了大规模的排华浪潮。所有华文报刊被查封，华人在经济领域受到严格限制，一部分华侨华人被迫离开柬埔寨，有的返回国内，有的移居他国谋生。

但是，华侨华人遭受的更大打击则是发生在20世纪70年代红色高棉的极"左"统治时期。在20世纪70年代中期至末期的极"左"专政下，华侨华人的家财被抄收，大批被赶到农村实施强迫劳动，许多人在劳动改造中累死、饿死、病死和被折磨死。因此，许多华侨华人冒着生命危险逃生，有的从陆地逃离柬埔寨进入泰国、越南的难民营，有的冒险雇船从海上偷渡到澳大利亚、法国或美国，其中不少人在逃难途中死亡或被发现后抓回来打死。1979年初，越南军队占领金边后，柬埔寨陷入长达十多年的战乱，华侨华人继续处于水深火热之中。仅是1979年3月，在马德望省某地就强制集中了2万多华人，后来都被驱赶到了泰国。据估计，1975—1991年期间，先后有十多万华侨华人逃离柬埔寨，另外有成千上万人死于迫害、战争和饥饿。在朗诺政变和波尔布特统治的十年间，柬埔寨华人平均每4个家庭成员中，就有1人死亡。在这一特殊时期，一律禁讲华语，街上所有华语广告牌、路标、各类中习班、中文授课学校一律被取缔，不准售卖中文书。甚至连华人自己也不敢讲华语，以免暴露身份而招致迫害，导致很多华人后裔既不会讲华语也不会写汉字。②

直到1991年10月，全面解决柬埔寨政治问题的协定——《柬埔寨和

---

① 王士录：《柬埔寨华侨华人的历史与现状》，《华侨华人历史研究》2002年第4期。
② 蒋建平：《坚韧的生存之旅：柬维和期间我所见到的华人》，《北京青年报》2004年4月25日。

平协定》在巴黎签署①，标志着持续了 20 年的柬埔寨内战结束，柬国内形势开始出现转机。随着柬埔寨政局的日益稳定和经济重建的全面展开，柬埔寨新政府调整了对华侨华人的政策，由 20 世纪 80 年代末期以来对华人放松限制进一步转变为公开鼓励其积极参与国家社会、经济和文化的重建。柬埔寨华侨华人开始获得新生，华侨华人人数迅速增加，华文教育蓬勃发展，华人经济迅速壮大，华人政治地位大幅提升。

目前，柬埔寨社会保持相对稳定。尽管不稳定因素还存在，但由于两大执政党人民党和奉辛比克党从国家和民族利益的大局出发，加强了协调与合作，反对党力量弱小；特别是红色高棉的彻底覆灭为柬埔寨的长治久安创造了条件；人民怨恨战争，渴望和平的心情为实现国家的长治久安奠定了基础，因此国际社会对未来柬埔寨政局的稳定普遍看好。政治稳定和经济发展的良好局面，为柬埔寨华侨华人从事经济活动，参与国家经济建设提供了广阔的空间，华侨华人真正有了用武之地。

同时，共建"一带一路"的推进为柬埔寨的发展提供了机会，也为柬埔寨华商的发展提供了载体和平台。华侨华人可以在"一带一路"建设中发挥独特甚至突出的作用。② 作为中国友好邻邦的柬埔寨，将是"一带一路"建设的重要节点；在柬埔寨具有较高政治、经济和社会地位的华商，也将是"一带一路"建设的重要参与者。

三 柬埔寨华商的规模与分布

（一）柬埔寨华商规模

柬埔寨是东南亚华侨华人的主要分布国之一，但由于缺少人口普查等

---

① 《柬埔寨和平协定》包括 4 个文件，即：《柬埔寨冲突全面政治解决协定》《关于柬埔寨主权、独立、领土完整及其不可侵犯、中立和国家统一的协定》《柬埔寨恢复与重建宣言》和《最后文件》。这些文件有中、英、法、俄、柬 5 种文本。协定指出，在柬埔寨境外的柬埔寨难民和流离失所者有权返回柬埔寨，享受安全的有保障的生活，应设法保证他们免受任何形式的恐吓或胁迫。协定规定，柬埔寨人民有权通过自由公正大选产生的制宪会议决定自己的政治前途。参见《巴黎和平协定签订 27 周年》，《高棉日报》，2018 - 10 - 23//转引自：搜狐网，http://www.sohu.com/a/270829489_99978839。

② 顾佳赟：《"一带一路"视域下柬埔寨华人华侨的群体特征分析与政策选择》，《亚非研究》第 9 辑，2016 年。

相对准确数据,柬埔寨华人数量仍没有较为权威的数据,主要是由学者或机构估算出来,估算结果相差也较大,有的差别数倍。差别主要源于是否包括和如何估计近十多年来大规模涌入柬埔寨的中国新移民。

1968年,柬埔寨华人约42.5万人。1987年,柬埔寨政府调整对华侨华人政策,金边当局通过各种渠道争取逃离柬埔寨的华人回柬定居,华侨华人数量回升。1999年,柬埔寨华侨华人约40万。柬埔寨华人研究最著名的专家、新西兰根德堡大学社会学系教授云达忠(W. E. Willmott)估计,20世纪90年代中期以前,柬埔寨华人大概有35万人,包括来自中国大陆、香港和台湾的新移民,约占柬埔寨总人口4.3%。近十年来,由于中国和柬埔寨经贸关系飞速发展,中国对柬埔寨的大规模投资、经济援助、承包工程,使涌入柬埔寨的中国各类管理、工程技术人员数量乃至劳工迅速增长。据著名移民观察家大卫·福尔布鲁克(David Fullbrook)估计,近年来涌入柬埔寨的中国移民在5万—30万人之间,散布在柬埔寨各地。因此,如估计20世纪90年代中期以后还有10万新移民涌入柬埔寨,加上约占柬埔寨人口4.3%的原有华侨华人,则柬埔寨华侨华人总数应在70万。[1] 成立于1990年12月26日的柬埔寨柬华理事总会在庆祝成立20周年大会前夕,时任会长杨启秋勋爵在金边接受新华社记者专访时说:"20年来,柬华理事总会从小到大,从弱到强,逐步建立了完整的组织体系,成为全柬70多万华人的最高领导机构。"[2] 柬埔寨华人领袖在2010年所言的华人数据为70万,和庄国土教授等人的估算结果也是一致的。

关于柬埔寨华侨华人的最新数据,有两种说法,一说有90万人,约占柬埔寨总人口的6%[3];另一说有100多万人,约占柬埔寨总人口的7%[4]。目前,柬埔寨人口为1625万人,按照"7%"的比例估算,柬埔寨华侨华人总人数应在113万人左右。目前华侨华人是推动柬埔寨经济的核

---

[1] 庄国土:《东南亚华侨华人数量新估算》,《厦门大学学报》(哲学社会科学版)2009年第3期。
[2] 孙广勇:《辉辉的过去远大的未来——访柬华理事总会会长杨启秋》,人民网,http//chinese. people. com. cnm,2011-09-05。
[3] 罗杨:《凤凰涅槃:柬埔寨华人及其文化适应》,中国侨网,http://www.chinaqw.com/sqfg/2016/12-01/115692.shtml,2016-12-01。
[4] 罗杨:《越老柬缅印尼侨情分析》,张春旺、张秀明、胡修雷:《世界侨情蓝皮书:世界侨情报告(2019)》,社会科学文献出版社2019年版,第111页。

心力量，80%的柬埔寨华侨华人从商，华侨华人控制了柬埔寨80%的经济命脉。①

此外，根据柬埔寨官方公布的数据，近年来在柬埔寨居住的中国人（新移民）快速增长，2017年有近10万人，其中7.8万人居住在西港。截至2018年，在柬中国人（新移民）已超过21万，实际可能远不止这个数，2018年仅在西港的（新移民）就有12万人以上。在柬中国人（新移民）中，约40%来柬不到一年时间，39%分布在西港，他们最主要的投资目的地是金边、暹粒和西港。② 这类居住在柬埔寨的中国人也被称为新移民或新侨民，意指改革开放以来移居海外的中国公民，构成了海外华侨华人的重要组成部分。

（二）柬埔寨华商分布

1. 地域分布

柬埔寨华人在缅甸的发展较为波折。1890年，柬埔寨的华侨华人已有13万人。20世纪60年代中期，柬埔寨的华侨华人曾达到43万，其中半数以上是在当地出生的。但自20世纪70年代中期以后，由于柬埔寨长期战乱，大批华侨华人沦为难民，流落异国他乡，柬埔寨的华侨华人人数锐减。直到20世纪80年代末期，柬埔寨的社会政治和经济秩序趋于稳定，华侨华人人数才逐渐回升。

柬埔寨的华侨华人按照原籍和方言分为潮州（主要来自揭阳、朝阳及普宁等地）、广肇（主要来自南海、三水、东莞新会、宝安及花县等地）、客家（主要来自兴宁、紫金、梅县及大埔等地）、海南（主要来自文昌、琼山及万宁等地）、福建（主要来自泉州、同安、漳州、厦门等地）五帮。③ 其中又以潮州籍华人最多，约占华人总数的80%，客家人次之。近年来，去往柬埔寨的中国新移民不再局限在上述五个地方，而是来自各个省份。

华侨华人主要分布在首都金边，以及马德望、甘丹、磅湛、贡布、波萝

---

① 搜狐网，https://www.sohu.com/a/333626097_120170121，2019-08-14。
② 罗杨：《越老柬缅印尼侨情分析》，张春旺、张秀明、胡修雷：《世界侨情蓝皮书：世界侨情报告（2019）》，社会科学文献出版社2019年版，第111页。
③ ［日］野泽知弘：《柬埔寨的华人社会》，《南洋资料译丛》2007年第3期。

勉、磅同、茶胶等省。金边市的华人最多，目前也没有准确数字，但根据华人占柬埔寨总人口7%的比例估算，金边华侨华人至少在21万人。此外，马德望、甘丹等大城市的华侨华人占比也较高。近年来，作为"一带一路"重要样板区的柬埔寨西港特区①成为中国"新移民"重要聚集地。

2. 行业分布

长期以来，以潮州人为主体的柬埔寨华侨华人深度融入柬埔寨社会，与当地人一起拓荒造田，筑堤垦殖，并肩劳动，为柬埔寨的建设和经济发展做出了巨大的贡献。在西哈努克执政时期的1954—1970年，虽然纯粹的华侨经济除农、渔业和商贩外已趋于末路，但包括潮州人在内的华人在柬埔寨的经济状况较好，华人经商人数占全柬经商人数的92%。据有关资料显示，1955年，柬埔寨全国有大小商号约20000家，其中70%为华侨华人所经营；金边的工商业约有3000家，其中华商占了2000家；在其他各主要城市中，华资工商业有8000家。除商业外，华人经营的工业主要有食品加工、纺织、日用化工、五金机械、木材加工业等。农业主要有黑胡椒、橡胶和水果种植。沿海的华侨华人则多以捕鱼、盐业为生。1956—1961年间，柬埔寨的华侨华人在柬国内的资本总额高达3亿—4亿美元，这在当时是一笔相当不小的数目。朗诺集团的政变和随后的民主柬埔寨时期，把柬埔寨人民推入战争的深渊，华侨华人和柬埔寨的人民一样遭受了十年的战争蹂躏。在柬的华侨华人被迫流离失所，所有财产被剥夺殆尽，成为身无分文的"赤民"。金边市的许多潮州人和其他华人一样被扫地出门，流放到边远地方。相关资料显示，在这场浩劫中被饥饿、疾病折磨致

---

① 即柬埔寨西哈努克港经济特区，是中柬企业在柬埔寨西哈努克省共同开发建设的经贸合作区，也是"一带一路"国际合作标志性项目和重点样板。特区西港特区规划建设"一城、两港、三中心"的工业化新城镇，"一城"即中柬友谊城：入驻300家企业，吸纳10万产业工人，居住20万人口。"两港"即海港和空港：依托临近西港海港口及国际机场的地理优势，加快基础设施建设，发展临港产业，构建竞争力强的产业结构。"三中心"即充分利用"一带一路"大战略机遇，把西港特区建成柬埔寨新经济中心、东南亚新物流中心、大湄公河次区域培训交流中心。2018年，西港经济特区新引进企业35家，至年底区内累计引入包括工业、服务行业在内的企业（机构）153家，其中工业企业139家，已有131家已经生产运营，为当地提供了近2万个就业岗位。参见《柬埔寨西港特区：全力打造"一带一路"重点样板》，中国江苏网，http：//jsnews2. jschina. com. cn/system/2015/02/16/023766409. shtml，2015 - 02 - 16；《数说西港特区2018年发展成果》，搜狐网，http：//www. sohu. com/a/290591579_120058796，2019 - 01 - 21。

死的华侨华人达 10 万人之多。①

二战后的柬埔寨华人经济恢复较快,许多潮州人已经重新站住脚跟,有的在柬埔寨的经济中占据举足轻重的地位;但绝大多数的华人经济仍属于中、小企业。产品结构也有了较大的变化。其中 70% 的华商从事第三产业,主要经营进出口贸易、房地产、日用百货、旅游餐饮业等;20% 从事第二产业,主要经营食品加工、制衣、五金机械、建筑、木材加工等;10% 从事农业和渔业,其中农业主要以种植橡胶、胡椒、瓜果蔬菜为主。②随着柬埔寨经济的恢复和发展,华人经济活动发生的重大变化,呈现由低层次向高层次的发展趋势,并出现了华资自办的商业银行,华人社团也得以相继恢复和成立。③

1991 年《柬埔寨和平协定》签订以来,华人经济结构进一步转型,已经从劳动密集型企业为主,过渡到以房地产为代表的资本密集型企业为主的新阶段。目前,柬埔寨华人经营的行业领域甚广,涉及房地产(包括酒店、购物中心等)、银行、日用百货、餐饮、制衣、旅游、传媒、进出口、五金机械、建筑、港口、种植园、渔业、食品加工、木材加工、烟草、矿业、石油以及与国外合资的大型工厂等,其中不乏新兴产业、高科技产业,并涌现出一批华人企业集团和华人富豪。④ 华人经济已经成为柬埔寨民族经济的重要组成部分,在柬埔寨重建过程中扮演着重要角色,同时深深地嵌入柬埔寨政治、经济和文化系统中,促成了自身的不断发展壮大。

四　柬埔寨华商与住在国关系现状

(一)经济关系

1991 年之后,随着柬埔寨国内的和平与稳定,柬埔寨经济发展进入快车道。2016 年柬埔寨从低收入国家跨入中等收入国家,至此东盟成员国全

---

① 杨锡铭:《柬埔寨的华侨华人》,《人民日报(海外版)》2003 年 4 月 23 日。
② 《柬埔寨潮人点滴:关山阻不住 乡情总绵长》,广东侨网,http://www.qb.gd.gov.cn/zt-zl2010/zxzt2010/2010whqs/default.htm,2003 - 06 - 16。
③ 徐名文、沈建华:《潮商在柬埔寨的二百年》,《现代企业文化》2008 年第 4 期。
④ 黄晓坚:《柬埔寨华人社会的变迁——兼论柬埔寨华侨华人在"一带一路"建设中的作用》,《华侨华人历史研究》2018 年第 3 期。

部跨入中等收入国家。21 世纪以来，柬埔寨持续扩大对外开放，实施开放的金融政策，其金融开放度在东盟国家中仅次于作为国际金融中心的新加坡。① 同时大力推进工业化进程，调整产业结构，农业占国内生产总值比重逐渐下降，工业占国内生产总值比重则急剧上升。柬埔寨对外贸易也迅速发展，进出口贸易额快速增长。柬埔寨经济发展还得益于其良好的投资环境，柬埔寨是亚洲地区唯一美元全流通国家，人民币、欧元可通兑，为投资者创造了最高的金融自由度；柬埔寨还是全亚洲唯一没有加入全球征税系统（CRS）的国家。② 良好的投资环境一方面为本国企业家建立了信心，另一方面也吸引了全球大量的企业家前来投资。亚洲开发银行（ADB）对柬埔寨近年来取得的经济成绩做出的评价："柬埔寨曾经是经济冲突和贫穷的代名词，现在却是亚洲增长最快的经济体之一。"③

随着柬埔寨社会稳定和经济发展，私营企业如雨后春笋成长起来，华人经济迎来了难得的发展机遇，深度融入柬埔寨发展进程。华人经济已成为柬埔寨民族经济的重要组成部分。在传统产业领域，一些成功的华人企业家不断扩大资本积累，逐渐成为行业中的龙头老大。在这方面最典型的代表如著名侨领、柬华理事总会会长、新棉美贸易有限公司董事总经理杨启秋勋爵，他从事的主业是国际贸易和印刷行业，贸易方面涵盖的商品范围非常广，贸易额也相当大，在柬埔寨有巨大影响力。④

近年来，柬埔寨华商持续展现其在缅甸经济社会发展中的影响力。柬埔寨《吴哥时报》2015 年公布的"柬埔寨十大最具影响力勋爵"⑤ 中，华

---

① 赵雪霏：《今年柬埔寨经济形势分析》，王勤：《东南亚蓝皮书：东南亚地区发展报告（2016—2017）》，社会科学文献出版社 2018 年版。
② 《10 年后的柬埔寨将成为亚洲最发达的国家之一》，世通海外网，http://www.shitong-hk.com/news/huaren/2019-08-22/8853.html，2019-08-22。
③ 搜狐网，http://www.sohu.com/a/272488472_800074，2018-10-31。
④ 《展现生机的柬埔寨华人经济：海外华人新透视》，广东侨网，http://www.qb.gd.gov.cn/ztzl2010/zxzt2010/2010whqs/default.htm，2006-08-03。
⑤ "勋爵"（Okhna）是缅甸授予对国家做出突出贡献的人的一种荣誉，对于获得这一荣誉的标准，1994 年，柬埔寨王国政府规定，对国家贡献 10 万美元财物的热心人士有资格由国王册封为"勋爵"（Okhna）；2017 年，新的"勋爵"册封条令规定，对国家捐献 10 万美元财物的热心人士，将获政府颁授一级国家建设勋章；捐献超过 50 万美元财物的热心人士，政府将向国王申请册封"勋爵"称号。参见《柬埔寨修改册封"勋爵"条令》，人民日报海外网，http://m.haiwainet.cn/middle/3541090/2017/0402/content_30835888_1.html，2017-04-02。

人占了 8 席，分别是陈丰明、杨丹葡、李永法、周速光、蒙乐提（华裔）、符国安、方侨生和黄文虎。① 2019 年，《吴哥时报》记者根据近期各媒体的报道及相关资料进行分析、综合、统计、评估，推出最新"柬埔寨十大富豪榜"，全部为华人（见表 2.2），与 2015 年相比，上榜人员变化不大，但排序有所变化。此外，资产在 1 亿至 10 亿美元之间的柬埔寨华人富豪估计超过 30 位，如：洪彪（新世界房地产）、洪炎才（财旺钱庄）、陈炳发（炳发集团）、谢礼德（世桥集团）、李大成（大成橡胶）、陈玉叶（柬埔寨啤酒）、郑棉发（金边啤酒）、李华（李华集团）、林财通、徐坤城、林秋好、李华、韩强畴、林惠龙、徐光秀、吴兴利、许贞木、赖明强、郑源来等。

表 2.2　　　　2019 年柬埔寨富豪榜中的华人集团/家族

排名	集团/家族	代表人物	祖籍地	净资产	从事行业
1	李永法集团	李永法（Ly Yong Phat）	潮州	175 亿美元	酒店、旅游开发区、电力、电视、运动设施、博彩、制糖、烟厂、金融业等
2	加华集团	方侨生（Pung Kheav Se）	广东普宁	110 亿美元	银行、购物中心、制衣、房地产、建筑、酒店、民俗文化村旅游项目、生物能源、报刊传媒等
3	符国安家族	符国安（Kok An）	海南	60 亿美元	捕鱼、电力、烟草、水利、博彩、火电、房地产、网络和移动支付等
4	苏基密集团	周速光（Sok Kong）	潮州	58 亿美元	房地产、旅游开发区、酒店、石油等

---

① 参见《柬埔寨十大最具影响力勋爵出炉：华人占七席》，《吴哥时报》2015 年 8 月 5 日；黄晓坚：《柬埔寨华人社会的变迁——兼论柬埔寨华侨华人在"一带一路"建设中的作用》，《华侨华人历史研究》2018 年第 3 期。

续表

排名	集团/家族	代表人物	祖籍地	净资产	从事行业
5	太子集团	陈志	福建	50亿美元	房地产、旅游、银行、超市、酒店、餐饮、博彩等
6	PFC公司	刘明勤（Lao Meng Khin）和杨丹葡（Choeng Sopheap）夫妇	潮州	35亿美元	制盐、金属矿石开采加工、药品进口、竹林培育、酒店建设、火电、房地产等
7	皇家集团	陈丰明（Kith Meng）	潮州	16亿美元	电信、运输、能源、媒体、银行、金融、保险、酒店、旅游开发区、教育、不动产开发、农业、贸易、高科技等
8	许锐腾家族	许明盛	潮州	15亿美元	房地产、酒店、烟草等
9	安达银行	李安弟（Sam Ang）	福建	14亿美元	工业园区、啤酒、银行、房地产等
10	蒙乐提集团	蒙乐提（Mong Reththy）	福建	13亿美元	农业（橡胶出口、棕油出口）、房地产、港口等

资料来源：《2019年柬埔寨十大富豪榜单出炉，全都是华人》，搜狐焦点网．https：//baotou．focus．cn/zixun/fa8c88542eda8c05．html，2019－02－27；黄晓坚：《柬埔寨华人社会的变迁——兼论柬埔寨华侨华人在"一带一路"建设中的作用》，《华侨华人历史研究》2018年第3期；《柬埔寨富豪大起底》，搜狐网．http：//www．sohu．com/a/246683493＿100076754，2018－08－14．

（二）政治关系

1957年，柬埔寨政府曾颁布法令，明确限制外侨在柬从业，为了减少就业限制，加入柬埔寨国籍的华侨增多。[①] 20世纪60年代，柬埔寨华人约90%从事商业，在金边2万多家商店中，约70%为华侨华人经营的。

---

① 彭晖：《柬埔寨华侨华人现况》，《东南亚纵横》2000年第S2期。

从 1975 年至 1978 年底，华侨华人柬埔寨在柬埔寨的生活境遇急转直下。1975 年柬埔寨全国解放，成立了民主柬埔寨政府，红色高棉推行极"左"路线。许多从事工商业的华侨华人被当作资产阶级看待，财产被没收，人被赶出城镇，甚至被秘密处决。许多华人被遣送到农村或边远地区劳动改造，过着紧张的军事化生活，缺医少药，经历前所未有的磨难，死难者不计其数。许多华侨华人的财产和生命受到严重威胁，纷纷向国外逃难，主要通过泰国和越南，逃亡到法国、美国、澳大利亚和中国。

以洪森为首的联合政府建立后，政局逐步稳定，经济开始重建，放宽了对华人的政策，华人经济获得恢复和发展。华人利用一定的资金和技术，再加原有的经济基础和海外广泛的商业网络，为柬埔寨的经济重建做出应有的贡献。许多因战乱前往他国避难的华人在局势稳定后又重返家园，参加经济重建。① 与华人经济地位的提高相伴随，柬埔寨华人社会地位、政治地位也得到较大提升。

1984 年柬埔寨对华人进行国籍身份登记，有的华人填写了柬埔寨国籍，他们已融入当地社会，成为华裔华族，当中有些人跻身柬国政坛，成为政府的精英分子。洪森首相曾公开坦言："柬埔寨的华裔，已经成为柬埔寨不可缺少的少数民族之一。柬埔寨华裔，为柬埔寨国家的发展做出了不可磨灭的贡献，已经是高棉族人的兄弟和姐妹。"② 在政府内阁成员中，内阁部长、副总理、财政部长以及 3/4 的国家商务委员都是华裔。③ 现任柬埔寨副首相兼外交大臣贺南丰、柬埔寨工业与手工业大臣兼国务大臣的占蒲拉西都是华人政治家的典范。著名的侨领、柬华理事总会会长兼柬埔寨潮州馆会长杨启秋的长子杨宗慰现为柬埔寨王家军三军总司令顾问、洪森亲王警卫队副总司令。洪森首相的夫人文拉妮也是中国海南人后裔。前述 2019 年柬埔寨十大富豪榜中的华人富豪，大多数在柬埔寨主要的侨团侨社担任领导，获授"勋爵"，出任柬埔寨首相的顾问。柬埔寨华人有的亲身参与柬埔寨国家事务，有的则与缅甸政府保持亲密关系。

---

① 温北炎：《柬埔寨政治经济发展与华人经济》，《东南亚研究》2003 年第 3 期。
② 《融入柬埔寨的华人：文化传承留住乡愁》，《玉林日报》2018 年 4 月 26 日。
③ 傅曦、张俞：《柬埔寨华侨华人的过去和现状》，《八桂侨刊》2000 年第 3 期。

总之，关于当前柬埔寨华侨华人的政治地位问题，国际社会包括柬埔寨华侨华人自身在内都普遍认为，无论纵向与柬埔寨的过去比较还是与红色高棉统治时期比较，抑或是横向与东南亚其他国家比较特别是与印度尼西亚比较，当前柬埔寨华侨华人的政治地位都是最好的之一。① 柬埔寨华侨华人深度融入了柬埔寨经济、社会、政治各领域，为柬埔寨国家发展战略计划的实施、经济结构的优化、民生的改善提供了持续性的支撑和保障。

（三）社会与文化关系

柬埔寨华侨华人总体能够安居乐业，是多重因素作用的结果。其中一个重要因素在于他们能够主动融入柬埔寨的国家和社会的发展进程。广大华侨华人与当地人民和睦相处，靠艰苦奋斗开拓事业、积累财富。与此同时，他们乐善好施，在当地修路架桥、向红十字会捐款，为柬经济社会发展做出贡献的同时也得到社会的尊重。一些柬埔寨侨领深有体会地表示，"华侨华人要想在异国他乡立住脚跟、有所作为，就必须融入当地社会，遵守当地的法律法规，尊重当地人民的风俗习惯，还要怀有一颗感恩的心，懂得回馈社会，多行善事。"②

另一个重要因素在于柬埔寨政府推行各民族一律平等的"民族和谐"政策，尊重华人的风俗习惯，允许华人保持文化传统，讲华语，开办华文学校，出版华文报纸，开设华人电视节目，允许商店有中文店名，等等。③ 1990年，洪森政府颁布法令，恢复开办华文学校，给予少数种族（主要是华族）集会结社的自由。之后还允许中国捐建校舍、华文图书馆、印刷华文课本等。同年，柬埔寨王国柬华理事总会成立，该会除负责协调全柬华人社团各项事务外，还积极推动和发展华文教育。有关柬埔寨华文教育的调研报告显示，柬埔寨全国共有华文学校55所（而1995年只有13所），在校学生人数达5万余人（而1990年只有3000人），教职员工（包括从

---

① 王士录：《柬埔寨华侨华人的历史与现状》，《华侨华人历史研究》2002年第4期。
② 《柬埔寨华侨华人居安思危》，新华网，2010年7月5日//转引自：腾讯财经，https://finance.qq.com/a/20100705/006258.htm，2010-07-05。
③ 王士录：《柬埔寨华侨华人的历史与现状》，《华侨华人历史研究》2002年第4期。

中国或者其他国家招聘的老师）1100 人以上。①

　　由潮州会馆创建的端华学校是柬埔寨最大的华文学校，分为本校和分校，开设 265 个班，教职员工 300 多名，在校学生 1.6 万人②。端华学校还开设有补习班和夜校，合计 2500 名学生。

　　柬埔寨华人社会的运行除依托大量侨团组织、华人社区外，还保留着传统的宗族组织，尤其以姓氏为标志的宗亲会。在柬埔寨的华人社会中，中国常见的大姓氏在这里都能找到，人数多的可能数以万计，少的也有几千人。其中已经成立姓氏宗亲会的有李、陈、林、黄、蔡、杨、罗、谢、郭、王、吴等姓氏。柬埔寨姓氏宗亲会内一般推选本姓氏宗亲中德高望重、热心公益、有较强经济实力的人做会长、名誉会长，还设若干副会长。会内分设秘书、财政、福利等机构，聘请专人负责日常工作。每个姓氏宗亲会都有固定会址。宗亲会每月定期集体祭祀先祖，逢姓氏宗亲中的红白喜丧诸事，则协助操办。宗亲会还积极做好外联工作，成为中柬交往的重要纽带，同时组团赴祖籍国和港澳台地区以及东南亚各国，出席世界性的宗亲会活动。③ 姓氏宗亲团体反映了华人社会的生活样态，是柬埔寨华人社会运行的重要载体，是柬埔寨华人可以借助和利用的重要社会资本，也是华人在柬埔寨展现影响力、深度融入当地政治经济生活的重要原因。

　　柬埔寨华人还保留春节拜年、采青活动、元宵游神等传统和风俗。④春节是华人最重要的节日，从大年初一到十五，华人社团组织拜年和采青活动。所谓采青，就是舞龙和舞狮队到各大商号和社会名流的家去祝贺新春大吉，被祝贺的人家为表示感谢，通常都要给红包，多的上千美元，少

---

　　① 盘世卫：《柬埔寨华文教育调研报告》，中国华文教育网，http：//www. hwjyw. com/teachers-window/content/2017/07/03/34124. shtml，2017 – 07 – 03。
　　② 这是 2014 年端华学校庆祝建校 100 周年时公布的数据（人民网 . http：//world. people. com. cn/n/2014/1124/c157278 – 26081303. html，2014 – 11 – 24），盘世卫 2017 年调研的数据为 2 万多人，目前没有关于端华学校在校学生的准确数据，保守估计应在 2.1 万人以上。
　　③ 《柬埔寨华人华裔至今还保留着姓氏宗亲族谱制度》，新浪网，http：//k. sina. com. cn/article_6499198903_ 18361e7b7001007ndh. html？cre = tianyi&mod = pcpager_ news&loc = 2&r = 9&doct = 0&rfunc = 82&tj = none&tr = 9，2018 – 07 – 03。
　　④ 黄日涵、陆琮渊：《走出"红色高棉"，迎来发展机遇：柬埔寨华侨华人》，陆琮渊、黄日涵：《搭桥引路·华人华侨与"一带一路"》，社会科学文献出版社 2016 年版，第 35 页。

的数百美元。此外，每年一度的元宵游神活动可以比作柬埔寨的妆艺大游行。元宵节前后，华人新年的庆祝活动进入新的高潮，各会馆下属的佛寺神庙，多组织队伍，参加规模盛大的游神活动。

柬埔寨华人有尊亲敬祖，隆宗重嗣的传统习俗。每到清明，当地华人和华侨和各华人社团、宗亲会都举行隆重的公祭仪式，家庭也进行扫墓和拜祭活动。所以清明是华人的大日子。每年4月5日清明前后，各华人社团组织自己的乡亲到各自的墓地扫墓和祭奠先人。清明活动一般从4月3日开始一直持续到7日。

柬埔寨华人保持着自己的信仰，而且十分强烈和执着。柬埔寨五大会馆和柬华分会成立后的第一件事情就是建庙或者恢复庙宇，并以此为基础，建立华校，开展其他会务活动。柬埔寨华人、华侨除了信仰自己的祖先外，还有一些特殊的信仰。在柬埔寨有三个最主要的华人庙宇，集中在首都金边，分别是协天大帝庙、天后圣母宫、保生大帝庙。

总之，20世纪90年代以来，随着全面和平的实现，国内政局稳定，经济进入相对正常的发展轨道，柬埔寨和中国的关系改善和加强，柬埔寨政府在经济上和文化上对华人和柬埔寨人实行一视同仁的政策，柬埔寨华侨华人的数量回升，并且绝大多数的华侨加入柬埔寨国籍，成为柬埔寨重要族群之一。在保留自身文化传统的同时，深度参与柬埔寨历史进程，为柬埔寨经济社会发展和中柬关系的提升做出了重大贡献，也得到了柬埔寨社会的高度认可。

第三章 老挝华商历史与现状

一 老挝概况与中老关系发展

老挝人民民主共和国，简称老挝，与中国、泰国、越南、柬埔寨、缅甸等国接壤。老挝与越南同为东南亚地区仅有的两个社会主义国家之一，在其鼎盛时期曾是东南亚最繁荣的国家之一。18世纪末以后，老挝曾几度沦为其他国家的附庸国或殖民地。经过多次的爱国抗争，终于在1975年12月成立老挝人民民主共和国。

老挝国土面积23.7万平方千米，人口约为706万（2018年世界银行公布的数据），其中城市人口占25%。老挝是多民族国家，关于老挝民族构成的官方表述主要有两个版本，老挝第六届国会六次会议审议确定，老挝全国只有一个民族，即老挝族，下分49个少数民族，分属老泰语族系、孟高棉语族系、汉藏语族系、苗瑶语族系。其中老泰语族系有8支，孟高棉语族系有31支，汉藏语族系有8支，苗瑶语族系有2支。老族是老挝的主体民族，属老泰语族系，人口占全国52%。① 而在老挝王国时期，老挝人分为老龙族、老听族和老松族三大族系，三大民族又分为68个少数民族。② 有关老挝民族的"官方确认"与"民众认知"之间也有一定差异，老挝基层民众中，多数人只知道1968年按地域划分的老龙、老听、老松三大族系，有研究者针对我国境内来自老挝14个省市的100多名留学生

---

① 郝勇、黄勇、覃海伦：《老挝概论》，世界图书出版广东有限公司2012年版，第74页。
② 中华人民共和国驻老挝人民民主共和国大使馆经济商务参赞处，http://la.mofcom.gov.cn/article/ddgk/200211/20021100047121.shtml，2012-11-07。

进行问卷调查，结果显示，仅有 70% 的人选择老挝有 49 个民族，有 19.1% 的人不知道本民族的族系；有 47% 的人不能正确回答自己与官方公布的 4 个族群和 49 个民族的对应关系。①

老挝宗教主要有佛教、原始宗教、基督教、婆罗门教、巴哈依信仰、伊斯兰教几种。老挝是古印度的邻国，是原始佛教最早传入的地区之一，所以长期以来佛教对老挝的影响巨大。1961 年老挝宪法规定佛教为国教。目前，大约有 65%—70% 的老挝人信奉佛教（主要指南传上部座佛教或小乘佛教）。老挝全国有寺庙 2000 多座，是宗教活动的中心，这些寺庙有很大一部分集中在万象和琅勃拉邦。佛寺不仅是宗教活动中心，而且也是传播文化教育的主要场所。小乘佛教还影响着老挝人民的生活方式。老挝的每个村庄都建有属于自己的寺庙，以寄托人们虔诚的信仰。

老挝全国划分为 16 省、1 个直辖市和 1 个行政特区，政治较为稳定，经济发展势头迅猛。2013 年至 2017 年老挝经济增长率分别为：8.03%、7.61%、27%、7.02%、6.83%。其中，2017 年，老挝国内生产总值（GDP）为 1407490 亿基普，约合 145.07 亿美元，人均 GDP 为 20.250 万基普，约合 2472 美元。② 从三大产业增长情况看，2017 年，老挝农业产值增长 2.78%，占 GDP 的 16.34%；工业产值增长 9.53%，占 GDP 的 30%；服务业产值增长 6.15%，占 GDP 的 42.08%；进口关税收入增长 6.9%，占 GDP 的 11.53%（见表 3.1）。

表 3.1　　　　　　　　　老挝近年来经济增长情况

年份	GDP（亿美元）	经济增长率（%）	人均 GDP（美元）
2013	111.89	8.5	1700.5
2014	117.72	7.5	1759.8
2015	120	7.5	1725

---

① 罗承松、孟选高、李秋蓉：《老挝民族问题的特点及其政策路径选择》，《普洱学院学报》2019 年第 5 期。
② 杨卓娟：《2018 年老挝政治、经济形势回顾》，广西大学中国—东盟研究院网站，http：//cari.gxu.edu.cn/info/1354/16385.htm，2019-01-20。

续表

年份	GDP（亿美元）	经济增长率（%）	人均GDP（美元）
2016	133.5	7.02	2408
2017	168	6.83	2472

资料来源：老挝计划投资部；《2018 年对外投资合作国别（地区）指南—老挝》，中国一带一路网．https：//www.yidaiyilu.gov.cn/zchj/zcfg/6704.htm，2017-12-28；陈定辉：《老挝：2017 年回顾与 2018 年展望》，《东南亚纵横》2018 年第 1 期。

老挝还极为重视脱贫和可持续发展的问题，在第八个五年社会经济发展规划中提出，力争 2020 年贫困率降至低于总人口数的 10%，2025 年贫困率降到不超过 5%。同时还成立可持续发展目标工作指导小组，指导、监督老挝各地区和各部门优先发展符合联合国可持续发展目标的项目。在扶贫领域，2018 年，老挝政府投入农村基础设施建设的资金达 68299 亿基普（包括国内和国外的投资）；在 92 个集中点执行 272 个扶贫项目，直接投入资金为 1653.2 亿基普，通过老挝政策银行投入到各个集中点的资金为 23432 亿基普。老挝政府已经让 64593 户贫困家庭中的 5179 户摆脱贫困，超出原脱贫计划 346 户，并让 120 个贫困村庄"摘掉"贫困"帽子"，老挝全国还剩下 1536 个贫困村庄和 23 个贫困县。① 为解决高通胀对经济增长和人民生活带来严重影响，老挝政府通过修改税法、吸引外资、沿边开放、调整汽油价格、支持中小企业发展、合理规划和开发农业用地、修改预算等政策调控改善了经营、投资环境，扭转了经济发展颓势，实现了经济平稳较快增长。

老挝是东南亚国家联盟成员，于 1997 年 7 月加入东盟。老挝也是世界低度开发国家（Least deveped country, LDC）之一和亚洲较为贫穷的国家。金三角中的老挝部分的琅南塔曾经是全世界出产鸦片最多的地方。老挝工业基础较为薄弱，以木材加工、碾米为主的轻工业和以锡为主的采矿业是最重要的生产部门。近年来，由于老挝劳动力成本较低，以及老挝政府制定的一系列进出口优惠政策，服装业成为老挝创收和创造就业的重要行

---

① 卫彦雄：《老挝：2018 年回顾与 2019 年展望》，《东南亚纵横》2019 年第 1 期。

业。据老挝《人民报》报道①，老挝共有182家纺织服装制造厂，其中包括82个制衣厂，191个织造和制衣车间以及8个缝纫车间，就业人数145400人。2019年老挝服装进出口额达2.35亿美元，其中老挝向欧洲、亚洲、拉美和中东等地区55个国家共出口服装2.12亿美元，前三大出口目的地是德国（6800万美元）、日本（2100万美元）和瑞典（2000万美元）；进口服装0.23亿美元，前三大进口来源国为中国（900万美元）、越南（600万美元）和泰国（500万美元）。电力出口近年来增长势头强劲，据统计②，老挝共有63家水电厂，总装机容量7213兆瓦，年产量达37000千瓦时。目前，老挝向泰国、越南、缅甸、柬埔寨和马来西亚等国家出口电力。2016—2020年阶段老挝的电力出口量达6457兆瓦，较前增长明显；出口额达1400万美元，同比增长35%。

此外，老挝作为世界上最不发达的国家之一，享受欧盟、加拿大、澳大利亚、新西兰、日本、韩国等41个发达国家和地区的普遍优惠待遇。老挝作为东盟成员国之一享受东盟其他九国、印度、中国、阿塞拜疆共和国、阿根廷、土耳其等16个国家和地区的特惠税待遇。

老挝与中国接壤，云南省是唯一与老挝接壤的中国省份。中老边界云南段长710千米，沿边境线中国一侧分别为西双版纳州勐腊县、普洱市江城县，2县8个乡镇（江城县的勐烈镇、整董镇、红疆乡、康平乡；西双版纳州勐腊县的勐腊镇、勐伴镇、关累镇、易武乡等）。按照老挝政府的地理区域的划分，老挝北部共有9省，其中丰沙里、南塔和乌都姆赛3省与中国接壤，3省总面积40965平方千米，总人口578294人。③近年来，老挝北部在经济、科技、文化、教育、卫生事业等领域取得了较快发展，但总体发展水平仍不能满足人民群众的物质文化需求，不适应全球经济一体化的新格局。

---

① 参见中华人民共和国驻老挝人民民主共和国大使馆经济商务参赞处网站，http://la.mofcom.gov.cn/article/ddgk/200211/20021100047121.shtml，2020-02-10；中国老挝（云南勐腊）磨憨磨丁经济信息网，http://www.zgmh.net/Article_show.aspx？id=5527，2010-02-03。

② 《2016—2020年老挝电力出口增长145%》，《看点快报》，http://kuaibao.qq.com/s/20200207A0H8NA00？refer=spider，2010-02-07。

③ 贺圣达：《中国周边大湄公河次区域国家形势新发展对中国西南边疆的影响及中国的应对》，《创新》2011年第5期。

中国和老挝于1961年4月建立外交关系。经历了20世纪七八十年代的波折后，中老关系于1989年全面恢复和发展。此后双方按照"长期稳定、睦邻友好、彼此信赖、全面合作"方针和"好邻居、好朋友、好同志、好伙伴"精神，在政治、经济、军事、文化、卫生等领域友好交流与合作不断深化。目前，中国是老挝第一大投资来源国、第一大出口市场、第二大贸易伙伴。

近年来，中老双边关系发展迈入快车道，双边合作持续推进，取得一系列实质性成果。2013年9月双方签署了《落实中老全面战略合作伙伴关系行动计划》《中老两国政府经济技术合作协定》及多项经济合作文件。① 2017年5月"一带一路"国际合作高峰论坛期间，两国共同推进"一带一路"建设等达成新的重要共识，并签署了共建"一带一路"政府间双边合作规划、《"一带一路"融资指导原则》等文件。② 2016年5月，双方签署了《中国共产党和老挝人民革命党合作计划（2016—2020年）》《中老两国政府经济技术合作协定》《中老关于促进产能与投资合作的谅解备忘录》等10项合作文件。③ 2016年9月签署《关于编制共同推进"一带一路"建设合作规划纲要的谅解备忘录》《关于确认并共同推动产能与投资合作重点项目的协议》等合作文件。④ 2017年11月，习近平主席访问老挝，双方强调要"打造中老具有战略意义的命运共同体"，双方同意加快中国"一带一路"倡议同老挝"变陆锁国为陆联国"战略对接，共建中老经济走廊，推进中老铁路等标志性项目。⑤ 2018年5月，启动制定《构建中老命运共同体行动计划》。2019年4月，双方签署《中国共产党和老挝人民革命党关于构建中老命运共同体行动计划》，强调要"稳步实施《关于共建中老经济走廊的合作框架》，以中老铁路为依托，开展以互联互通和产能与投资合作为重点的经济贸易合作，统筹推进中老交通、产能、电

---

① 《中华人民共和国和老挝人民民主共和国联合声明》，中国政府网，http://www.gov.cn/jrzg/2013-09/30/content_2498477.htm，2013-09-30。
② 《中老关系进入历史最好时期》，《光明日报》2017年11月13日。
③ 《中华人民共和国和老挝人民民主共和国联合声明》，国务院新闻办公室网站，http://www.scio.gov.cn/tt/zdgz/Document/1476618/1476618.htm，2016-05-09。
④ 《中华人民共和国和老挝人民民主共和国联合公报》，新华网，http://www.xinhuanet.com/politics/2016-09/09/c_1119539744.htm，2016-09-09。
⑤ 《习近平访问老挝：打造命运共同体"四好"关系进入新时代》，中国新闻网，http://www.chinanews.com/gn/2017/11-14/8376497.shtml，2017-11-14。

力、矿产、农业、旅游、数字经济等领域务实合作",该行动计划将在地区和国际上推动构建人类命运共同体建设。①

在经贸领域,21世纪以来中老贸易保持稳步增长(见表3.2),2018年双边贸易额为34.7亿美元,同比增长14.9%,其中中方出口14.5亿美元,同比增长2.5%,进口20.2亿美元,同比增长25.8%。2019年1—10月双边贸易额达31.9亿美元,同比增长19.1%。② 2019年1—9月,我国对老挝非金融类直接投资达7.6亿美元,位居东盟国家第三,全球第十;对老挝工程承包新签合同总额达16.6亿美元,同比增长133.4%,增幅位居东盟国家第三;对老挝工程承包完成营业额达30.4亿美元,位居东盟国家第三、全球第八。③ 作为老挝第一大援助国,中国帮助老方实施了昆曼公路跨湄公河大桥、老挝国家会议中心、老党中央办公大楼等项目。在"一带一路"落实方面,双方互联互通、产能合作、园区合作等方面稳步推进,万象赛色塔综合开发区、中老磨憨—磨丁经济合作区建设取得实质进展。

表3.2　　　　　　　　　近年来中老贸易额　　　　　　　(单位:亿美元)

年份	贸易总额		中国出口		中国进口	
	金额	同比变化%	金额	同比变化%	金额	同比变化%
2012	17.28	32.8	9.37	96.8	7.91	-4.1
2013	27.41	59.3	17.20	84.2	10.28	29.8
2014	36.14	31.87	18.43	7.13	17.72	73.56
2015	27.81	-23.10	12.27	-33.9	13.54	-12.40
2016	23.38	-15.7	9.86	-19.6	13.53	-12.6
2017	30.17	28.6	14.27	44.5	15.91	17.0
2018	34.70	14.9	12.5	2.5	20.2	25.8

资料来源:老挝计划投资部:《2018年对外投资合作国别(地区)指南—老挝》,中国一带一路网,https://www.yidaiyilu.gov.cn/zchj/zcfg/6704.htm;外交部网站,https://www.fmprc.gov.cn/web/gjhdq_676201/gj_676203/yz_676205/1206_676644/sbgx_676648/,2019-11-31。

---

① 《中国共产党和老挝人民革命党关于构建中老命运共同体行动计划》,中国政府网,http://www.gov.cn/xinwen/2019-05/01/content_5388031.htm,2019-05-01。
② 外交部网站,https://www.fmprc.gov.cn/web/gjhdq_676201/gj_676203/yz_676205/1206_676644/sbgx_676648/,2019-11-31。
③ 《2019年1—9月我国对老挝非金融类直接投资达7.6亿美元》,中国一带一路网,https://www.yidaiyilu.gov.cn/xwzx/hwxw/107924.htm,2019-10-30。

两国在文化、教育、卫生、环保等领域交流与合作也不断深入，双方先后签订了文化、新闻、教育、卫生和广播影视等领域的合作文件并稳步落实。在环保领域，中国（西双版纳）与老挝（丰沙里省）签署的中老联合保护区域协议正式实施，标志着西双版纳与老挝北部南塔、乌都姆赛和丰沙里三省的3片"中老跨边境联合保护区域"连成一片，形成一个总面积19.37万公顷（290.55万亩）无空隙的联合保护区域，构架起了"中老边境绿色生态安全屏障"和"中老边境生物多样性走廊带"建设的新格局。中老交往交流的广度和深度逐步拓展，有力地支撑了"一带一路"建设和"中老命运共同体"构建。

二 老挝华商历史

早在明朝时期，随着使节往来，已有中国人移居老挝，有一部分与老族通婚，后被老挝称为胡族。早期进入老挝的中国人很大比例是来自云南和广西的小商人[①]，和马帮商贸密不可分。清朝末年，云南省红河县安邦村有人跟随迤萨镇人到越南和老挝的山区经商。安邦村的邵恒泰第一个在老挝侨居下来，成为安邦人在老挝定居的第一位华侨。民国年间，一度出现"下坝子"和"走烟帮"的热潮。包括安邦在内的迤萨人纷纷组织马帮辗转异国他乡经商，不少人先后在老挝、越南、泰国侨居，成为当地的第一代华侨。[②] 在老挝，来自云南省的傣族迁入后被称为卢族。此外，老挝的苗族、瑶族也大多是从中国迁居老挝的。[③] 上述定居于老挝的胡族、卢族、苗族、瑶族等已经演化为本土民族，不再是华人。

法属殖民地时期，为吸引华侨前来拓展经济、开发资源，法国殖民当局从1893年开始采取了种种的优惠政策，如允许华侨无偿地开垦土地，免征进出口货物税等，同时还鼓励移居越南和柬埔寨的老挝华侨华人重返家园，老挝华侨华人数量逐步增多，到19世纪末达到约5000人。20世纪初，殖民当局开始限制华人移民，老挝华侨华人数量开始下降，从1921

---

① 杨超：《老挝新华侨华人与中老友好交往》，《八桂侨刊》2011年第2期。
② 王谦、何作庆、黄明生：《陆疆侨乡名村——云南省红河州红河县迤萨镇跑马路社区安邦村调查报告》，社会科学文献出版社2010年版，第64页。
③ 《老挝华人状况》，《香港华人月刊》1985年第4期。

年的 6710 人减少到 20 世纪 30 年代的 3000 余人。二战后，迁往老挝的华侨人数有所起伏，但整体呈持续增长态势。1954 年老挝独立时，仍然有华侨 3 万人。随后，较大规模的移民潮涌入老挝，华侨华人增至 5 万人左右。20 世纪 50 年代后期，老挝右派上台执政，开始限制和排斥华侨华人，1959 年出台法令禁止华侨经营 12 种行业，限制华侨经济活动。但因美援的介入，带来大量商业和经贸机会，吸引了大批移民，1973 年老挝的华侨华人人数增长到约 10 万人，也有人认为是 15 万人。首都万象华侨华人约 6.5 万人，全国有华文学校 12 所，华文报纸 3 家。这一时期的老挝华侨华人以潮州人居多，约占 70%，其次为客家、海南和云南人。1975 年以前，华侨华人在老挝经济中占有重要地位，80% 的商业由华侨华人所控制，当时老挝仅有 100 余家小工厂，绝大部分为华侨华人所创办。1975 年后，老挝与越南、柬埔寨等国几乎同时兴起排华恶潮，政府推行一系列限制和排斥华侨华人的政策，华文学校、华文报纸停办，华人社团停止活动，工厂、商店被封闭，甚至华人财产也被没收，整个老挝华侨华人社会受到极大冲击，处境十分艰难。[①] 有研究发现，20 世纪 70 年代中期，老挝、越南、柬埔寨三国的排华恶潮，迫使当地几十万华人纷纷逃亡至美国，其中包括大量老挝华人。[②]

20 世纪 80 年代中期，老挝国内经济出现严重困难，在越南进行革新开放的同时，老挝也于 1986 年开始了自己的"革新开放"，以应对当时严峻的国内经济和社会发展形势。1991 年 3 月，老挝人民革命党在万象市召开第五次全国代表大会，这是老挝历史上具有里程碑意义的会议，会议明确老挝社会的基本矛盾是"极度落后的生产力与日益增长的社会需求之间的矛盾"，经济上要"利用现有国际和国内环境和一切可以利用的条件"，"在继续保护和扩大多种经济成分、多种所有制和多种金融体制的基础上，继续增强国营经济、保护机体经济、提倡个体经济并发挥其重要作用"，尤其是强调"要利用各种经济成分大办商业，特别是

---

① 参见庄国土《略论二战以来老挝华人社会地位的变化》，《华侨华人历史研究》2004 年第 2 期；杨超《老挝新华侨华人与中老友好交往》，《八桂侨刊》2011 年第 2 期；傅曦、张俞《老挝华侨华人的过去与现状》，《八桂侨刊》2001 年第 1 期。

② 李爱慧：《越柬寮潮属华人难民与美国潮州会馆的勃兴》，《华侨华人文献学刊（第三辑）》，社会科学文献出版社 2016 年版，第 221 页。

大力发展个体商业"①。老挝"五大"为华侨华人参与老挝经济活动营造了良好的政治氛围，允许华侨华人从事各种经济活动，允许华人自由出国及探亲，华侨华人利益得到了保障。不少70年代逃往国外的华侨华人开始重返老挝，老挝华侨华人社会重现生机，华侨华人经营的商场、旅店、工厂等企业相继开办，华人社团的活动得以展开，华文教育得以恢复并快速发展，被禁的华文报纸也恢复开办，新的华文报纸也开始出现，华侨华人迎来了难得的发展机遇。随着中老关系的逐步好转，中老经济联系日益紧密，老挝的华侨华人随之增多。其中新一代华侨多为20世纪八九十年代后进入老挝，以持中国护照的生意人居多。他们主要来自中国的云南、湖南、安徽、江西、江苏、浙江、广西等地，其中又以湖南、安徽、云南3省人数最多。② 有学者将这些人被称为"老挝新华侨"③，还没有加入老挝国籍，仍然是持中华人民共和国护照的生意人，每年都向老挝当地公安部门申办商业签证，因而他们不同于很早以前就定居在老挝的华人。近年来，随着"一带一路"建设与老挝"变陆锁国为陆联国"战略的对接，老挝华侨华人不仅参与老挝的国内发展和建设，还积极参与中老经贸交往，成为中老合作发展的参与者和见证者。

三 老挝华商的规模与分布

（一）老挝华商规模

老挝人口估算难度较大，准确性难以保障。有学者估计，2000年老挝华人人口为21.2万，约占老挝总人口的4%。《华侨经济年鉴》（2002）中提及，老挝华人共有172933人，约占当时老挝总人口的3.2%。该结果依据的是台湾"侨委会"1997年公布的老挝人口为16万，约占全国人口3.2%的数据。中国海外联谊会估计，1990年前后，老挝华侨华人数量为16万，约占老挝总人口5%。

近些年来，随着中国与老挝经贸关系的飞速发展，越来越多的中国人

---

① 马树洪：《老挝人民革命党"五大"评介》，《东南亚纵横》1991年第3期。
② 杨超：《老挝新华侨华人与中老友好交往》，《八桂侨刊》2011年第2期。
③ 黄兴球：《老挝新华侨》，《八桂侨刊》2005年第5期。

到老挝做生意、搞投资，并落地生根。近十年来，中国新移民进入老挝多于 90 年代。近些年进入老挝的中国新移民约为 27 万人，其中尤以广东（潮汕）、湖南、云南、四川、重庆等地的新移民居多，加上老移民的数量，庄国土估算认为，2007 年老挝华侨华人数量为 30 万人左右，约占老挝总人口的 4.8%。①

根据老挝 2015 年的人口普查，1995 年、2005 年和 2015 年老挝华裔族群人数占总人口比率分别为 3%、3% 和 2.9%。若考虑到新移民等因素，庄国土推算的 4.8% 的比率应该是较为准确的。② 2018 年老挝人口总数约为 706 万人，按 4.8% 的比例估算，老挝华侨华人人数约为 34 万人。

（二）老挝华商分布

1. 地域分布

目前关于老挝华侨华人的地域分布的资料还比较欠缺。根据相关文献，目前，老挝的华侨华人主要分布在万象、沙湾拿吉、巴色、琅勃拉邦等大中城市，少量居住在桑怒、川圹、丰沙里、他曲等中小城镇。

万象以南各省主要是"老移民"，以潮州人和客家人居多，这些华人的祖先早期从广东而来，在柬埔寨上岸之后，一部分停留在柬埔寨，另一部分则散开至东南亚其他国家，其中部分移居至老挝南部。③

老挝北部的城镇中有部分来自云南、广西两省区，他们多数居住在老挝与中国接壤的丰沙里、乌多姆赛、琅南塔三省，近年来有一定数量的云南边民到老挝种植香蕉、橡胶，有些逐渐移居万象。

2. 行业分布

20 世纪七八十年代，由于老挝政府对华商私人企业重新登记，在登记中对华商货物强行收购，后发展到没收华商资本，侵吞华人资产。1991 年老挝人民革命党"五大"调整对华政策，老挝华侨华人经济开始逐步

---

① 庄国土：《东南亚华侨华人数量的新估算》，《厦门大学学报》（哲学社会科学版）2009 年第 3 期。
② 张钟鑫：《当代东南亚华人基督徒数量的估算与评析——兼统计东南亚、世界基督徒与东南亚华人数量》，《世界宗教研究》2018 年第 1 期。
③ 彭伟步：《田野调查手记：老挝华人为何多娶老挝女子为妻》，澎湃新闻·智库报告，https://www.thepaper.cn/newsDetail_forward_2124863，2018-05-14。

恢复。

老挝90%华侨华人从事工商业和服务业，范围包括木材、土特产、建材、金银及其制品、服装、汽车配件、日用百货、木材加工厂、印刷厂、纸厂、塑料厂、餐饮、汽车和机工修理、加油站等，从事其他职业的很少。老挝华侨华人中经营规模大、资本雄厚的为数不多，但对老挝的进出口和国内市场颇具影响。

随着老挝执行革新开放政策，加上这些华侨华人努力经营，一些善经营、经济基础好、懂技术的华人中青年企业家开始崭露头角。寮京银行、永珍商业银行、芭莎大酒店（老挝最豪华的酒店之一）、现代建筑有限公司等一批颇具规模的企业已经由华侨华人直接经营或参股经营。当年以难民身份流亡海外而今事业有成的原老挝华侨华人也陆续回到老挝投资。老挝北部上寮山区的华侨华人以务农为主。他们把荒山野岭变为农田、果园和茶厂，还利用富散山区的野生茶烘制出老挝特有的镇宁茶。① 然而由于老挝华侨华人忙于生计，其社会地位、文化素养均不很高，和东南亚其他国家华侨华人相比，他们的政治影响也不是太大。

近年来，新移民与时俱进，不断拓展老挝华侨华人的经营领域，如前述"湘商"在商业分布上从最初的小商品，发展到卖手机、摩托车，再到基础设施建设、商贸流通、钢铁、汽车、通信等，甚至涉足新型农业等老一辈湖南商人不曾涉及的领域。

四 老挝华商与住在国关系现状

（一）经济关系

老挝国家经济基础相对薄弱，曾经是湄公河次区域内国内生产总值（GDP）最低的国家之一，也是世界最贫困的国家之一，2005年老挝人均GDP仅为491美元。近年来老挝在政府改革开放，实施新经济政策后，改善投资环境，积极引进资金、先进技术和管理方式，经济实现了快速发展。2018年，老挝的国内生产总值（GDP）达到了181.31亿美元，同比增长7.6%。同期，老挝的人口约为706万，这样其在2018年的人均GDP

---

① 国务院侨办侨务干部学校编：《华侨华人概述》，九州出版社2005年版，第81页。

就约为 2568 美元。老挝 GDP 总量不高，但人均 GDP 在东南亚国家中排名第七，高于越南、东帝汶、柬埔寨、缅甸四国。[①]

老挝经济的发展和营商环境的改善，也为华侨华人的发展壮大带来难得的机遇。已经在老挝有三、四代人以上的"老移民"经历过老挝社会动荡年代，自身发展也经受波折，同时也享受了老挝革新开放及经济发展带来的"红利"，获取了大量的经济资源并深度融入老挝社会，甚至有些人将业务拓展到世界各地，如在老挝乃至全球华人界名声显赫的陈氏家族。这个祖籍中国潮汕、老挝发家的华人家族拥有泰国排名前十的巨型企业、西欧最大的华商企业和中国香港的著名商号"昆仲和"。

近些年到老挝的"新移民"恰逢老挝社会稳定和经济快速发展的年代，所从事行业类型多样，除传统的小商业外，还涉及矿产开发、农业、建筑、房地产等领域。广东新移民主要从事制造业，实力相对雄厚，在影响老挝国民经济的主要行业均可见广东移民的身影，例如房地产、红木家具、建筑业、五金制造业等。湖南新移民人数增长比较迅速，大多来自邵东县，主要经营生活用品、五金等小商品，总计将近 20 万人。[②] 目前湖南在老挝投资的企业有 160 余家，是湖南在海外最大的经商群体，万象街头 80% 的店主是湖南人。繁华的宏克亚星商业街和三江口小商品城，更是被当地人形象地称为"邵东街""邵东村"。在老挝每年的摩托车销售额中，湖南人凭借实力占据了 90% 的份额；同时，老挝手机生意的 60%、服装和箱包 50% 以上的市场份额被湖南人所占有。[③]

老挝从 2016 年开始实施第八个五年经济社会发展计划，在经济方面，该计划设定了年经济增长率不得低于 7.5% 的目标。政府将努力至 2020 年使老挝摆脱最不发达国家的地位，并将人均国内生产总值（GDP）从 1970 美元提高到 3190 美元；另一个主要目标是将全国居民贫困率降至 10% 以

---

① 参见《2018 年东南亚各国 GDP 出炉》，网易号，http://dy.163.com/v2/article/detail/EB6QJL5360534067W.html，2019 - 03 - 26；《被认为是穷国的老挝，在人均 GDP 上已经越南、印度都高了》，搜狐网，http://www.sohu.com/a/335515916_100110525，2019 - 08 - 22。

② 彭伟步：《田野调查手记：老挝华人为何多娶老挝女子为妻》，澎湃新闻·智库报告，https://www.thepaper.cn/newsDetail_forward_2124863，2018 - 05 - 14。

③ 参见罗杨《越老柬缅印尼侨情分析》，张春旺、张秀明、胡修雷：《世界侨情蓝皮书：世界侨情报告（2019）》，社会科学文献出版社 2019 年版，第 111 页；《"湘商闯老挝"国内大热》，网易，http://dy.163.com/v2/article/detail/E29GJKTI0525NLAD.html，2018 - 12 - 05。

下。该计划还设定农林业部门年增长率达 3.2%，至 2020 年占 GDP 的 19%，工业部门年增长率达 9.3%，至 2020 年占 GDP 的 32%，服务业部门年增长率达 8.9%，至 2020 年占 GDP 的 41%。进口年增长率达 6%，至 2020 年占 GDP 的 8%。① 老挝发展资金需求量巨大，发展项目资金需求与本国的经济实力相去甚远，因此老挝政府以开放的姿态吸引国外企业来老挝进行投资，中资企业在老挝市场发展的机遇很多。

近几年中老关系平稳发展，双边贸易金额不断增加。前些年，中资企业投资项目主要分布在加工、服务、农业、建筑、贸易、制衣、宾馆餐饮、矿产开发、木材加工、广播电视、咨询 11 个领域。近年来产生了一些重大投资项目，涉及经济合作区、铁路、电网、水电站、房地产和通信卫星等多个领域。② 同时，中国还向老挝提供了大量无偿援助和大量的低息和无息贷款，用于当地的基础设施建设和人力资源培养，为老挝建设做出了重要贡献。由于熟悉当地环境，华侨华人在中老经贸合作中起到了穿针引线的作用，帮助中资企业适应老挝的投资及社会环境，保证了中老两国经贸交流合作的顺利开展。

随着老挝政局的稳定，革新开放政策的加快，中老关系的改善，中老之间的双边贸易飞速增长，中国在老挝的投资和援助，及承包工程项目和劳务输出等等因素，直接吸引了大批的中国移民来到老挝。其中，有的是外贸公司的驻外人员和边境地区的小商小贩；有的是中国投资和援建项目及中国公司承包工程项目的中国管理人员、技术人员和熟练工人；有的是劳务输出的非熟练工人。他们当中有部分人成为新一代的华侨，在中老经贸关系中起到不可或缺的作用。此外，中老铁路等大型项目的建设将吸引更多国际企业投资老挝，老挝政府相关税收政策会变动、投资成本也会变化，广大华商将在旅游、服务业、投资等领域迎来发展机遇，中老铁路带来的机遇大于挑战，将会开创老挝华商的新时代。③ 老挝华商还可以利用自身优势，加强与中国企业的合作，共同投资开发老挝这片沃土。

---

① 《老挝国会批准第八个五年社会经济发展计划》，《万象时报》2016 年 4 月 26 日。
② 《2018 年对外投资合作国别（地区）指南·老挝》，中国一带一路网，https：//www.yidaiyilu.gov.cn/zchj/zcfg/6704.htm，2017 - 12 - 28。
③ 《中国—老挝铁路建设将为华商提供新机遇》，中国新闻网，http：//finance.chinanews.com/hr/2017/01 - 05/8114487.shtml，2017 - 01 - 05。

(二) 政治关系

老挝独立后,曾颁布实施了禁止华侨从事 12 种职业的法令,对老挝的华侨华人社会造成了一定的冲击,但迫于经济发展的需要,特别是为了解决国内资金困难等问题,老挝政府同时又颁布实施了鼓励外侨投资的条例。外侨凡是投资工商业及农工矿业的开发均享受政府提供的优惠,这在一定程度上促进了华人经济的发展。针对当局禁止从事的 12 种行业,老挝华人或是采取同当地人结婚的办法以老挝人的名义注册,或是选择加入老挝籍,减少了这一法令对华人经济造成的负面影响。此外,对于华人社团组织,老挝政府一般都不加以干涉,因此,华人社团相对团结也比较稳定,并在原有规模上不断完善和发展。

1975 年老挝人民革命党夺取政权,废除了君主制,建立起老挝人民民主共和国,并与越南结盟。受到越南影响,老挝于 1976 年采取强制政策,强制华侨华人弃商从农,还封闭了商店和工厂。1978 年,以迫使桑怒等地的华侨迁出老挝为起点,老挝当局开始没收华侨华人的财产。1976 年至 1979 年,当局又借口实行币制改革,搜刮华人手中的游资[①],致使华侨华人的利益受到极大损害。尽管当局仍允许华人经营小本生意,但繁重的苛捐杂税令华人难以为继。从事农业的华人,政府只分给少量土地和口粮,生活十分艰苦。华人纷纷逃亡,有的去了泰国、新加坡、印尼,有的转入欧美各国。资本稍厚的华侨华人几乎都已逃离。迫于形势,老挝的华校于 70 年代末纷纷停办;华人社团被迫停止了活动;华文报刊也被当局查封,华人社会一片萧条。

老挝政府推行的一系列排华政策不仅严重损害了华侨华人的政治经济利益,而且给老挝自身经济的发展造成了巨大影响。1984 年是老挝国内经济出现严重困难的一年,特别是严重的资金匮乏影响了老挝的发展,加上此时印支局势的变化发展,促使老挝政府重新调整了对华侨华人的政策。开始注重保障华人的经济利益,允许他们可以从事各种经济活动,部分逃到泰、越等国的华人也开始陆续回到老挝。1986 年,老挝实行开放政策,允许各种经济成分并存,华人开始重操旧业。1988 年,随着中老关系的改

---

① 庄国土:《略论二战以来华人社会地位的变化》,《华侨华人历史研究》2004 年第 2 期。

善，老挝的华侨华人政策日渐宽松。1988年11月，万象的中华理事会率先成立，之后琅勃拉邦、巴色、沙湾拿吉等地的中华理事会也相继恢复活动。在中华理事会的推动下，老挝的华校也逐渐恢复和发展起来。老挝的华侨华人社会得以重现生机。①

总体来说，历经一系列重大的政治变革，在老华人社会受到了来自老挝及中国的影响，经受了中老关系变化带来的冲击，多半不愿参与公共事务。而那些2000年之后才进入老挝经商的新华侨则很少有移民定居的打算，更别说参与政治了。② 老挝华商主要将精力放在"做生意上"，对老挝政治较为淡漠，政治活动参与不足。他们的政治地位与泰国、柬埔寨等东南亚国家华侨华人相比显得较低。

（三）社会与文化关系

在华人社团建设方面，随着中老友好关系的深化、大陆新移民的到来，老挝的一些华侨华人社团组织活动得以恢复，新的华人社团陆续成立。③ 在华侨、华人较为集中的地方各自建立了中华理事会，系当地华侨、华人的群众性组织。这些理事会均受老挝地方政府和老挝建国阵线领导，自筹活动经费，成员志愿参与。他们协助地方政府贯彻实施有关法规，处理侨社内部事务，开展互济自救。理事会由理事、监事若干人组成，一般情况下由侨胞选举产生，实行任期制，一般任期为2年或4年。理事会附属机构主要包括侨校、慈善机构（善堂）、寺庙、义山等，承担教育、社会救济、信仰、丧葬等社会职能，增强华人与当地民众和政府的友好关系。除中华理事会，老挝还成立了老挝中国总商会、老挝中华总商会等的华人社团。

老挝中国总商会是2005年11月由老挝外交部、老挝工贸部正式批准成立的外国商会，下设湖南、浙江、四川、广东、福建等7家商会分支机构，现有50余家会员单位，涵盖在老经营的主要中资企业。老挝中国总商会致力于建设服务型商会，督促各会员企业依法合规经营，因地制宜履

---

① 许梅、郑可敏：《战后老挝华人社会地位变迁与发展》，《八桂侨刊》1999年第2期。
② 龙云弟：《老挝华侨华人与"一带一路"建设》，陆琮渊、黄日涵：《搭桥引路：华人华侨与"一带一路"》，社会科学文献出版社2016年版，第39页。
③ 方芸：《老挝华侨华人与"一带一路"建设》，《八桂侨刊》2018年第2期。

行社会责任,讲好中国和中老共建命运共同体故事,保持与老挝政府部门和两国商协会顺畅的有效沟通,已成为在老中资企业和当地企业的信息共享平台。①

老挝中华总商会成立于2015年7月29日,隶属老挝工商联合会,是在老挝从事投资、商贸的华侨华人自愿组成的非营利性的民间商业团体,以促进本国工商业发展、经济繁荣、文化教育与社会服务为宗旨,加强老中两国企业和民间商业之间的合作、交流与发展为宗旨。老挝中华总商会的职能主要有五项②:一是及时向会员通报老挝和中国的经济发展情况,商业投资动向;二是协助政府有关部门、中国大使馆、各地中华理事会及侨团委托承办的事项;三是以总商会的名义组织会员和老挝工商界及各国企业之间的交合作,扩大业务范围,做到资源共享、利益共赢;四是积极参加中国内地侨办、侨联等部门所举办的各类商业投资谈会、博览会、交易会等活动,帮助会员扩大视野,增强市场营销观念;五是维护和保障会员的合法权益,公正正确地处理本会会员与有企业之间所发生的经济及商业纠纷。

在华文教育方面,老挝有代表性的华文学校有7所,首都万象的"寮都公学"、北部琅勃拉邦市的"新华学校"、中部甘蒙省"他曲华侨学校"、南部沙湾拿吉省坎他武里市的"崇德学校"、百细市的华侨公学,以及乌多姆塞省的中老友谊学校。还有一所为近年来才创办的新华校,位于老挝与中国云南接壤地区,学生以来自当地经商的中国人的子弟为主。此外老挝国立"巴巴萨技术大学"和"东都大学"也承担一定华文教育任务。③ 其中万象寮都公学是一所开设有幼儿园、小学部、初中部及高中部的全日制学校。学校有教职员工173人,其中,中文教师37人,老文教师59人,幼儿园教师27人,中国公派教师28人,工人22人。截至2015

---

① 《中国电建当选老挝中国总商会会长单位》,中国电力企业联合会网站,http://www.cec.org.cn/zdlhuiyuandongtai/qita/2020-01-06/196746.html,2020-01-06。
② 《老挝中华总商会章程》,老挝中华总商会网站,http://www.laoccc.org/index.php/zh-cn/2016-10-24-15-05-46/2017-11-30-06-05-24,2016-10-24。
③ 参见陈美君《老挝华校华文教育的现状、困难与改革》,硕士学位论文,苏州大学,2012年;魏来《越南、柬埔寨、老挝、印尼四国主要城市华文教育调查报告》,硕士学位论文,暨南大学,2014年。

年9月，全校共有52个班（其中幼儿园有7个班），在校生总数达2628人（其中幼儿园有312人）。学校90%以上的学生是老挝籍（包括华裔），其他为中国、美国、泰国、柬埔寨、菲律宾、印度、越南和马来西亚等国籍的学生。

与其他东南亚国家相比，老挝华文教育有如下特点：一是稳定性，老挝是东南亚华侨华人最少的国家，其华文教育规模不大，但是与其他东南亚国家相比发展较为平稳，华人子女接受华文教育的绝对比例位居东南亚各国前列。二是双语并重，如万象寮都公学，小学开设有华文语文、数学、音乐、美术和老挝语文五门课程；初高中开设有华文语文、数学、物理、化学、历史、地理、英文等课程，其中老挝语文、理化史地和音乐、美术等课程使用老挝文教材，老挝语授课；中国语文、数学和英文使用中国国内出版的教材，汉语普通话授课，其他华校课程设置和授课方式大同小异。① 三是整体性，一方面老挝的华文学校不以"小学""中学"命名，而是称为"公学"或"学校"，提供从幼儿园、小学、初中直至高中的系统教育；② 另一方面华文教育已被纳入老挝国家教育体系，涵盖幼儿园至高中各个阶段，如在寮都公学，华裔学生占比很小，老挝籍学生占了90%。③ 作为唯一一所经老挝教育部批复的外资华文学校——中老友谊学校，共有1132名学生接受中老双语教育，其中超过60%的学生是老挝本地人。④ 该校于2018年2月28日启动新校区的建设工作，将建成涵盖幼儿园、小学、初中、高中到职业教育的综合性华文学校。

在华文报纸方面，老挝华文报纸发展极为滞后。法国统治时期，老挝华侨一直没有自己的报纸。1959年，华侨创办了老挝第一份华文报纸《寮华日报》，后因销路不好而停办。之后华侨又创办了《自然报》和《虎报》等，但都在半年内停刊。此后于1965年创办《华侨新闻》，1967年

---

① 魏来：《越南、柬埔寨、老挝、印尼四国主要城市华文教育调查报告》，硕士学位论文，暨南大学，2014年。
② 罗华荣：《老挝华文教育别具一格》，《东南早报》2016年8月20日。
③ 付强、齐彬：《老挝"中文热"持续升温 华文教育纳入国家教育体系》，《海外华文教育动态》2016年第12期。
④ 《老挝联手中国高校 打造综合性华文学校》，中国侨网，http://www.chinaqw.com/hwjy/2018/06 - 25/194045. shtml，2018 - 06 - 25。

创办《永珍日报》，发行量都不超过1000份。70年代又创办《老华日报》，1978年2月被老挝当局查封。① 直到2013年，老挝中华总商会创办了《老挝中文报》，主要刊登社区新闻与商业资讯。由于没有在老挝新闻文化部备案，《老挝中文报》属于一份非正式华文报纸，是老挝华文报纸的雏形。凭借着创办《老挝中文报》的基础与经验，2018年2月《中华日报》创刊，与老挝巴特寮通讯社、中国《人民日报》等签订合作协议，② 结束了1978年后老挝没有华文报纸的历史。

和泰国、柬埔寨华侨华人一样，老挝华侨华人也深度融入了老挝社会，经过战后几十年的演变与发展，已逐步同当地社会融为一体。从发展的观点看，华人认同乃至同化于主流社会不仅是老挝华人社会的必由之路，也是海外所有华人的必然发展趋势。老挝经济基础薄弱，华人大都比当地人富有，几乎每个家庭在国外都有亲友，同外界的联系相对密切；而且目前改革开放后，中国有不少人到老挝经商发展，成为当地的新侨民。这一系列因素无疑会延缓华人与当地同化的进程，然而，无论怎样变化都改变不了华人同化于当地的趋势。老挝华人经过几十年的发展也清醒地意识到，老挝虽然贫穷却是哺育他们几代人成长的地方，不仅从感情上难以割舍，从发展的角度看，他们更适宜这片土地。然而要想在老挝立足，就不能脱离老挝社会的发展实际。因此，只有进一步融入主流社会，才有自身的更大发展。③ 伴随着"一带一路"建设和"中老命运共同体"的打造，在老挝经济领域具有重大影响力的华侨华人必然借力中老友好合作发展的东风，深度参与老挝经济和社会发展进程，助力老挝"遵循绿色可持续发展方针，在2030年成为中等偏上收入的发展中国家"目标的实现。

---

① 朱芳华：《老挝汉语推广的对策初探》，《海外华文教育》2010年第1期。
② 李庆林、张帅：《中国与老挝媒体合作研究》，《对外传播》2019年第5期。
③ 许梅、郑可敏：《战后老挝华人社会地位变迁与发展》，《八桂侨刊》1999年第2期。

第四章 缅甸华商历史与现状

一 缅甸概况与中缅关系发展

缅甸，全称缅甸联邦共和国。缅甸位于亚洲东南部、中南半岛西部，其北部同中国西藏自治区和云南省接壤，中缅国境线长约2185千米，其中滇缅段为1997千米；东部与老挝、泰国毗邻，缅泰、缅老国境线长分别为1799千米和238千米；西部与印度、孟加拉国相连，缅印、缅孟的国境线长分别为1462千米和72千米。缅甸南临安达曼海，西南濒孟加拉湾，海岸线总长2655千米。缅甸是东南亚国家联盟成员国之一。2005年，缅甸政府将首都从境内最大城市仰光迁至新都内比都。

缅甸是一个历史悠久的文明古国，1044年形成统一国家后，经历了蒲甘、东坞和贡榜三个封建王朝。英国于1824年至1885年间先后发动了三次侵缅战争并占领了缅甸，1886年英国将缅甸划为英属印度的一个省。1937年缅甸脱离英属印度，直接受英国总督统治。1942年日军占领缅甸。1945年全国总起义，缅甸光复。后英国重新控制缅甸。1947年10月英国被迫承认缅独立法案。1948年1月4日缅甸脱离英联邦宣布独立，建立缅甸联邦，1974年1月改称缅甸联邦社会主义共和国。1988年7月，因经济形势恶化，缅甸全国爆发游行示威。同年9月18日，以国防部长苏貌将军为首的军队接管政权，成立"国家恢复法律和秩序委员会"，1997年更名为"国家和平与发展委员会"，宣布废除宪法，解散人民议会和国家权力机构。1988年9月23日，国名由"缅甸联邦社会主义共和国"改称"缅甸联邦"。2008年5月，缅甸联邦共和国新宪法获得通过，规定实行总统制。2010年11月7日，缅甸举行全国多党民主制大选，联邦巩固与发展党（简称"巩发党"）以绝对优势赢得大选，其当选议员约占全部当选议员的76.4%。2011年1月31日，缅甸联邦议会召开首次会议，正式将国名改为"缅甸联邦共和国"。2月，吴登盛当选总统。3月30日，吴登盛宣誓就任。2015年11月8日举行新一轮全国大选，昂山素季领导民盟赢得压倒性胜利，获组阁权。2016年3月15日，联邦议会选举吴廷觉为总统。3月30日，吴廷觉总统、两位副总统及新政府内阁成员正式宣誓就职，新一届政府于4月1日正式运作。4月6日，昂山素季被任命为国务资政。2018年3月21日，总统吴廷觉在内比都总统府办公室宣布辞职。3月28日，联邦议会完成调整并如期举行总统选举，吴温敏以403票高票当选缅甸第十任总统。

缅甸的行政区划分为7省、7邦和1个联邦区。"省"是缅族人口的主要聚居区，"邦"主要聚居着各少数民族人口，首都内比都为联邦区。在7个邦中，克钦邦和掸邦与中国接壤。两个邦都存在少数民族武装政权，时常与中央政府发生军事冲突。

缅甸总人口数目前没有准确的数据，据《缅甸新光报》2019年4月6日报道，为便于国家政府与各部门规划国家政策与项目，缅甸劳工、移民与人口部、人口局每年公布缅甸的预估人口数据。截至2019年4月1日，缅甸人口总数约5410万。其中男性约2595万人，女性约2815万人。仰光省人口最多，达到820多万，掸邦、曼德勒省、伊洛瓦底省均超过600万；人口最少的为克雅邦，约32万（见表4.1）。

表4.1　　　　　　　　　缅甸各省/邦人口数（分性别）　　　　　　（单位：人）

省/邦	男性人口	女性人口	总人口
克钦邦	978224	903138	1881362
克耶邦	159121	161095	320216
克伦邦	783716	821981	1605697
钦邦	246897	269855	516752
实皆省	2615936	2934453	5550389
德林达依省	733306	745780	1479086
勃固省	2339618	2594810	4934428
马圭省	1807145	2130133	3937278
曼德勒省	3057565	3420175	6477740

续表

省/邦	男性人口	女性人口	总人口
孟邦	943609	1051459	1995068
若开邦	1582034	1743082	3325116
仰光省	3887449	4316383	8203832
掸邦	3156166	3176022	6332188
伊洛瓦底省	3042814	3230099	6272913
内比都	615289	653899	1269188
共计	25948889	28152364	54101253

数据来源：缅甸根据2014年人口普查结果发布缅甸人口估数，缅华网，https：//www.mh-wmm.com/Ch/NewsView.asp?ID=37300，2019-04-11。

独立后的缅甸政府沿用了1931年英属印度人口普查的少数民族识别名单，把缅甸国内的民族认定为135个，具体可分别划归8大族群，即缅族族群（9个民族），克伦族群（12个民族），掸族族群（33个民族），若开族族群（7个民族），孟族族群（1个民族），克钦族族群（12个民族），钦族族群（53个民族）和克耶族族群（9个民族）。其中缅族人口最多，约占全国总人口的65%。在缅甸政府的民族划分政策中，缅甸政府将同属于一个民族的各个支系识别划分为一个独立的民族。[①] 缅甸少数民族人口约占全国人口总数的1/3，而分布面积占全国国土面积的一半，且资源富集。但是，由于历史和自然的原因，缅甸发展水平不同的民族的分布泾渭分明，缅族、若开族、孟族等相对先进的民族大多数集中居住在平原地区，工业和商品经济有所发展，钦族、克钦族、佤族、傈僳族等民族则多聚集在山区和高原，以自然经济为主，有的甚至仍以刀耕火种为生计。

缅甸各主要少数民族与缅族之间存在着诸多矛盾。缅族人口在缅甸全国人口中占了2/3，另外有掸族、克伦族、克钦族、孟族、佤族等几个人口规模比较大的少数民族。1947年，缅族与主要少数民族在彬龙会议上签署《彬龙协议》，联合抵制英国殖民政府"分而治之"、将缅甸分裂成若干个国家的图谋。1948年1月，缅甸宣布独立，但殖民时期留下的政治阴影长期挥之不去，过去几十年中一些少数民族武装势力以公开或隐秘的方

---

① 贺圣达、李晨阳：《列国志·缅甸》，社会科学文献出版社2005年版，第34—35页。

式不断与中央政府对抗。缅甸境内现有公开民族武装25支和隐秘的民族武装10多支。至今,民族武装与政府军在掸邦范围内的对峙依然存在,政府军控制着54个城市和部分道路;掸邦军武装总兵力上万人,他们控制着很多村庄和山区,时常会在这些地区引发零星冲突。

缅甸是一个以佛教信仰为主、多种宗教信仰并存的多元化社会,全国80%以上人口信奉佛教。由于佛教在缅甸的政治和社会生活中影响根深蒂固,政府的佛教政策直接影响着缅甸政治局势和社会的稳定,历届缅甸政府都在努力而谨慎地处理与佛教的关系。

缅甸属热带季风气候,森林资源丰富,森林覆盖面积为全国总面积的57%左右。到目前为止,缅甸已勘探到的矿产资源有石油、锡、钨、铅、锌、银、煤、铁等,还出产红宝石、翡翠、琥珀、玉石等,其中尤其以抹谷地区盛产的优质红宝石而闻名于世。由于经济发展落后,以及政治等其他方面的原因,缅甸的矿产资源还没有得到有效开发。近些年来由于国际矿业形势转暖和缅甸政府的优惠政策,矿业形势开始升温,特别是油气资源的勘查和开发受到国际矿业投资商的关注。

近年来缅甸政府采取一系列措施推动经济发展,尤其是民选政府上台后,发展经济既是民众诉求也是政府义不容辞的责任。近十多年来是缅甸经济发展最快的时期。据《缅甸环球新光报》3月26日报道,据缅甸中央统计局统计,缅甸2011—2018财年的增长率分别为:5.6%,7.3%,8.4%,8.0%,7.0%,5.9%,6.8%(见表4.2)。

表4.2 近年来缅甸GDP增长情况

财年	2012/13	2013/14	2014/15	2015/16	2016/17
名义GDP(亿缅币)	512592.6	580116.3	652618.9	727140.2	797209.0(约合633亿美元)
实际GDP(亿缅币,以2011—2012财年为基期)	450806.6	188791.6	527850.5	564762.3	597925.4(约合475亿美元)
人均GDP(万缅币)	101.17	113.34	125.53	138.63	150.65(约合1196美元)
GDP增长率(%)	7.3	8.4	8.0	7.0	5.9

数据来源:缅甸计划与财政部下属中央统计局;《2018年对外投资合作国别(地区)指南—缅甸》,中国一带一路网,https://www.yidaiyilu.gov.cn/zchj/zcfg/14457.htm,2017 - 12 - 28。

然而，从横向的比较来看，缅甸经济发展在东南亚11国中位列倒数，虽然缅甸GDP总量排名东盟国家第七位（2017），但人均GDP排名倒数第一，人均GDP仅为1272美元（同期老挝的人均GDP为2568美元）。① 此外，缅甸还面临巨额财政赤字、国外投资规模小、市场开放程度低、物价水平居高不下等老问题，以及缅元大幅升值、投资环境差、出口量下降等新问题。缅甸经济发展的"劣势"也成为其后发优势。据缅甸投资和公司管理局所提供的数据显示，2014—2015财年，缅甸只吸引了300多亿美元的外商直接投资。其中，新加坡投资145亿美元，排名第一；中国投资71亿美元，排名第二，而欧盟成员国只投资了26亿美元，这也从另一侧面说明缅甸吸引外国投资的潜力巨大。

中缅两国于1950年6月8日正式建交。2011年5月，双方决定建立全面战略合作伙伴关系。近年来，两国高层交往频繁，吴登盛在总统任内共7次来华，昂山素季也曾5次访华。中缅关系处于稳定向前发展的良好态势。昂山素季政府上台后，缅甸和西方国家经历了短暂的"蜜月期"，但缅甸并未像西方媒体及政客所预测的那样完全"投入西方的怀抱"。2018年以来，由于缅甸国内局势的变化，尤其是罗兴亚人问题以及由此产生的其他相关问题，缅甸与西方国家的关系持续紧张。② 2018年3月以来，西方国家取消了昂山素季所获得的包括"邓迪市自由奖"在内的多项荣誉。2018年8月，美国以在若开邦、克钦邦和掸邦领导暴力行动对罗兴亚人和其他非缅民族实施"种族清洗"为由，对缅军军官昂觉佐、钦貌梭、钦莱及图拉桑仑施加制裁。西方国家甚至扬言要将敏昂莱送上国际刑事法庭。西方国家对缅甸的"民主想象"并未如期而至，使得缅甸与西方国家的关系趋向紧张，甚至在国际舞台相互指责。相反，在复杂的国际国内形势下，中缅秉持传统友谊，在多领域开展了广泛合作，两国关系发展势头良好，木姐—曼德勒铁路项目、皎漂经济特区深水港项目等合作项目稳步推进。缅甸战略与国际研究中心主席吴哥哥莱指出，"越来越多的缅甸民

---

① 《东南亚各国GDP排名》，网易号，http：//dy.163.com/v2/article/detail/EKPH4N7M0544516W.html，2019-07-23。

② 李晨阳、孟姿君：《缅甸与西方国家关系出现严重倒退》，《世界知识》2018年第22期。

众意识到中国是真正的朋友"①。

2018年以来,"一带一路"倡议和中缅经济走廊建设在缅甸稳步推进,缅甸参与"一带一路"倡议有了实质行动。2018年12月,缅甸宣布成立实施"一带一路"指导委员会,由国务资政昂山素季任主席。缅甸方面表示,成立这一委员会是为了更好地落实"一带一路"倡议下共建中缅经济走廊的相关事务。中缅经济走廊将把缅甸最发达和最不发达的地区连接起来,有利于缅甸的经济建设,边境贸易发展和基础设施的建设,并能为周边地区创造更多就业岗位,促进民众收入水平提高。② 2019年4月,昂山素季在出席第二届"一带一路"国际合作高峰论坛时强调,中国是缅甸的亲密友邦……缅方愿同中方共同努力,维护边境地区安全稳定。在缅甸民族和平进程方面,中国政府力主"劝和促谈";积极介入若开邦问题,在中国政府的促和之下,缅甸和孟加拉国积极推动难民回归机制,缅甸政府也在努力恢复若开邦的和平与稳定,中国在缅甸和平继承中发挥着不可替代的作用。

2020年1月,在中缅建交70周年之际,习近平主席对缅进行国事访问并将缅甸作为新年首访国家,习近平主席与缅甸总统、国务资政、总司令等进行了会谈,双方发布《中华人民共和国和缅甸联邦共和国联合声明》,强调将加强共建"一带一路"合作,推动中缅经济走廊从概念规划转入实质建设阶段,推进皎漂经济特区、中缅边境经济合作区、仰光新城三端支撑和公路铁路、电力能源等互联互通框架建设,继续深化经贸、农林、产能、投资、金融等领域务实合作,促进共同发展,惠及两国民众;以"中缅文化旅游年"为契机,加强教育、文化、旅游、宗教、媒体等社会人文领域交流合作。③ 访问期间,双方还签署了33项加速推进"一带一路"倡议的大规模基础设施以及贸易合作协议,涉及云南南部和曼德勒之间的中缅经济走廊、缅甸西部若开邦的特别经济区和深海港口发展,以及仰光的新城市项目。对于中缅关系,昂山素季说,"邻国是不能选择的",

---

① 高佳义:《缅甸"知华派"大佬力排众议:误解中国只会阻碍我们发展》,搜狐网,http://www.sohu.com/a/298850138_346681.2019-03-03。
② 环球时报,2018-12-20。
③ 《中华人民共和国和缅甸联邦共和国联合声明》,新华网,http://www.xinhuanet.com/politics/2020-01/18/c_1125478225.htm,2020-01-18。

缅甸将与中国站在一起"直到世界尽头"。

在中缅关系稳定向前发展的同时，中国与缅甸双边贸易不断加强，据《缅甸环球新光报》4月21日报道，缅甸商务部消息，2016—2017财年截至2月底（2016年4月1日至2017年2月28日），缅甸与中国双边贸易额达到94.46亿美元，其中缅甸对华出口额42.9亿美元，进口额51.55亿美元。两国双边贸易额自2011年起便不断增长，2011—2012财年两国贸易总额为50.01亿美元，2012—2013财年为49.57亿美元，2013—2014财年为70.33亿美元，2014—2015财年为97.12亿美元，而2015—2016财年全年达到109.92亿美元。① 中国对缅甸主要出口成套设备和机电产品、纺织品、摩托车配件和化工产品等，从缅甸进口原木、锯材、农产品、海产品和矿产品等。中国为缅甸第一大贸易伙伴、第一大出口市场和第一大进口来源地。

至今，缅甸的民主转型已经九年之久。这期间分别由吴登盛（2011年2月—2016年2月）、吴廷觉（2016年2月—2018年3月）、吴温敏（2018年3月至今）执政。吴登盛总统任内的改革让缅甸在外交上开拓了道路，创造了广阔的空间。2015年"自由而公正"的大选之后，半民选政府向民选政府和平交权。民主转型不仅对缅甸国内政治，而且对缅甸的外交领域也有影响。中国在缅甸的利益也受到了民主转型的影响：在投资领域，密松水电站项目事件便是一个突出的例证。② 两届民选政府都在民主实践中摸索、尝试，因而波及了中国的投资项目。为了让两国关系迈过吴登盛时期的坎坷，现任民盟政府继续保持着两国政府间、人民之间的互动。在两国之间开展了"穿梭外交"（shuttle diplomacy），高层互访不断，中缅关系持续走高。

然而值得注意的是，缅甸的军人政权在形式上走到了尽头，但半个多世纪的统治让这个国家伤痕累累，族群、宗教等不同社会团体之间的裂痕

---

① 《中缅双边贸易额突破94亿美元》，中国—东盟博览会网站，http://www.caexpo.org/index.php?m=content&c=index&a=show&catid=120&id=217401，2017-04-25。

② 吴登盛政府时期，缅甸实现了媒体解禁，非政府组织（NGO）也快速发展。针对中国的投资项目，缅甸一些NGO、媒体、政党、少数民族以"危害缅甸国家安全"为由，反对项目推进。2011年9月，吴登盛致函议会，以所谓的"民意"为由宣布任期内搁置由中国投资的密松水电项目。

需要时间来抚平。如今缅甸政治、社会的突然自由化，多元社会力量崛起，似乎打开了潘多拉的盒子，在军政府统治下被压抑了多年的社会矛盾和冲突开始集中爆发。缅甸社会的内部结构变化及矛盾显现使得中缅关系仍面临一些不确定性。

二 缅甸华商历史

中缅两国国境线绵延 2185 千米，其中缅边界云南段长 1997 千米。自古以来，两国边民组成商队，穿越古道，开展商贸活动，华人移民正是伴随中缅商贸往来而产生的。但对于中国人具体何时开始移居缅甸，学术界没有统一的说法，元朝汪大渊的《岛夷志略》有关于赴仰光中国人的记载，"贩其地者，十去九不还也"。明朝朱孟震的《西南夷风土记》有关于中国人在缅北地区的记载，"江头城外有大明街。闽、广、蜀居货游艺者数万，而三宣六慰被携者亦数万"。可见，当时处于缅北地区的江头城（八莫）已经成为华人重要聚集地。

从相关史料可以看出，早期移居缅甸的华侨华人主要有两条线路：陆路和海陆，主要移向两个区域。由云南移居缅甸的华侨华人主要分布在缅甸北部，即"上缅甸"，如云南与八莫间的陆上贸易，导致了"山地中国人"（Mountain Chinese）季节性地移居缅甸。① 而由广东、福建移居缅甸的华侨华人主要分布在缅甸南部沿海地区，即"下缅甸"。有学者在用 Overseas Chinese 这个词来指经海陆移民的华侨华人的同时，还创造了 Overland Chinese（陆路华侨华人）这个词来特指这些从中国云南翻山越岭进入缅甸等东南亚国家的云南人。②

第一次英缅战争后，英国殖民地需要大量的劳动力，迁居缅甸的华侨华人逐步增多。第二次英缅战争后，英国加快对下缅甸的开发，采取了吸引外来劳动力的政策，从海路移缅的广东籍和福建籍中国人迅速增多。③ 而大规模移民潮则是发生在 1885 年英国吞并整个缅甸之后，英国殖民者对缅甸进

---

① 《缅甸》，新加坡国立大学图书馆网站，http://www.lib.nus.edu.sg/chz/chineseoverseas/oc_md.htm，2020-02-05。
② 何平：《移居缅甸的云南人》，《云南师范大学学报》（哲学社会科学版）2008 年第 2 期。
③ 穆丽华：《缅甸独立后的华人社会变迁研究》，硕士学位论文，云南师范大学，2009 年。

行大规模开发,大量华侨华人通过海峡殖民地,由海路移民缅甸。截至 1931 年,缅甸共有华侨华人 193594 人,其中来自云南的有 40688 人,来自广东、福建的有 86361 人。① 至二战时,缅甸华侨华人剧增至约 30 万人。此外,在这一时期,缅甸华侨社团迅速发展,以地缘、血缘和业缘为纽带的社团纷纷成立②,开办华文报纸和华文学校,华侨华人实现了社会资本的建构,提升了生存、发展以及融入社会的能力。

由于缅甸华侨对国内抗日战争的大力支持,日军占领缅甸时期,对在缅华侨华人进行了大规模的报复。作为华侨华人聚集区,曼德勒遭受日军大规模轰炸,被炸死的华侨华人有几千人之多。居住在缅北的华侨通过滇缅公路撤退回国,沿途遭受日军飞机轰炸和扫射而死者有五六千人。一些著名爱国华侨人士被日本特务机构列入通缉名单,被捕或惨遭杀害者约 3000 人。1942—1945 年期间,华侨华人经济损失率高达 70%,居东南亚各国之首,整个华人社会处于瘫痪状态③,这是缅甸华侨华人历史上极为灰暗的时期之一。

1945 年尤其是 1948 年缅甸脱离英国的殖民统治之后,缅甸华人社会出现一定转机,华人在缅甸的经济生活中扮演了重要的角色。随着 1950 年中缅建交以及 1954 年国际形势的变化,双方交往频繁,周恩来总理于 1954 年 6 月访问缅甸,两国签订了和平共处五项原则。此后双方对边界问题、国民党残余势力问题、华侨双重国籍问题等进行了解决,促进了中缅关系的发展,为华人在当地的生存和发展创造了良好环境。1959 年 9 月,缅甸政府颁布了《缅甸联邦投资条例》,支持来自外国投资和发展私营工业。1962 年,华人所经营的工业占缅甸私营工业的 75%,并垄断了部分新兴工业项目。④ 华侨华人抓住机会在经济领域取得了快速发展。

然而好景不长,1962 年 3 月 2 日缅甸发生影响缅甸历史进程的军事政变,吴努政府被推翻,缅甸军人政权正式建立,宣布缅甸为社会主义国家,所推行的政策对华人经济及社会地位产生了深刻影响,总体情况被概

---

① 范宏伟:《缅甸华侨华人史》,中国华侨出版社 2016 年版,第 29 页。
② 夏玉清:《当代缅甸华人社会的延续与变迁》,《东南亚纵横》2018 年第 3 期。
③ 穆丽华:《缅甸独立后的华人社会变迁研究》,硕士学位论文,云南师范大学,2009 年。
④ 罗英祥:《缅甸华侨华人的历史与现状透视》,《华侨华人历史研究》1997 年第 3 期。

括为"国有化""大排华""大迁徙"和"大损失"①。1963年，缅甸推行国有化运动。尽管这不单是针对华人的，印度人、巴基斯坦人甚至缅甸当地人的企业也都被收归国有，此次运动使得很多华人一辈子积攒下来的财富突然间化为乌有。有资料显示，在1963年到1967年间，缅甸全国一共有15000个企业被国有化，这涉及华人从事的所有重要产业。② 华文学校也被关停。1963年缅甸政府颁布《私立学校登记条例》和《私立学校登记条例实施细则》。1964—1965年间，缅甸政府把缅甸境内的一切私立学校，包括200多所华校收归国有。1966年4月，825所私立华文学校也被缅甸政府收归国有。③ 此外，华文报社停办，华人社团被取缔。1964年3月，缅甸政府颁布"维护民族团结条例"，规定政府可以随时解散任何团体并没收其财产。1973年，缅甸华人社团数量比自由同盟时期减少一半多，仅剩余252个。④

1967年，缅甸经济状况不佳，缅甸人与华人经济差异大，缅甸少数民族和缅甸反政府武装活动频繁，缅甸政府处境困难，1967年6月缅甸发生了大规模的暴力反华排华事件，包括在仰光的一些华侨华人被杀害或逮捕，华人财产被抢劫或掠夺，中国驻缅大使馆、新华社分社、中国民航办事处多次被袭击，中国援缅专家被杀害等恶性事件。此外，缅甸反华人士还袭击了仰光华侨、华人居住区，放火焚烧华侨公共建筑物。⑤ 1967年6月26—29日间，有44名华侨华人被杀害，约有1300名华侨华人遭到缅甸当局的所谓"保护性"拘留，89名华侨被捕，其中包括著名侨领杨老清、陈伯甫等。死在狱中的有：勃生（Basein）侨领林鸿珠、仰光华侨报协领导人陈兰生、工联会主席刘应超。还有一些人被通缉而在逃难中丧生：仰光《人民报》发行人谢永洲、叶振荣，教师联合会主席王毅诚，店联会主席陈宪章，教师陈志英、谢淑华、郭发初、吴华、张继平、叶发春等人。

---

① 罗英祥：《缅甸华侨华人的历史与现状透视》，《华侨华人历史研究》1997年第3期。
② 《缅甸华人史概述》，缅华胞波网，http://www.hmyzg.com/q-zy.com/2010-mhbbj/2010-mhbb/4-mhls/mhls-web/100416-mhls2.htm，2010-04-16。
③ 转引自夏玉清《当代缅甸华人社会的延续与变迁》，《东南亚纵横》2018年第3期。
④ 范宏伟：《缅甸华侨华人史》，中国华侨出版社2016年版，第189页。
⑤ 云南省地方志编纂委员会：《云南省志（卷53：外事志）》，云南人民出版社1996年版，第91页。

不少华侨学生也在逃难中丧生。[①] 缅甸反华排华事件严重破坏了中缅关系，给缅甸华侨华人利益带来"大损失"，大量华侨华人被迫"大迁徙"，在此期间，有超过 30 万印度人与 10 万华人离境，华侨华人大多移居泰国、新加坡、澳洲、南加利福尼亚州、中国澳门等地。其中移居中国澳门的缅甸华人在最高峰时达 4 万人，至 1997 年仍有 2.5 万至 3 万人留在缅甸。[②] 1982 年，缅甸政府通过歧视外籍人的新公民权法，又迫使大量华人移居中国台湾、中国香港、澳洲与美洲。

20 世纪 80 年代中期以来，随着国际形势、亚太局势的变化，特别是中国经济的发展和国际地位的提高，缅甸国内政局变化及其对外开放的政策，中缅关系的正常化，缅甸华商迎来新的机遇。华人经济出现了"重起炉灶，迁回创业，多业发展，吸引外资，经济转型"的崭新格局。[③] 缅甸华商发挥熟悉缅甸和中国的优势，参与中缅经贸活动，为双边经贸发展贡献力量。同时缅甸华商还发挥自身具有世界眼光、熟悉国际市场规则、经营理念的优势，在实现自身经济活动转型的同时，积极推动缅甸经济结构转型。缅甸华商经济地位的提升也实现了社会地位的改善，缅甸政府更加重视华侨华人的作用，华人社团、华文教育、华文媒体的发展具备了良好的政治和社会环境。

三　缅甸华商的规模与分布

（一）缅甸华商规模

由于统计或估算标准的不一致，以及缅甸华侨华人构成的复杂性，对缅甸华侨华人数量的估计一直没有相对统一的说法，分歧极大，有 300 万（2000）、200 多万（2008）、250 万（2003）、100 万（2001）、90 万至 135 万（1996）、46.6 万（1990）、32.48 万（2007）等，其数据相差近 10 倍，是对东南亚各国华侨华人数量估计中悬殊最大者。已有对缅甸华侨

[①] 参见《缅甸 1967 反华排华事件》，百科故事，https://www.pmume.com/a/6hr2dshtml，2018 - 08 - 27；罗英祥：《缅甸华侨华人的历史与现状透视》，《华侨华人历史研究》1997 年第 3 期。

[②] 罗英祥：《缅甸华侨华人的历史与现状透视》，《华侨华人历史研究》1997 年第 3 期。

[③] 参见罗英祥《缅甸华侨华人的历史与现状透视》，《华侨华人历史研究》1997 年第 3 期。

华人数量的估计，依据的是传统华人社会的增长率，均忽视了新移民的因素，以及1973年以后在缅华人非正常减少的因素及1950年国民党军溃退缅甸和20世纪六七十年代云南知青大批前往缅甸的非正常增长因素。[①] 庄国土将传统华侨华人、新移民及其后裔、果敢华人（Kokang Chinese）计算在内，估算出2009年缅甸华侨华人人数为250万人以上。

重新梳理相关文献，除庄国土的估算外，其他一些估算如下：卢光盛（2001）认为缅甸华人数量大致在70万人至90万人之间，占缅甸人口总数的2%弱。[②] 贺圣达、李晨阳（2001）估算缅甸华侨华人约为90万。[③] 北京缅甸归侨联谊会会长粟秀玉称，缅甸（2008）华侨华人有200多万人。[④] 部分权威媒体报道的数据如下：缅甸华人人口占全国总人口的2.2%，大约为80万到100万，仰光的华人可能有30多万。[⑤] 而大部分研究者认为，缅甸华侨华人总数约为250万，曾少聪、赵永胜（2016）认为，考虑到人口的自然增长，加上最近十年迁往缅甸的多达100万华人移民以及缅北的近10万果敢人，则缅甸的华人应在250万以上。[⑥] 黄日涵、陆琮渊（2016）认为，华侨华人占缅甸人口比例从战后的2.3%（1947）上升到4.36%（2011），总人口超过250万。[⑦] 2019年世界侨情报告公布的数据显示，截至2018年，缅甸华侨华人总人数约为300万人，约占缅甸总人数的5%。[⑧]

对于缅甸华侨华人的估算，除上述提及的果敢华人、新移民外，还有两类华人不能忽视，一类是回教华人，另一类是勐稳华人。回教华人主要

---

① 庄国土：《东南亚华侨华人数量的新估算》，《厦门大学学报》（哲学社会科学版）2009年第3期。
② 卢光盛：《缅甸华人：概况和特点》，《当代亚太》2011年第6期。
③ 贺圣达、李晨阳：《缅甸民族的种类和各民族现有人口》，《广西大学学报》（哲学社会科学版）2007年第1期。
④ 《缅甸200万华侨华人缺饮水 中国驻缅大使慰问》，凤凰资讯网，http://news.ifeng.com/world/other/200805/0509_1396_530506.shtml，2008-05-09。
⑤ 《华人多从云南一带移居缅甸》，凤凰资讯网，http://phtv.ifeng.com/yuanchuang/detail_2013_04/17/24325401_0.shtml，2013-04-17。
⑥ 曾少聪、赵永胜：《缅甸华人及其文化特点》，《玉溪师范学院学报》2016年第2期。
⑦ 黄日涵、陆琮渊：《深厚的历史渊源与"胞波"情谊：缅甸华侨华人》，陆琮渊、黄日涵：《搭桥引路：华侨华人与"一带一路"》，社会科学文献出版社2016年版，第50页。
⑧ 罗杨：《越老柬缅印尼侨情分析》，张春旺、张秀明、胡修雷：《世界侨情蓝皮书：世界侨情报告（2019）》，社会科学文献出版社2019年版，第119页。

形成于在杜文秀起义失败后，大批云南回民逃往缅甸形成的新聚居区中，最著名的就是形成于中缅边界当时还未定国界的佤族聚居地区的班弄。除了进入班弄地区的回民外，更多的云南回民则迁入缅甸其他地区，并在各地定居。累计移居缅甸的云南回民的总人数达约 10 万甚至 20 万人。① 勐稳华人②主要集中在果敢特区西部的大勐宜地区，一般以大勐宜为地名，勐稳为民族名。勐稳人自 18 世纪就已定居该地，目前缅甸勐稳人约有 26 万人。③

根据目前已有关于缅甸华侨华人的估算，笔者倾向于"300 万"的说法，甚至认为，如果将传统华人、新移民及其后裔、果敢华人、回教华人、勐稳华人均算入，并考虑到人口自然增长率、缅甸人口构成的复杂性以及普查数据的保守性等因素，截至 2019 年，缅甸华侨华人总数应在 330 万人左右。

此外，值得一提的是，2012 年公布的数据显示④，在约 250 万海外云南籍华侨华人中，以缅甸人数最多，有 200 万之众，其中上缅甸 180 万，下缅甸 20 万。现按照缅甸人口增长率（2015—2018 年缅甸人口年均增长率为 0.74%⑤）大致估算：截至 2018，云南籍缅甸华侨华人人数约为 210 万。缅甸云南籍华侨华人除了在曼德勒和仰光人数较多外，还广泛分布在靠近云南边境地区的缅北地区。云南籍侨胞在缅甸人口数量多、侨团组织

---

① 何平：《移居云南的缅甸人》，《云南师范大学学报》（哲学社会科学版）2008 年第 2 期。
② 2016 年 3 月，缅甸移民局在网站上发布了一则通告，批准缅甸掸邦北部大勐稳（Tarmoenye）的几万名华人加入缅甸籍。坊间传闻此次入籍的大勐稳华人，数量从六万到十几万不等。对于勐稳华人的"入籍"问题，引起各界的广泛关注甚至误解，学术界却对此进行了客观理性的分析。中国东南亚研究会副会长、广西社科院研究员古小松在接受采访时指出，"缅甸华人长期处境艰难，唯有通过改变身份，才有可能获得政治上的平等权利，让经济利益有所保障。此次大勐稳华人（入籍）解决了上百年来困扰他们的身份难题，其实也是一个人道主义问题"。庄国土认为，"长期在没有完全国民身份状况下，坚守华人族裔和文化意识，其艰难处境非他者能知。此次利用缅甸大选各派势力的竞争，成功让中央政府让步，算是缅甸华人争取政治权利的一次胜利"。方天建认为，"勐稳华人的所有选择均是为了勐稳族群能够在缅甸复杂的民族政治生态中，更好地生存和立足"。参见《大勐稳华人如缅籍引关注学者：解决身份困扰问题》，《人民日报》海外网，http：//m. haiwainet. cn/middle/232657/2016/0414/content_ 29833236_ 1. html，2016 - 04 - 14；方天建《缅甸勐稳华人身份本土化问题研究》，《世界民族》2018 年第 1 期。
③ 胡然、亨凯：《从勐稳人入籍看缅甸的多元民族政治》，《世界知识》2016 年第 9 期。
④ 《云南省侨办召开对缅侨务工作座谈会》，中国新闻网，http：//www. chinanews. com/zgqj/2012/11 - 27/4360138. shtml，2019 - 11 - 27。
⑤ 《缅甸历年人口年度增长率》，快易数据网，https：//www. kylc. com/stats/global/yearly_per_ country/g_ population_ growth_ perc/mmr. html，2020 - 02 - 20。

完善、社会影响大，对中国友好并与中国云南交流频繁。部分云南籍侨胞已融入当地主流社会，步入缅甸社会的精英阶层，在缅甸有着不可小视的经济实力和社会影响力。

（二）缅甸华商分布

1. 地域分布

如前所述，缅甸华侨华人总体的空间分布格局是：来自广东、福建的华侨华人，主要居住在缅甸南部沿海地区，即"下缅甸"，相对集中在仰光、勃生、彬文那、毛淡棉、土瓦、丹老、妙瓦底等缅东南地区；而从云南移居的华侨华人大多分布在曼德勒及曼德勒以北，即"上缅甸"，主要集中在曼德勒、腊戍、当阳、景栋、密支那、八莫、木姐、大其力等缅北地区。具体从回教华人的分布情况看，大批回族生意人、小旅店老板、小饭店主也随之定居到了缅甸北部各中心城镇，主要定居在腊戍、景栋、八莫、东枝等地。同时还有一些人则定居于萨尔温江上游一带。后来，有部分回民陆续搬迁到缅甸中部和南部的大城市，主要是曼德勒和仰光。

总体看来，缅甸华侨华人遍及全缅各省、邦，相对集中在大中城市，同时在缅北地区的村寨中也生活着不少华人。华侨华人在缅甸的聚居地主要呈现两个特点：第一，大部分华人集中居住在以仰光为中心的沿海、沿边城市和以曼德勒—景栋—密支那的缅北三角区域内，而在缅甸西部的若开邦、钦邦和西北部的实皆省则很少，这里是缅甸与孟加拉国和印度的接壤地区，外侨主要以印度人、巴基斯坦人和孟加拉人为主；第二，华人的分布状态是和他们最早进入缅甸的路线及区域是一致的。最早到达缅甸的华人主要经由两条路线，其一是从云南陆路进入，其二是早期由马来西亚和泰国等地北迁而入。因此在中缅边境地区掸邦、克钦邦以及伊洛瓦底江三角洲地区和泰缅边境地区的华人也很集中。泰缅边境地区是缅甸相对较为发达的地区，更为适宜华人从事商贸活动。①

根据相关文献资料，按照华侨华人数量的多少排列，仰光人数最多，有超过30万人；曼德勒次之，有6万—8万人；之后依次为勃生、当阳（2万多人）、密支那（1万—2万）、东枝和毛淡棉（1万左右）。笔者根

---

① 卢光盛：《缅甸华人：概况与特点》，《当代亚太》2011年第6期。

据贺圣达、庄国土、卢光盛等学者的研究成果，取缅甸 1993 年至 2018 年人口增长率平均值约为 0.9%①，虑及近年中缅各方面良好发展态势导致赴缅人数增多等因素，估算出 2019 年缅甸主要一些大城市华侨华人数量，附带介绍华侨华人的祖籍地、职业等情况（见表 4.3）。

表 4.3　　　　　　　　　缅甸主要城市华侨华人统计

地名	人数（1993）单位：万人	人数（2019）	祖籍地	职业
仰光	10	15	主要来自广东、福建，也有来自海南、广西、江浙、云南等地	主要是工商业、贸易，经营的小型工业，如塑料、橡胶制品，纺织、造纸、食品加工等
毛淡棉	0.8	1.2	来自广东、福建、广西、四川、云南等省区，以福建籍的为多	少数从事碾米等加工制造业，大多数从事商业
土瓦	0.6	0.9	来自广东、福建、浙江、江苏、四川、云南等地，以广东、福建籍的为多	大部分从事商业，包括经营百货洋货和流动买卖的，也有从事造船航运业和渔业、橡胶种植的
渺名	0.5	0.7	福建、广东、云南、湖南、四川、广西等地，以福建籍的为多	大部分从事土产百货买卖等商业活动，也有开设碾米厂和榨油作坊的
彬文那	0.4	0.6	来自福建、广东、云南、江苏、浙江等地，以福建籍和广东籍的为多	主要从事商业，经营土产、什货、布匹、食品等
勃生	2	2.6	来自福建、广东、云南、湖南等地，以福建籍的为多	主要从事商业，经营大米、油、鱼、盐、木材、日用百货等，也有少数从事矿业的
卑谬	0.5	0.7	来自中国的福建、广东、云南、湖南、四川、广西等地，以福建籍的为多	主要从事商业，经营土产、日用百货等

---

① 《缅甸历年人口年度增长率》，快易数据网，https：//www.kylc.com/stats/global/yearly_per_country/g_population_growth_perc/mmr.html，2020 - 02 - 20。

续表

地名	人数（1993）单位：万人	人数（2019）	祖籍地	职业
当阳	2	2.6	来自云南、福建、广东、江苏、浙江、四川、湖北、湖南、广西等地，以云南籍的为多	主要从事商业，大多数搞些小买卖，经营茶叶、土产、日用百货、食品饮料等，也有在当地从事农业的
景栋	0.8	1.2	大多来自云南	从事商业贸易，经营洋杂货、土产等
东枝	0.1	0.2	来自云南、广东、福建、江苏、浙江、四川、广西等地，以云南籍的为多	主要从事商业贸易，经营土产日用百货等，也有从事运输业的
曼德勒	8	11	来自云南、广东、福建、四川、江西、台湾、江苏、浙江等地，以云南籍的为多	从事的职业以商业和服务业为主，开设饮食店、糕饼店、百货店、酒楼等，经营土产和进口商品。也有少数从事小型加工制造业和运输业
密支那	1	1.3	来自云南、广东、福建、四川、贵州、广西、江苏、浙江等地，以云南籍的为多	要从事商业贸易，经营土产、洋货、杂货，也有从事玉石、宝石业和运输业的
腊戌	2	2.6	来自云南、广东、福建、湖南、四川、江苏、浙江、贵州等地，以云南籍的为多	从事商业贸易，经营土产、杂货、洋货
垒固	0.1	0.2	来自广东、福建、云南、广西等地，以广东籍的为多	从事商业和服务业，经营土产、洋杂货、布匹、糖果等

资料来源：贺圣达主编：《当代缅甸》，四川人民出版社1993年版，第352页；卢光盛：《缅甸华人：概况与特点》，《当代亚太》2011年第6期；华人多从云南一带移居缅甸。凤凰网，http://phtv.ifeng.com/yuanchuang/detail_2013_04/17/24325401_0.shtml，2013-04-17。

2. 行业分布

缅甸华商在当地经济体系中所占比重较大，所涉及的行业非常广泛，主要包括商贸业、服务业、加工制造业、农林业、渔业、金融业、航运业、橡胶种植业等。近些年，建筑业、银行业等亦有华人涉足。

在商贸领域，华侨华人经营大米、五金、百货、土特产、药店、餐厅、夜总会、运输、旅游服务等，多为零售商业，以杂货买卖为主，目前经营该业的华商估计达到了2.5万家。另据统计，全缅甸进出口商有7325家，华人占60%以上，达4000余家，主要经营出口缅甸土特产、水产、豆类、茶叶、木材、橡胶、宝石、玉石等，进口水泥、钢材、石蜡、日用品、药品、服装、家电、机电产品、汽车等。① 20世纪90年代以来，随着缅甸对边境贸易的开放，中缅边境贸易发展较快，年均边贸额达15亿美元，相当比例缅甸华人到中国的云南省做生意，大大提升缅甸北部华人的经济实力。

在加工制造业领域，缅甸华侨华人涉足食品加工、纺织、碾米、锯木、针织、制油、塑料、肥皂、宝石开采与加工、皮革、木材加工、机械制造、电器等行业，其中食品加工业、纺织业的从业华人较多，有数千家企业，且部分规模很大。另外，缅甸华商还经营化学制品工业、造纸业等。总体仍以小型企业为主。

在服务业领域，缅甸华侨华人从事服务业的人数众多，主要集中在餐饮业、运输业等行业。随着中缅经贸快速发展，缅甸旅游业的吸引力增加，来缅甸投资的东南亚华商增多，华侨华人经营的中餐馆、饰品店、茶室等不断增加。缅甸华人在运输业一向占有重要地位，经营的业务庞大，财力较为雄厚。华人从事内河及沿海传统航运的大小企业约有700余家，资本从500万缅元至8000万缅元不等。② 随着缅甸政府致力于公路建设，经营汽车运输业的华侨华人也日益增加。

在农林牧渔领域，缅甸农林牧渔资源丰富，缅甸华侨华人很早就涉足这些领域。据统计，在缅甸从事农业耕作的华侨华人有十多万。专营畜牧业的约有600多家，规模大的有数千万缅元。③ 华侨华人用简易渔具在沿海和内河进行渔捞作业以及从事伐木业历史较久，并延续至今，也颇具

---

① 参见侯松岭、聂爱生《浅析缅甸华人经济的现状、特点和发展》，《东南亚纵横》2003年第5期；《2018年对外投资合作国别（地区）指南—缅甸》，中国一带一路网，https：//www.yidaiyilu.gov.cn/zchj/zcfg/14457.htm，2017-12-28。

② 《2018年对外投资合作国别（地区）指南—缅甸》，中国一带一路网，https：//www.yidaiyilu.gov.cn/zchj/zcfg/14457.htm，2017-12-28。

③ 同上。

规模。

此外，不容忽视的是缅甸的玉石产业。中国人开发和经营缅甸玉石具有悠久的历史，缅甸玉石早在汉朝时期便传入中国，最晚至明、清两代开始在中国流行。云南永昌、腾冲至缅甸密支那一线逐步演变为玉石贸易的商路，云南边境小城腾冲也因在翡翠贸易和加工方面的重要地位，成为重要的玉石集散地。据《腾越州志》载："今商客之贾于腾越者，上则珠宝，次则棉花，宝以璞来，棉以包载，骡驮马运，充路塞道。"英人美特福在其游记《中缅之交》中写道：腾冲"某长街为玉器行所集，玉石昼夜琢研不辍，余等深夜过之，犹闻蹈轮转床，声声达于百叶窗外，颇多女工"。玉石自勐拱由陆路进入腾冲加工，然后又回销缅甸或转销中国内地。据统计，从缅甸进口的玉石，1902 年为 271 担，1915 年 628 担，1917 年 801 担，15 年增加了近三倍。抗日战争前后，腾冲有大小玉石商 41 户，城乡有玉石加工户 300 多户，每街（集、圩、场，5 天）① 经营额为 2000—3000 半开银圆。② 中缅玉石贸易自中国改革开放以后更是蓬勃发展，而缅甸玉石从原料制品加工到成品出售，几乎每个步骤都有中国元素的参与③，尤其是缅甸华商，是缅甸玉石产业的重要参与者。过去的 60 多年，玉石行业是缅甸华侨华人的主要谋生手段，大约有数十万缅甸华侨华人从业者，华商几乎垄断了开采、加工、销售的整个产业链。④ 在玉石产业领域涌现出杨钏玉等华商大老，在缅甸仰光、曼德勒等地的玉石市场，店铺招牌一般都同时有缅文和中文，老板多数是中国人，店员是会讲中文的缅甸人，出现"中国商人做中国游客生意"⑤ 的景象。

---

① 云南方言称"赶集""赶街"，"每街（5 天）"说的是"赶集的周期为五天一次"。此外还有按生肖定赶集天的，不一而足。

② 云南的半开银圆是清政府所批准的银铸币中的 2 号银圆，第 2 枚抵 1 号银圆使用。辛亥革命后半开银圆成为云南流通银币中的主币。何丽琨《滇缅商道"小上海"——腾冲》，《云南档案》2014 年第 9 期。

③ 鹿钺：《缅甸玉石的中国情缘》，《光明日报》2019 年 10 月 22 日。

④ 杨晓：《缅甸：翡翠价格降五成 华人垄断玉石行业》，《北京青年报》2009 年 2 月 20 日。

⑤ 《实拍缅甸仰光最大玉石市场，都是中国商人在做中国游客的生意》，中诺珠宝网，http://www.zb580.tv/news/266573.html，2019 - 12 - 25。

四　缅甸华商与住在国关系现状

（一）经济关系

中缅贸易往来始于西汉甚至西汉以前，东汉时云南永昌①成为我国西南对外贸易的中心地区，明朝时大批华侨移居缅甸从事玉石贸易，13世纪云南人在缅北开采玉石，中国玉石商云集缅甸八莫，清初中缅贸易达到鼎盛时期，19世纪缅甸华人在缅甸与云南通道上往来频繁。但到了19世纪中叶，随着陆路贸易衰退及英国制造品取代中国产品，中缅贸易中断，中国商人不得不改开杂货铺或经营英国货。英国在缅甸势力的扩张使得中国人开始从海路移居缅甸。至18世纪末，仰光已有不少闽粤籍华人，至19世纪末，闽南漳泉人移居缅甸开始增多并超过粤侨人数，1875年后客家人大规模移居缅甸。1826年起，随着英国在海峡殖民地和缅甸的经济扩张，海路赴缅华人快速增长，1891年缅甸共有3.7万中国人，其中经海路进入。1876年英殖民政府颁布"田赋法"，确立土地私有制，吸引了大批印度移民及华人，华人从1872年的两三万人迅速增长到1911年的12.2万，1921年的14.9万，以及1931年19.4万人。②移居缅甸的华侨华人大多以经商为生，从事土产杂货、制革业、碾米业、烟草业、五金、汇兑业等行业，初步奠定华人在缅甸的社会经济基础。

二战前，缅甸华人资本虽快速发展，但也仅占外侨在缅总投资的1.8%，在大多数经济领域处于无足轻重的地位。二战后，缅甸政治制度、社会结构、移民政策和资源再分配发生了变化，华商企业大量恢复，从1946年的65家增至1947年的120家。1948年缅甸独立后，由于缅甸国内政治斗争及形势复杂化、国际政治经济形势的变化、中缅关系的变化、缅甸经济政策的变化，缅甸华人的经济活动受到限制。经1953年经济计划调整后，外资及私人企业受到一定程度的鼓励，华商资本快速成长并由商业转向工业。这一时期，华人对缅甸经济的贡献很大，华人利用自己的海

---

①　即永昌郡，位置相当于现代的中国云南省西部、缅甸克钦邦东部、掸邦东部的土地，始于东汉。
②　林锡星：《早期缅甸华人经济的形成——缅甸华人经济研究之一》，《东南亚研究》1998年第4期。

外通商网络，帮助政府促销农产品。20世纪50年代中期，缅甸华人响应政府的号召，把进出口的大部分业务让出来给缅甸人经营，自己从商业转向工业，开辟了新型工业发展的新纪元，为缅甸民族团结贡献了力量。在缅华人就业总人数中，商人比例增至50.5%，小型制造业从业者增至40%。缅甸1200家碾米厂，华人经营的占了386家，华人还占有70%的大米收购及运输业务份额。[①] 因此，战后前十年被称为缅甸华人经济发展的黄金时期。

1962年，缅甸进入军政府时期，经济上实行生产资料、外国资本及流通机构国有化政策，缅甸华商无论在工业还是商业领域都未能幸免。据统计，华侨华人开办的700多家工厂被收归国有，上千家商店和经营摊位被政府接收。[②] 90%以上华侨创办的饭店不再准许华侨经营，仰光数百家百货商店收归国有，华人兴办的学校、报纸、医院等也施行国有化。外侨雇员也成为国有化受害者，1964年5月起，国营商店外侨雇员均被解雇。大多数华人从事政府无力经营的、缺乏缅人管理人才的项目，如服务业、家庭手工业和有限的轻工业。[③] 国有化政策这一严重违背经济规律的做法，严重打乱了原有的商品流通秩序，十年间曾两度出现由大米歉收引发的社会动荡，成为之后缅甸经济政策调整的重要原因之一。

这一时期，云南成为归国华侨华人的重要入境通道和目的地。1964年，受国有化政策影响，一些华侨华人生活难以为继，被迫离开缅甸，有的回到中国，1964年有近2000人从边境和昆明口岸回国。1965年至1969年，伴随国有化政策，缅甸当局排斥外侨活动逐步升级、甚至调动军警抓捕华侨，唆使暴徒杀人放火，驱逐缅北一带的边民，制造恐怖气氛。在5年的时间里，有10665名缅甸受难华侨华人从瑞丽、畹町、耿马、镇康等边境口岸以及昆明口岸入境。[④]

1973年之后，缅甸被迫陆续调整政策，承认私人对企业的所有权和

---

① 林锡星：《战前与战后初期缅甸华人经济比较——缅甸华人经济研究之二》，《东南亚研究》1998年第5期。
② 方普雄：《缅甸华人经济掠影》，《侨园》2001年第2期。
③ 林锡星：《军人统治下缅甸华人经济的发展变化》，《世界民族》1998年第3期。
④ 云南省地方志编纂委员会：《云南省志·侨务志》，云南人民出版社1993年版，第43页。

经营权，加快开放步伐，缅甸华商的境遇不断改善，缅甸华商逐步恢复和发展涉及商贸、加工业、服务业和餐饮业等领域的传统产业。1988年，奈温政府倒台，缅甸国家恢复法律与秩序委员会（1997年11月改为国家和平与发展委员会）接管政权，放弃了26年之久的闭关锁国政策和计划经济体制，宣布经济改革和开放，实行市场经济并鼓励私有化，采取了一系列经济改革措施，鼓励外商投资和发展私营经济，加强同周边国家特别是中国、印度、泰国等的边贸关系，并重新定位了缅甸华人的经济地位。政策的调整推动了中缅经贸关系的迅速发展，也给广大华商带来了难得的发展机遇，华人投资工商业的热情高涨，不少华人甚至向多种经济行业发展，出现工业、商贸业、金融业、服务业等行业齐头并进的局面。1988年11月至1993年4月，在缅甸贸易部备案的全缅进出口公司和代理商共5875家，其中华商有约800家，占14%；缅甸20家最大的私营进出口公司，华人约占一半；约有60家华商公司经营木材出口，年出口1000吨以上木材的约15家，年出口量约占私人木材出口量的15%；出口豆类的华商公司约40家，年出口量约占缅甸总私营出口量的70%；水产品出口量约占私商出口总量的90%。① 同时，在与中国的经贸合作中，缅甸政府开始重视华人在中缅边境贸易中的特殊作用。随着中缅开放边境贸易，在畹町、姐告和瑞丽等边境口岸，以云南籍为主的缅甸华侨华人成为中缅贸易的先行者和主要参与者，以及促进中缅经济合作的重要群体。②

经过20世纪末以来的发展，缅甸华商在商贸、服务、制造加工和农林渔牧等行业的经济活动日趋活跃。一些华商后裔赴美、日及东南亚等国家和地区学习和工作，带着先进的经营理念和管理知识返回缅甸投资。③ 其他东南亚国家华商对缅甸投资也很踊跃，大大推动了华商资本从量的扩张转向量质同升，缅甸华人成为缅甸私营经济的重要成分，对缅甸经济结构产生了重大影响。

近年来，随着缅甸国际局势、国内形势的变化，以及中缅政治、经

---

① 方普雄：《缅甸华人经济掠影》，《侨园》2001年第2期。
② 夏玉清：《当代缅甸华人社会的延续与变迁》，《东南亚纵横》2018年第3期。
③ 侯松岭、聂爱生：《浅析缅甸华人经济的现状、特点和发展》，《东南亚纵横》2003年第5期。

济、文化全方位合作的加强，缅甸政府开始更加客观地认识华侨华人在缅甸经济社会发展中的重要性。昂山素季政府上台后把振兴缅甸经济作为主要施政目标之一，执政4个月后即推出了12项经济政策，包括实行强大的人民财政管理制度、私有化国有企业、扶持中小型企业、加强人力资源培训、发展基础设施建设等。然而，从新政府执政一年的效果来看，缅甸经济政策被认为是"不及格"的，面临通货膨胀、缅币大幅贬值、巨额贸易逆差、外来投资减少、经济停滞不前等多重问题。这时，新政府才意识到缅甸华商的重要性，希望借助华商力量吸引外商投资。在曼德勒，当地政府破天荒地于2016年8月组织20位华商就"缅甸如何招商、如何吸引外资"等问题召开咨询会，这在缅甸历史上尚属首次。当地政府还支持举办"第14届世界华商大会"和"第9届世界缅华同侨联谊大会"①。第14届世界华商大会以"缅甸经济大开放、开创历史新纪元"为主题，旨在以会议为平台建立起缅甸与世界华商之间的经贸联系网，凭借东盟及"一带一路"经济新格局，共谋全球华商、世界与缅甸经济的未来发展空间与发展方向。

缅甸华商与缅甸的关系进程曲折而前景光明，近年来缅甸华商经济社会地位上升以及被政府所重视，将为华商积极参与缅甸经济社会发展、服务和融入"一带一路"倡议提供良好的氛围，不仅有利于缅甸的经济发展和民生改善，而且有利于缅甸经济融入区域乃至世界经济格局，以经济推动缅甸全方位的变革与进步。

（二）政治关系

缅甸华侨华人并不像其他东南亚国家的华侨华人那样在政治上扮演重要角色。与经济上取得的成就相比，缅甸华人的政治参与严重不足，政治地位较为低下，甚至有学者认为，"无论在法律法规方面，还是在实际情况方面，华人在缅甸一直都没有取得过真正的政治平等地位"②。

无论在缅王时代还是在英国殖民时代，缅甸华人都被认为是"纯粹的商人"。由于英国殖民政府推行种族代议制，仰光市议会里出现过零

---

① 夏玉清：《当代缅甸华人社会的延续与变迁》，《东南亚纵横》2018年第3期。
② 卢光盛：《缅甸华人：概况与特点》，《当代亚太》2011年第6期。

星的华裔代表。1909年,一名叫林振宗的商人成为缅甸省(当时缅甸是英属印度的一个省)15名立法议员之一。① 1923年,两名华族代表李遐养和曾祖慨成为新一届立法委员会成员,其中前者代表华商总会这个特殊的机构选区,而后者则代表按地域划分的普通选区中的仰光西区,即仰光唐人街所在的选区。由此,在立法委员会中至少有两席是为华人专设的,实际上不止两位。② 二战期间,一些华裔特别是混血儿,积极同缅甸各族人民一起共同抗击日本侵略者,部分华人在战后当上公务员、技术员、医生、军官等。③ 但总体来看,参政华人仍凤毛麟角,经历此后的军人政权、新军人政权、吴登盛政府、昂山素季政府,至今华人的政治地位仍未有明显改善。

缅甸独立到1962年以前的吴努政府时期,缅甸政府对华侨华人的政策相对宽松,华人享有自由经营工商业、宗教信仰、教育、结社、言论、居留、旅行等方面的权利,也允许华人兴办华文学校、华文报纸等。虽然华人从政人数仍然极少,但基本的政治权益得到了保障。

1962年奈温军人政权上台后,国有化政策使得失去经济基础的缅甸华人的政治地位急剧衰落,沦为缅甸的二等、三等公民,参政、选举、言论、出版以及集会等权益均受到限制。当时的《缅甸社会主义纲领》和《缅甸宪法》从法理上将缅甸华人定义为与资本家同义的"剥削者",只能处于"被领导的剥削者"的地位。④ 而1982年出台的《缅甸公民法》按血统将该国公民划分为"公民""客籍公民"和"归化公民"三类,并规定了不同的权利,进一步强化了缅甸华人二等甚至三等公民地位,该法意在将华人与来自印度次大陆的社群排除于缅甸社会主义纲领党与人民议会之外,以实现"缅甸真正成为缅甸人的缅甸"的政治理想。缅甸华人成为奈温实现政治理想、奈温军政府谋求"合法化"的牺牲品,奈温军人政

---

① 余定邦:《殖民地时期缅甸立法会议的华侨议员》,《东南亚学刊》1999年第3期。
② 但要说明的是,英国殖民时期参与政治的华裔代表大多数是中缅混血,在缅甸本土出生、接受英国式教育。从严格意义上来说,这些人在法律上是英国属民,在血统上则是华裔后代。参见李轶《英印殖民时期的缅甸华人及其政治:从1923年仰光华社迎接英印总督访缅谈起》,《华人华侨历史研究》2015年第2期。
③ 林锡星:《缅甸华人与当地民族关系研究》,《东南亚研究》2002年第2期。
④ 范宏伟:《缅甸华人的政治地位及其前景》,《国际关系学院学报》2009年第2期。

权为巩固自身统治,从意识形态、政府绩效、民族主义、组织结构等方面进行了种种"合法化"努力,但是缅甸华人的职业构成、阶级属性、移民身份等使其与当局的"合法性"诉求有不可调和的矛盾,缅甸华人政治地位的下降正是缅甸军人政权"合法性"诉求的必然结果。[①]

1988年,缅甸新军人政府上台,进行了一系列经济改革,为华人经济发展提供了制度空间,缅甸华人经济迅速恢复并再度成为缅甸经济结构的重要组成部分。2010年11月,缅甸举行大选,实现了军人政府向"民选政府"的过渡。2011年3月,吴登盛宣誓就任缅甸联邦共和国总统。2016年,昂山素季领导民盟赢得大选,缅甸民主化进程迈出更加坚实的一步。缅甸的政治变革、经济社会领域的改革,以及中缅关系的进一步巩固和升温,一系列区域性发展战略的提出和实施,尤其是"一带一路"建设、中缅经济走廊的稳步推进,为华商经济发展创造了前所未有的空间和条件。

然而,新政府上台后,华人政治地位并没有明显提高,限制华人公民权利的缅甸新宪法也没有得到修正。经济上的成功并未带来华侨华人政治境遇的改善,他们仍然秉持"在商言商"的自我定位,把精力投入到经济活动中,尽量顺从并远离蕴藏巨大风险的政治活动。[②] 这也许是华人在纷繁复杂的缅甸社会生态、政治生态中,经过长期磨砺,找到的一种生存法则,是他们基于历史、文化与自身所处时代做出的一种"风险最小化"的理性选择。

(三) 社会与文化关系

在政治空间被挤压的缅甸社会,华侨华人形成不同于东南亚大部分国家的生存逻辑——对政治的顺从、淡漠以及对经济的专注。除此之外,缅甸华侨华人还通过各种努力,尽可能更好地融入缅甸社会。缅甸华侨华人融入缅甸社会的努力主要表现在华文教育事业的兴办、华文报纸的开办、华文社团的建立与发展以及参与缅甸社会服务等。

在华文教育方面,早期的缅甸华文教育是19世纪后半叶华侨华人在

---

① 范宏伟:《缅甸奈温军政府的政治合法性诉求与华人的政治地位》,《世界民族》2005年第5期。
② 范宏伟:《缅甸华人的政治地位及其前景》,《国际关系学院学报》2009年第2期。

寺庙宗祠开设的以《三字经》《千字文》为主要教材的私塾教育。① 而正规华文学校的开办始于 20 世纪初，1903 年出现第一所华文学校，至太平洋战争爆发前夕，华文学校多达 250 所，其内有中学 5 所。日军占领缅甸时期，华文教育完全中断，战争结束后才逐渐恢复，至 1948 年缅甸独立时，缅甸共有华文学校 220 余所，教职工 700 余人，学生约 18000 人，主要集中于仰光及其近郊。② 缅甸独立后，华文教育虽受到限制，但仍然获得一定的发展，鼎盛时期华文学校曾多达 300 所。③ 奈温军政府时期，华文学校受国有化冲击而近乎停滞，同时缅甸政府加快对华侨华人的"缅化"进程，入籍缅甸的华人子女从小接受缅式教育，华文教育发展空间受到严重挤压，仅缅北地区在佛教寺庙中进行的华文办学受冲击较小。1988 年新军人政权上台后，在寺庙里采用《佛学教科书》④ 教授中文的情况较为普遍，至 1990 年，曼德勒、腊戌、密支那等地均有以宗教场所为载体开办的华文学校，仅腊戌 8 所学校就有学生 1000 余人，部分学校还开设了高中课程。同时，缅甸全国各地还开办形式灵活的华文补习班，如仰光九龙堂、舜帝庙、晋江公社等华人社团组织兴办起十多个华文补习班。在勃生、渺名等市也有十多个华文补习班。⑤ 此外，缅甸果敢地区的果敢文教育实际上就是华文教育，但由于果敢地区的特殊性，果敢文具有缅甸少数民族语言的合法地位，以"果敢文"之名开办的汉语学校能避免"华文学校"在某些特殊时期的"非法"境遇。目前缅北地区果敢文学校约有 100 所，在校生约 4 万人。⑥ 21 世纪以来，随着缅甸政治、经济、社会形势的变化，缅甸华文教育发展的环境越来越宽松，华文学校快速发展，但仍呈现"南北失衡"的状况。缅北地区的华文学校约占 90%，而缅南华文教育总体规模较小且以私人补习班为主。缅甸国内获中国国务院侨办海外"华文教育示范学校"称号的华文学校共计 12 所，除 3 所位于仰光，其他学校均处缅北（见表 4.4）。

---

① 郝志刚：《缅甸华人华侨华文教育》，《东南亚研究》1997 年第 4 期。
② 贺圣达：《当代缅甸》，人民出版社 1993 年版，第 346 页。
③ 郝志刚：《缅甸华人华侨华文教育》，《东南亚研究》1997 年第 4 期。
④ 20 世纪 80 年代初出现的一部中缅文对照的华文教材。
⑤ 陈丙先、冯帅：《缅甸华校的发展现状、问题与对策研究》，《八桂侨刊》2017 年第 2 期。
⑥ 李健：《20 世纪缅甸的华文报刊和华文教育》，《亚非论丛》第 1 辑，2016 年。

表4.4　　　　　缅甸"华文教育示范学校"名单（2009—2014）

批次	校名	所在地
第一批（2009）	福庆语言电脑学校	曼德勒
	东方语言与商业中心	仰光
	福星语言电脑学校	仰光
第二批（2011）	缅甸东枝东华语言与电脑学校	东枝
	缅北腊戍果文中学	腊戍
第三批（2013）	八莫佛经学校	八莫
	曼沽勐稳学校	曼沽
	抹谷千佛寺学校	抹谷
	景栋中文培训中心	景栋
	缅甸仰光九龙堂天后华文补校	仰光
第四批（2014）	曼德勒云华师范学院	曼德勒
	大其力大华佛经学校	大其力

资料来源：李欣、吕子态：《缅甸华侨华人办学现状调查》；贾益民等：《华侨华人蓝皮书：华侨华人研究报告（2017）》，社科文献出版社2017年版，第352页；贾益民、胡培安、胡建刚：《世界华文教育年鉴（2015）》，社会科学文献出版社2016年版，第326—333页。

但总体而言，目前缅甸华文教育已步入稳定发展期，随着中缅关系的健康稳定发展，缅甸华文教育迎来了更大的发展空间和更加良性的发展环境。据相关研究成果估算，2016年缅甸华文学校数量约500所，学生数约20万人，教师数约8000人（见表4.5）。缅甸华文教育的稳定发展还体现在非华裔学生尤其是缅族学生进入华文学校学习的比例逐渐增大（见表4.6）。

表4.5　　　　　　　　缅甸华文学校统计及估算

年份	华文学校数量（所）	学生数（人）	教师数（人）
1941	300	—	—
1948	220	18000	7000
1999	150	60000	1000
2014	218（缅北）	101016（缅北）	3039（缅北）
2016	500	2000000	8000

资料来源：李欣、吕子态：《缅甸华侨华人办学现状调查》；贾益民：《华侨华人蓝皮书：华侨华人研究报告（2017）》，社会科学文献出版社2017年版，第352页。

表4.6　　　　　　　2017年缅北东枝华文学校非华裔人数统计

学校名称	总学生数（人）	非华裔学生数（人）	非华裔学生所占比例（%）
东枝果文学校	964	92	9
大华佛经学校	1762	1027	58
东枝东华语言与电脑学校	850	150	17
东枝东宜明德学校	120	40	33
南邦丙弄基督教晨星学校	230	180	78

资料来源：夏玉清：《当代缅甸华人社会的延续与变迁》，《东南亚纵横》2018年第3期。

在兴办华文报刊方面，缅甸早期的华文报纸是在推翻清王朝的政治斗争中产生的，1903年由流缅华侨谢启恩创办《仰江日报》（后改名《仰光新报》），该刊立场主要是维护帝制。① 闽商庄银安负责《仰光新报》期间又筹资创办《商务调查会月刊》，此时另有一份华文杂志《经济评论》，这两份报刊都只发行两期即停刊。1908年以"发展同盟会、推翻清王朝"为宗旨的同盟会机关报《光华日报》创刊，此后因清政府介入而遭查封并停刊。保皇派随即出版支持清帝的《商务报》，而同盟会会员募资出版代替《光华日报》的《互惠报》，后又因清廷介入停刊，代替《互惠报》的《进化报》也仅发行8个月即夭折。此后又相继创办《缅甸公报》《觉民日报》，其中《觉民日报》一直发行至1921年。

缅甸独立斗争期间的华文报纸主要有：1921年创刊的倾向于中国共产党的华文报纸《仰光日报》（后改名《新仰光报》）；1923年出版的《缅甸晨报》，一年后改组为《缅甸新报》；1930年创办的兴商总会机关报《兴商日报》；在此期间，还陆续出现过其他一些华文报刊：《仁声日刊》（1923）、《中缅周刊》（1923）、《米港》（1923）、《新芽小报》（1930）、《闽山新闻》（1936）等。抗日战争时期，除《觉民日报》《新仰光报》《中缅周刊》等继续发行外，1938年由仰光华人作家和报人联合创办的《中国新报》，此外还有《曼德勒指南（周报）》（1939），后改为《缅京日报》（1940）。1941年12月日本空袭仰光期间，《中国新报》与《觉民日报》《新仰光报》同期停刊。日本统治缅甸时期，缅甸仅剩一份华文报

---

① 单晓红：《缅甸早期华文报纸实践及其属性特征》，《文化与传播》2019年第3期。

纸——《正谊报》。

战后首份华文报纸是1945年7月创刊的《中国日报》，缅甸独立后改名为《新中国日报》，同年8月《新仰光报》复刊，9月国民党远征军退伍军人创办《先声日报》，但仅发行一年多即停刊。1946年3月《觉民日报》复刊，主要为蒋介石政府服务，随蒋政府逃往台湾而关闭。同年《人民旬刊》在仰光创刊，于1947年7月改为《人民日报》（此后又改名《人民报》），该报在支持中国政府的许多家报纸中居于领导的地位。① 1949年《中华商报》发行，该报刚开始持中立立场，后来转向中国政府。

1950年至1963年，缅甸相继发行的华文报刊还包括：《生活周报》（1950）、《华青周报》（1950）、《自由日报》（1950）、《中国论坛报》（1951）、《民众呼声报》（1952）、《亚洲日报》（1953）、《时代报》（1956）、《东南日报》（1961）等等，这些报纸在对中国的立场上有的倾向台湾，有的则倾向中国政府，后期大多数报刊转向中国政府。1964年之后，华文报刊因缅甸军政府的禁令而被迫停刊。② 1998年11月，在缅甸华侨华人的积极争取下，《缅甸华报》中文版出版发行，这是1962年以来缅甸首次出版发行中文报纸。③ 该报以报道对缅甸的投资介绍、医疗、法律、旅游信息为主，发行量约5000份。2007年10月，另一份极具影响力的华文报纸《金凤凰》创刊，该报秉持"友谊之桥梁、信息之平台、华教之园地"的办报宗旨，在传播中缅友谊，弘扬中华文化，服务缅甸华商等方面发挥了重要作用。2013年吴登盛政府进一步放开了对媒体的限制，这为缅甸华文报刊的发展创造了广阔的空间。

在华人社团建设方面，如前所述，缅甸华侨华人的一个突出特点就是，其经济地位相对较高，但政治和社会地位与其他东南亚国家相比差距明显。华侨华人主要把精力集中于经商，为构建参与缅甸社会生活、融入缅甸社会、获取社会资本的载体，缅甸华侨华人以地缘、血缘、业缘、神缘"四缘"为纽带聚合，组建形成很多社团。早期的缅华社会以庙宇（神缘）作为乞求神灵庇护的精神场所、商业活动的集散地以及相互交往和联

---

① 方积根、胡文英：《缅甸华文报刊史略》，《东南亚南亚研究》1988年第1期。
② 参见［缅］戚基耶基纽《四个时期的缅甸华文报》，李秉年、南珍译，《东南亚研究资料》1983年第2期；方积根、胡文英《缅甸华文报刊史略》，《东南亚南亚研究》1988年第1期。
③ 李健：《20世纪缅甸的华文报刊和华文教育》，《亚非论丛》第1辑，2016年。

络感情的载体，这被认为是缅华社团的雏形——庙宇通过管理各籍华人祭祖、丧葬等公共事业来体现社团功能。19世纪中叶至20世纪初，伴随着移居缅甸中国人的快速增加，大量以宗族及同乡会为载体的华人社团蓬勃发展。二战前，缅华社团在急剧变革的年代，开始打破以"四缘"为基础的社团格局，出现以支持革命、反日救国为重任的，极富时代性的社团组织。在日本占领缅甸期间，缅华社团被迫停止一切活动。二战后至60年代，随着中缅建交及两国关系的改善，缅华社团快速恢复和发展，呈现多样化趋势，除传统维系神缘、地缘、血缘的宗教、宗族、同乡团体外，大量以"业缘"为特征的工商类、职工类、校友类缅华社团发展起来。① 此后缅华社团的生存空间虽经历奈温军人政权以及排华恶潮的挤压，但大部分都能在艰难环境中存活下来，并在1988年后迎来了较为良好的发展机遇。至2000年，缅甸华侨华人社团共有约400个，其中60%是宗亲会和同乡会。2013年，"缅北中华总商会"成立。2015年8月，"缅北华文教育协会"在曼德勒成立，目前会员学校已发展到了425所。② 现有缅甸华侨华人社团数量众多，主要有缅甸中华总商会、缅甸福建同乡会、缅甸广东工商总会、仰光云南会馆、曼德勒云南会馆等（见表4.7）。

表4.7　　　　　　　　　　　**缅甸主要的侨团侨领**

侨团名称	成立时间	主要侨领
缅甸华商商会	1909	吴继垣、赖松生、杨钏玉
缅甸福建同乡总会	1861	吕振朕
仰光云南会馆	1904	虞有海
广东工商总会	2000	徐丛苍
曼德勒云南会馆	1876	尚兴玺、杨荣东
密支那云南会馆	1927	高仲能
木姐华侨会	1970	杨荣松
南坎华侨会	1974	钟强华
九谷华侨会	1967	杨世奇
东枝云南同乡会	1972	尹自桂

资料来源：根据云南省侨联提供的资料"缅甸主要侨团和侨领情况简介"整理而成，2018年5月。

---

① 肖彩雅：《缅甸华侨华人及其社团》，《谱牒研究与五缘文化论文集》2008年11月15日。
② 夏玉清：《当代缅甸华人社会的延续与变迁》，《东南亚纵横》2018年第3期。

除华文教育、华文报刊、华人社团外，缅甸华侨华人还积极参与缅甸社会服务和公益事业，以便更好地融入缅甸社会。如：2009年5月缅甸遭受百年不遇的强热带风暴袭击①，2015年8月缅甸东北部靠近泰国的边境地区发生里氏7.2级地震，灾情发生后，缅甸华侨华人及侨团侨社积极募集资金和物资并参与灾后重建，彰显了巨大的社会责任感。缅华社会的慈善社团"缅甸华侨华人慈善会"秉持扶贫济困、赈灾恤难的宗旨，坚持敬老爱老传统，为缅华社会上无依无靠的孤寡老人定期发放救助和补助，帮助他们安享晚年。同时致力于社会福利和救济事业，经常拨款赞助缅甸妇女儿童保健会等，参加缅甸红十字会的施赈救助活动②，深得缅甸民众及社会各界的认可。

---

① 据官方统计，此次灾害共造成约有 8.4 万多人丧生，5.4 万人失踪。
② 《缅甸华侨华人慈善会以大爱行动庆祝成立 75 周年》，中国新闻网，http://www.chinanews.com/hr/2012/07-06/4012250.shtml，2012-07-06。

第五章　越南华商历史与现状

一　越南概况与中越关系发展

越南，全称越南社会主义共和国（Socialist Republic of Vietnam），位于中南半岛东部，北与中国接壤，西与老挝、柬埔寨交界，东面和南面临南海，海岸线长3260多千米。

越南于968年成为封建国家。1884年越南沦为法国的保护国，二战中又被日本侵占。越南人民经过长期艰苦的斗争，于1945年8月取得胜利。9月2日，胡志明主席发表《独立宣言》，宣布越南民主共和国成立。同年9月，法国再次入侵越南，越南人民又进行了历时9年的抗法战争。1954年5月越南取得"奠边府大捷"后，法国被迫在日内瓦签订了关于恢复印度支那和平的协定（《印度支那停战协定》），越南北方获得解放，南方仍由法国（后成立由美国扶植的越南南部政权）统治。1961年，越南人民在胡志明主席的领导下展开了为解放南方、统一祖国的抗美救国战争。1973年1月，越美签订《关于结束战争、恢复和平的协定》（亦称《关于越南问题的巴黎协定》），同年3月美军从越南南方撤走。1975年5月，越南南方全部解放，抗美救国战争赢得彻底胜利。1976年7月，越南南北实现统一，定国名为越南社会主义共和国。

越南是东南亚第三人口大国和世界第十五人口大国。截至2019年4月，越南全国总人口约为9621万人[①]，人口密度为每平方千米311人。其

[①] 越南统计局于2019年4月在越南人口与住房普查工作总结和正式结果公布会议上透漏的数据。参见越南共产党电子报，http://cn.dangcongsan.vn/news/2019%E5%B9%1，2019–12–19。

中男性占 49.8%、女性占 50.2%；城镇人口占 35.9%；农村人口占 64.1%。越南人口平均年龄为 31 岁，根据世界银行最新发表的《亚太区人口发展报告》，越南目前正处于人口红利黄金时期，劳动人口约占总人口的 70%，预计人口红利将持续 18—20 年。①

越南有 54 个民族，京族占总人口 86%，大量聚集在冲积三角洲和沿海平原地区。京族控制国家的政治经济，主导文化事业，对社会生活产生巨大影响。少数民族有岱依族、泰族、芒族、高棉族、华族、侬族，人口均超过 50 万。少数民族多居住在占越南国土面积 2/3 的高地。

越南矿物资源丰富，煤、铁、铬、钛、铜、铅、锌、锡、铝、镍、钨、汞、磷酸盐等储量丰富，主要分布在北部山区。煤的储量达数十亿吨，以广宁省储量最大。目前已开采的有鸿基、锦普、汪秘、毛溪等煤矿。清化省的古定铬铁矿储量很大。高平省静宿的锡矿、黄连山省老街的磷酸盐开采量日益增加。铁主要分布在黄连山省、北太省。中部义静、广南—岘港、义平、林同等省也蕴藏着锌、铁、铅、铜、煤等矿产。森林和耕地面积约占全国面积的 60%，出产多种木材和竹子，有铁木、红木、柏木等贵重木材，还产紫梗、桂皮、松香、茴香等许多特产。渔业资源丰富，沿海有许多渔场，最著名的是藩切和湄公河河口附近的渔场，盛产红鱼、鲐鱼、鳖鱼等多种鱼类，此外，还产珍珠、海带、虾等海产。

越南经济以农业为主，全国耕地面积 930 多万公顷，大部分种植水稻，主要分布在湄公河三角洲、红河三角洲以及其他沿海平原。其他粮食作物有玉米、甘薯、木薯等。经济作物有天然橡胶、黄麻、甘蔗、咖啡、茶、烟叶、胡椒等。江河和沿海渔业较盛，年均捕鱼约 100 万吨。主要工业部门有电力、煤炭、冶金、机械制造、化工、采矿、建筑材料、纺织、造纸等。工业区有河内、海防、太原、鸿基、越池、南定、胡志明市、边和、岘港等。

20 世纪 80 年代以来，越南推行革新开放政策。1996 年提出大力推进国家工业化、现代化的治国理念，2001 年提出以工业化和现代化为中心，发展多种经济成分，发挥国有经济主导地位，建立市场经济的配套管理体

---

① 《世行：越南人口红利期预计为 18—20 年》，中华人民共和国商务部网站，http://www.mofcom.gov.cn/article/i/jyjl/j/201605/20160501313406.shtml，2016 - 05 - 07。

制,实现经济较快增长。2018年,越南GDP达5535.3万亿越南盾,约合2447亿美元,同比增速达7.08%,超过越南国会设定的6.5%—6.7%的目标,并创下了自2008年以来经济增速的历史新高。人均GDP为5850万越南盾,约合2587美元,较上年增加198美元(见表5.1)。其中,第一产业产值增长3.76%,GDP贡献率为8.7%,增速为6年来之最;第二产业产值增长8.85%,GDP贡献率为48.6%;第三产业产值增长7.03%,GDP贡献率为42.7%。[①]

表5.1   今年来越南经济发展统计

年份	GDP(亿美元)	GDP增长率(%)	人均GDP(美元)
2012	1558	5.25	1755.3
2013	1712	5.42	1908.6
2014	1840	5.98	2028
2015	1906	6.68	2100
2016	2046	6.21	2215
2017	2276	6.88	2431
2018	2447	7.08	2587

数据来源:《2018年对外投资合作国别(地区)指南——越南》,中国一带一路网,https://www.yidaiyilu.gov.cn/zchj/zcfg/41563.htm,2017-12-28;聂慧慧:《越南:2018年回顾与2019年展望》,《东南亚纵横》2019年第1期。

近年来,中越两国先后签署《中越经贸合作五年发展规划》(2011)、《关于建设发展跨境经济合作区的谅解备忘录》(2013)、《中越经贸合作五年发展规划补充和延期协定》(2016)、《中越边境贸易协定》(2016年重签)。2017年11月,中越两国签署共建"一带一路"和"两廊一圈"合作备忘录以及产能、能源、跨境经济合作区、电子商务、人力资源、经贸、金融、文化、卫生、新闻、社会科学、边防等领域合作文件。中越两国经贸合作发展迅速,中国已成为越南第一大贸易伙伴,越南也成为中国在东盟最大贸易伙伴。

---

① 聂慧慧:《越南:2018年回顾与2019年展望》,《东南亚纵横》2019年第1期。

2018年，双边贸易额1478.6亿美元，增长21.2%，其中，中国自越南进口639.6亿美元，增长27%；中国对越南出口839亿美元，增长17.2%（见表5.2）。中国对越南新增非金融类直接投资12.3亿美元，增长60%。同时，中国对越南投资新增协议金额24.64亿美元，在106个对越投资的国家和地区中排第五位，中国累计在越南投资达125亿美元。[①] 2019年1—9月，中越贸易额1133.7亿美元，同比增长7.1%。其中，中国对越出口额695.7亿美元，自越进口额438亿美元，同比分别增长15.3%和下降3.8%；2019年1—9月，中国企业对越投资8.2亿美元，同比增长13.5%；2019年1—9月，越南对华投资711万美元，同比下降93.4%；2019年1—9月，中国企业在越南新签工程承包合同总额27.7亿美元，同比下降33.6%；完成营业额22.8亿美元，同比增长34.8%。[②] 中国出口商品主要为机电产品、机械设备和面料、纺织纤维以及其他原辅料，从越南主要进口矿产资源和农产品等。中国是越南最大的果蔬市场，越南是中国在东盟的最大贸易伙伴。

表5.2　　　　　　中缅双边贸易额统计（2013—2018年）

年份	进出口总额（亿美元）	中方出口（亿美元）	中方进口（亿美元）	差额（亿美元）	增长率（%）		
					进出口	出口	进口
2013	654.8	485.9	168.9	317.0	29.8	42.2	4.1
2014	836.4	637.4	199.0	438.3	27.7	31.2	17.8
2015	959.6	661.2	296.4	362.8	14.7	3.8	49.9
2016	982.3	611.0	371.3	239.7	2.5	-7.5	24.5
2017	1213.2	709.9	503.3	206.6	23.5	16.2	35.4
2018	1478.6	839.0	639.6	199.4	21.2	17.2	27.0

数据来源：《2018年对外投资合作国别（地区）指南——越南》，中国一带一路网，https://www.yidaiyilu.gov.cn/zchj/zcfg/41563.htm，2017-12-28；外交部网站. https://www.fmprc.gov.cn/web/gjhdq_676201/gj_676203/yz_676205/1206_677292/sbgx_677296/，2019-11-30。

[①]《莫把越欧自贸协定想歪了》，人民日报海外网，http://m.haiwainet.cn/middle/345437/2019/0703/content_31585864_1.html，2019-07-03。

[②]《2019年1—9月中国—越南经贸合作简况》，中华人民共和国商务部网站，http://yzs.mofcom.gov.cn/article/t/201912/20191202918457.shtml，2019-12-02。

中国广西与云南两省区的部分州市与越南接壤，边境线经广西钦州、防城港、崇左、百色四个市的那坡县、靖西县、大新县、龙州县、凭祥市、宁明县、东兴市及云南文山、红河两个州的富宁、麻栗坡、马关、河口、金平、绿春、江城。境外越南一侧共有七省，分别是广宁、谅山、高平、河江、老街、莱州、奠边（见表5.3）。七个边境省是越南在社会经济、国防、安全、对外等方面有着非常重要地位的战略地区，是越南北部重点经济区的门户。然而，该地区经济发展相对落后，社会发育程度较低，基础设施薄弱，工业及农业发展缓慢，投资吸引力低下，人均GDP仅为越南全国的60%。

表5.3　　　　越南与中国西南（云南、广西）相邻省区概况

省名	面积（平方千米）	人口（万人）	劳动力（万人）	省会
奠边	9563	51.30（2012）	30.04	奠边
莱州	9069	39.12（2012）	22.48	莱州
老街	6384	63.80（2012）	37.78	老街
河江	7915	74.63（2011）	46.77	河江
高平	6708	51.50（2011）	34.12	高平
谅山	8321	74.10（2012）	48.01	谅山
广宁	6102	117.70（2012）	67.49	下龙

数据来源：刘建文：《越南北部边境经济发展报告（2012—2013）》，《越南蓝皮书：越南国情报告（2013）》，社会科学文献出版社2013年版，第196页。

为促进越南与中国接壤边境地区社会经济发展，早在2010年，越南建设部就发布了"至2020年越南与中国接壤的边境地区建设规划"，计划重点打造三个主要的动力区：一是位于海防—河内—老街经济走廊西部经济区的老街市、宝胜县和宝安县；二是位于海防—河内—谅山走廊东部经济区的谅山市及其各县；三是位于北部湾经济圈沿海经济区的广宁下龙市和芒街。另外，河内—谅山及河内—老街铁路将得到升级改造；将建设新的河内—广宁、河内—老街的高速铁路，提升和扩建谅山火车站；老街火车站将建成区域性的铁路交通枢纽。高平、老街、莱州、河

江将建国内航空港，广宁云屯将建设国际航空港。① 然而，由于资金等方面的限制，越南的"动力区"打造及交通基础设施建设相对缓慢，也制约着中越互联互通建设的推进。近年来，越南较为重视口岸经济，广宁、谅山、高平、老街、河江等省都将本地的口岸经济纳入中国与东盟去发展进程之中，有力推动了中越跨境经济合作区建设，也为中越经贸合作创造了条件。

中越两国于1950年1月18日建交。两国关系是中国对外关系比较特殊的案例，经历了1950—1975年的"同志加兄弟"关系，到1975—1979年的"反目成仇"，以及1980—1990年"长期对抗"，再到1991年以来两党两国关系的正常化。1991年之前中越关系复杂性、特殊性、曲折性，既是两国战略目标差异的结果，也是冷战时期大国关系博弈的结果，同时还牵扯到领土主权及海外侨民问题。②

此后，中越两国关系稳定向前发展，1999年初两国确定了新世纪"长期稳定、面向未来、睦邻友好、全面合作"关系框架；2008年5月，确定建立全面战略合作伙伴关系。2017年，双方发表《中越联合声明》③，强调要重点推进治国理政、防务和执法安全、经贸、产能与投资、基础设施、货币金融、文化、媒体、卫生、民间等领域的合作文化、媒体、卫生、民间，加强在联合国、亚太经合组织、中国—东盟、澜沧江—湄公河合作等国际和地区框架内的配合。此外，双方还签署了《共建"一带一路"和"两廊一圈"合作备忘录》《中越国防部边防合作协议》《电力与可再生能源合作谅解备忘录》《2017年中越产能合作项目清单的谅解备忘录》《核安全合作谅解备忘录》《加快推进中越跨境经济合作区建设框架协议谈判进程的谅解备忘录》《关于成立电子商务合作工作组的谅解备忘录》《确定2017—2021年中越经贸合作五年发展规划重点合作项目清单的谅解备忘录》《中国共产党广西壮族自治区委员会同越南共产党广宁、谅

---

① 《越南批准与中国边境接壤的7省规划》，中华人民共和国驻胡志明市总领事馆经济商务室网站，http://hochiminh.mofcom.gov.cn/aarticle/ztdy/201002/20100206770476.html，2010-02-01。

② 阎学通、齐皓：《中越关系》，[韩]姜宅九、吴文兵、齐皓等：《中国与周边中等国家关系》，社会科学文献出版社2015年版，第112页。

③ 《中越联合声明》，新华网，http://www.xinhuanet.com//2017-11/13/c_1121949420.htm，2017-11-13。

山、高平、河江省委员会关于开展干部培训合作的协议》等一系列政府、企业和金融机构间的合作文件或协议，为新时期两国关系的发展奠定了基础。

二 越南华商历史

中国人移居越南历史悠久，可追溯至秦代，秦统一后攻伐越南南部地区，战后大部分士兵留于当地屯戍边疆，《史记》有"置桂林、南海、象郡，以谪徙民，与越杂处十三岁"的记载。[1] 西汉末年，众多士子到越南避难，后又有许多罪犯流放到交趾。公元40年，东汉派军交趾，平定"二征起义"，大量士兵留下并融入当地社会，称为"马留人"。东汉末年，又有一些士人赴交趾避难，其中包括许靖、许慈、刘巴、袁征等中原名士。六朝时期，包括文人学士在内的大批民众移居越南。宋朝初年，越南独立，中越形成宗藩关系。由于造船、航海业以及对外贸易的发展，中国人移居越南的也逐渐增多。宋朝末年，社会动荡导致一些遗臣义士逃奔越南。1247年，在移民浪潮中有一个由30艘船组成的船队到越南请求留住，陈朝允许他们在升龙京城（河内旧称）居住，在这些移居人流中还有宋朝的将领和他们的士兵。元朝时期，许多中国商人曾到包括越南在内的东南亚各国海岛做生意。[2]

明朝采取了一些改革措施，鼓励发展商品经济，同时建立强大的船队，通过航海拓展贸易市场，越南为船队必经之地，为中越贸易往来和人口流动进一步创造了条件。明朝中期，粤、闽籍赴越南经商者日益增多。中国商人依靠明朝的势力涉足越南重要的经济部门。

明末清初，一些抗清遗臣留居越南，如：1679年，龙门（今广西钦州）总兵杨彦迪、副将黄进，高（州）雷（州）廉（州）总兵陈上川、副将陈安平率领的部下及其眷属共3000余人漂流至沱瀼（今越南岘港），

---

[1] 黄日涵、陆琼渊：《越境克难，迈向新局：越南华侨华人》，陆琼渊、黄日涵：《搭桥引路：华侨华人与一带一路》，社会科学文献出版社2016年版，第61页。

[2] ［越］朱海：《华人移居越南的各个时期及其特点》，《八桂侨刊》1993年第1期。

并在当地开荒垦殖、发展商埠,这是该地早期规模最大的华人移民群体。[1]该群体后裔一直居住在越南南方,他们的聚集地产生一种独特的华人社会组织——明乡(最初称明香)[2]。而这些旅居越南的明朝遗民及其后代被称为明乡人或明人。越南最后一个封建王朝阮朝的重要大臣郑怀德、吴仁靖、潘清简均是明乡人。经过多年的繁衍,明乡人后裔已有十万余人。[3]另一批类似的移民于1680年随广东雷州府海康县人莫玖所率船只抵达越南最南端河仙地区,经长期开发该地发展成为繁华港口。莫玖去世后,其子莫天锡继承父志,还修建孔庙,发展文学。18世纪后半叶,大量华人南迁开发越南南部地区,使西贡和堤岸逐步形成繁华的市镇,成为华人集中居住之地。如今边和、堤岸、龙川等地,都保留有祭祀的庙宇、祠堂等。1819年,为了纪念华人在越南开发中的历史功绩,在开浚边曦河、安通河时,将两条河分别命名为中国河和西贡河。值得一提的是,阮朝时期,中国移居的明人,与越人同被视为臣民,而清代移居而来的清人则要受到居住、职业和税收上的限制。清朝统治稳定之后,为了管理华南沿海地区,防止抗清事件发生,实行了越海移居的政策,华人移居海外的浪潮出现了短暂的沉寂。

法国殖民时期,流入越南的中国人急剧增多,一方面鸦片战争以来侵略者入华引发的社会动荡导致大量中国人被迫流亡海外;另一方面由于法国殖民者开发越南过程中对劳动力的需求量增大,形成另一个移民越南的浪潮。至1906年,越南华侨华人达到14.2万人,1921年增加至29.3万人。[4]仅1921—1922年的10年间,就有将近15.8万中国人移居越南。根据印度支那年鉴统计,1920年越南各省均有华人分布,其中明乡人也在越南大部分省份有分布(见表5.4)。1937年华侨华人在越南北部有3.5万人,在越南南部有18.2万人。[5]

---

[1] 黄日涵、陆琮渊:《越境克难,迈向新局:越南华侨华人》,陆琮渊、黄日涵:《搭桥引路:华侨华人与一带一路》,社会科学文献出版社2016年版,第61页。
[2] 丘普艳:《越南华侨社会的形成和发展》,《东南亚南亚研究》2012年第1期。
[3] 范宏贵:《中越跨境民族研究》,社会科学文献出版社2015年版,第185页。
[4] 国务院侨办侨务干部学校编:《华侨华人概述》,九州出版社2005年版,第72页。
[5] 黄日涵、陆琮渊:《越境克难,迈向新局:越南华侨华人》,陆琮渊、黄日涵:《搭桥引路:华侨华人与一带一路》,社会科学文献出版社2016年版,第61页。

表 5.4　　　　　　　　1920年越南部分省份华人（明乡人）统计　　　　　　（单位：人）

省名	华人	华人（明乡人）	总计
老街	1625		1625
莱州	300		300
高平	1854		1854
安沛	288		288
河江	2986		2986
宣光	504		504
广安	2777		2777
北江	5000		5000
北洴		2000	2000
和平	225		225
谅山	3106	680	3786
河内	3377	825	4202
海防	10250		10250
海阳	800		800
河北	429	53	481
南定	1065	16	1081
清化	321	202	533
宜安	465	60	525
承天	530		530
广南	1209		1209
会安	647		647
广义	335		335
平定	960	7000	7960
富安	429	53	482
庆和	1308		1308
西贡	30583	1214	31797
薄辽	5993	14095	20088
巴地	563	174	737
槟榔	2070	235	2305
边和	1789	759	2584
芹苴	6675	2922	9597
朱笃	1580	1578	3158
河仙	1129	912	2041
堤岸	2809	1447	4256

续表

省名	华人	华人（明乡人）	总计
嘉定	3400	1246	4646
龙川	1890	1286	3176
美荻	3719	898	4617
饿贡	583	54	637
迪石	3424	2182	5606
朔庄	9207	16845	26052
西安	748	102	850
西宁	471	1075	1546
土龙木	1765	900	2365
茶荣	4079	697	4776
永隆	1814	2566	4380
沙沥	3290	2700	5990

数据来源：根据《印度支那年鉴·贸易》（1920）统计数据整理而成。参见［越］朱海《华人移居越南的各个时期及其特点》，《八桂侨刊》1993年第1期。

20世纪30年代至50年代中期，越南面临巩固政权和抵抗法国侵略者的严峻形势，争取社会各界的力量成为当时的时代主题，针对华侨华人，越南采取了从"团结、争取"，到"亲善"，再到"关怀友好"的政策[1]。华侨华人在越南社会主义建设和救国抗争过程中做出了重要贡献。在抗法解放斗争中，有的加入了抗法队伍，有些地方成立了华人自卫队、民兵队配合正规部队作战，很多人捐钱、捐粮、捐物、修道路、抬担架。在敌占区和游击区的华人，不惜牺牲生命，为越南人民军运送军用品，提供情报，以力所能及的各种方法支援抗法战争。1954年10月，越南废除法国殖民政府剥削华侨的人头税。1955年，中越两党就解决华侨的国籍、权利和义务等问题达成协议，既维护了两国关系，又保障了华侨华人的政党权益。由于中国方面的努力，当时曾有不少华侨被招聘进越南国家机关、医院和研究所工作，一些华侨学生还被派到外国留学深造。[2] 在这一时期，

---

[1] 李白茵、罗方明：《越南各个时期的华侨政策》，《印度支那》1989年第4期。
[2] 陈海丽、黄子娟：《从越南华人华侨政策看中越关系》，《当代文化与教育研究》2009年第3期。

越南华侨华人达到150万人左右①,其中越南南部华侨华人人数约为135.7万人②,北方河内的关圣街、福建街、行帆街,以及南方西贡的堤岸等成为重要的华人聚集地。

虽然华侨华人规模较大,但由于南北分割的历史条件以及越南领导集团路线和政策的变化,这一时期越南华侨华人的地位和处境极为复杂和特殊。③ 20世纪60年代中期之后,随着中国局势的改变,中越关系的变化,以及美苏在越南事务上的较量,越南北方当局背弃了50年代签署的协议。1975年越南统一后,越南当局采取驱赶北方华侨,迫害南方华侨的政策。1977年"净化边境"政策的实施,成批的华侨华人被赶回了中国境内。1977年底,共计有4万多华侨华人跨越边境回到中国,拉开了越南华侨大逃亡的序幕。④ 这一时期仅从广西入境的"难侨"就达20余万,而被驱赶到其他国家和地区的难侨更是高达50余万人。⑤ 1978年,政府以推行强化改造为名,一大批华侨小商贩及工人因此遭受到了不公平对待。

越南南方华侨华人的财产遭到多种手段的剥夺:冻结银行账户、没收或低价征购华侨财产;通过进出口公司没收或低价征购华侨货物;没收华侨生产和生活资料,仅在堤岸就有1000多家华侨店主和厂主被打成买办资产阶级;通过发行新货币及征收苛捐杂税搜刮华侨财产;通过社会主义改造打击小商小贩,仅胡志明市第五郡就有7000家华商商户被"改造";通过"扫荡露天市场"逼迫华侨小贩到所谓"新经济区"劳动。⑥ 这一时期是越南华侨华人历史上的至暗时刻。

20世纪80年代,迫于世界格局的变化以及越南经济的恶化,越南当局调整了对华侨华人的政策:一方面利用华人自身的优势和资源为越南经济振兴服务;另一方面又对华侨华人经济上的成功充满疑虑进而加强控制

---

① 国务院侨办侨务干部学校编:《华侨华人概述》,九州出版社2005年版,第73页。
② 黄日涵、陆琤渊:《越境克难,迈向新局:越南华侨华人》,陆琤渊、黄日涵:《搭桥引路:华侨华人与一带一路》,社会科学文献出版社2016年版,第61页。
③ 尹志征:《略述越南华侨史各时期基本情况和特点》,《东南亚纵横》1985年第1期。
④ 李白茵、罗方明:《越南各个时期的华侨政策》,《印度支那》1989年第4期。
⑤ 尹志征:《略述越南华侨史各时期基本情况和特点》,《东南亚纵横》1985年第1期。
⑥ 李白茵、罗方明:《越南各个时期的华侨政策》,《印度支那》1989年第4期。

和监督。直到1986年之后，越南政府对华侨华人的历史地位和作用重新定位：一是解决了华人的身份问题，将华人视为越南公民，华族被列为越南54个少数民族之一；二是承认华人在越南国家独立、经济发展中的历史贡献；三是重新评价了黎笋反华外交政策，承认排华是越南经济恶化原因之一；[1] 四是逐步放宽对华侨华人经商、办厂、进出口贸易、金融、与外资合作等方面的限制，部分归还此前被没收的华人产业；五是政治上强调保障华人在各级民选机关中的选举权和被选举权等。

1991年，中越关系正常化，两国在发表的联合公报中强调："双方同意，在适当时候通过友好协商，妥善解决旅居对方国家的侨民问题"，此后相继出台有关华侨华人财产退赔、被驱逐华侨华人返越定居、新经济区华侨华人返回原籍地、华侨华人入籍（转籍）、华人干部及骨干的使用、华人社区管理等方面的政策或办法。为了管理华人事务，越南政府还在华人较为集中的胡志明市设立了"华人工作处"[2]。此后，两国关系进一步向前发展，政治、经济、文化各领域的合作不断深化，赴越南工作、投资、学习的中国人也逐年增多，华侨华人在越南生存发展的环境正常化且日益优化。

三 越南华商的规模与分布

（一）越南华商规模

有关越南华侨华人的规模没有定论，甚至同一时期不同资料呈现的数据都有较大差异。较早出现的越南华侨华人数据是维斯托·布森所做的统计，1889年越南南方有5.7万华侨华人。《印度支那年鉴》1920年公布的数据显示，越南华侨华人在大多数省份都有分布，少的几百人，多的上万人，总计在13.2万人左右，其中人数较多的如西贡约3.2万人，朔庄约2.6万人，薄辽2万余人，海防1万余人，芹苴0.96万人，沙沥近0.6万

---

[1] 陈海丽、黄子娟：《从越南华人华侨政策看中越关系》，《当代文化与教育研究》2009年第3期。

[2] 黄日涵、陆琮渊：《越境克难，迈向新局：越南华侨华人》，陆琮渊、黄日涵：《搭桥引路：华侨华人与一带一路》，社会科学文献出版社2016年版，第62页。

人。① 巴素在《东南亚之华侨》一书中估算出1921年越南华侨华人人数为19.5万人，1931年为26.7万人（同期《印度支那年鉴》则给出32.6万人的数据）。

到1937年，越南华侨华人为21.7万人，1943年达到46.6万。法国殖民者撤出越南前，1954年越南的华侨人数大约在60万—75万之间。20世纪50年代，旅居越南南方的中国侨民约有75万—80万人。20世纪70年代，越南华侨华人人数的统计版本多样，有140.8万人（越南南部120万人，越南北部20.8万人）之说，有217.5万人（越南南部200万人，越南北部17.5万人）之说，还有越南官方的123.6万人之说，以及越南学者的150万人的估计。② 20世纪80至90年代中期，大部分研究者估算越南华侨华人总数约在90万—100万之间。造成越南华侨华人估算差异的原因很多，主要包括③：乡村数据的缺失、华人尤其是少数民族华人数据的缺失、越南北方华侨华人数据的缺失，以及对"明乡人""艾人"④ 等特殊群体归类标准不一，等等。

通过梳理近年相关研究文献，发现对越南华侨华人数量的观点主要有以下几种：

（1）庄国土（2009）在《东南亚华侨华人的新估算》一文中给出越南华人占越南总人口1.5%的估算标准，估算出2006年越南华人数量为130万，加上在越商务人员、常驻边贸商贩和台商及其眷属约20万人，越南华侨华人总数约在150万。而且，越南华侨华人数量还可在此基础上高估10%—20%。⑤

（2）向大有（1994）详细论证了越南华侨华人人口数，认为越南华侨华人被严重"低估"了，1990年前后越南华侨华人约占越南全国总人

---

① 参见［越］朱海《华人移居越南的各个时期及其特点》，《八桂侨刊》1993年第1期。
② 参见陈庆、黄汉宝、陈金云《越南华人的人口学分析》，《八桂侨刊》2001年第3期。
③ 向大有：《一百万与四百万的反差——关于越南华侨华人人口数据的考证》，《八桂侨刊》1994年第2期。
④ 越南的艾人是由客家人、疍人、村人、黎人构成，艾人的族属划分有一定差异，越南政府把艾人划为单一民族，而河江省将艾人列在华族中。参见范宏贵《中越跨境民族研究》，社会科学文献出版社2015年版，第189页。
⑤ 庄国土：《东南亚华侨华人数量的新估算》，《厦门大学学报》（哲学社会科学版）2009年第3期。

口的6.3%，在400万人以上，其中汉族华侨华人（含明乡人和艾人）约160万人，非汉华侨华人约240万人；南方133万人，北方277万人。①

（3）覃翊（2015）分析了越南2009年第四次人口普查公布的华人数据等，认为越方发布的数据可靠性较低，相对比较混乱。进而估计，越南华人人口数量应在115万人左右。②

（4）其他一些权威研究报告估计情况：王永光、刘文正（2014）根据越南华侨华人人口数占越南全国总人口1.76%的比例估算，认为2011年越南华侨华人有约155万人。③ 黄日涵、陆琮渊（2016）在《越境克难，迈向新局：越南华侨华人》的报告中按照越南官方公布的数据，认为2013年越南华人总数约100万人。④ 罗杨（2019）在《越老柬缅印尼侨情分析》研究报告中直接引用了这一数据。⑤

应该说，直到目前，越南华侨华人到底有多少人，各界仍未有统一说法。根据众多学者的估算，结合越南华侨华人的复杂性带来的被"低估"的可能性，笔者按2%的比例估算。截至2019年4月，越南全国总人口为9621万人，则越南华侨华人总数约为192万人。

（二）越南华商分布

1. 地域分布

越南的山区、平原，城市、乡村都有华人居住。就祖籍而言，广东籍约占越南华人80%，福建、云南和广西等省籍约占20%。在分布上，大部分华人集中居住在胡志明市，有524499人。此外有上万华人的省份为：

---

① 向大有：《一百万与四百万的反差——关于越南华侨华人人口数据的考证》，《八桂侨刊》1994年第2期。
② 覃翊：《近年越南华人数量的估算与分析》，《南洋问题研究》2015年第1期。
③ 王永光、刘文正：《二十一世纪的东南亚华人社会：人口趋势、政治地位与经济实力》，丘进、张禹东、骆克任：《华侨华人研究报告（2013）》，社会科学文献出版社2014年版，第35页。
④ 黄日涵、陆琮渊：《越境克难，迈向新局：越南华侨华人》，陆琮渊、黄日涵：《搭桥引路：华侨华人与一带一路》，社会科学文献出版社2016年版，第62页。
⑤ 罗杨：《越老柬缅印尼侨情分析》，张春旺、张秀明、胡修雷：《世界侨情蓝皮书：世界侨情报告（2019）》，社会科学文献出版社2019年版，第96页。

后江（102571人）、同奈（84570人）、明海（40144人）、小河（32512人）、河北（22467人）、九龙（20898人）、建江（20638人）、安江（18617人）、广宁省（约18万人）、海防市（5万余人）、河内（4015人）。①

大多数越南华侨华人有"聚居"的传统，在越南的各都市中形成他们各自的社区、街道。在法属时期，堤岸区的华人占西贡—堤岸华人总数的近70%。1978年以前，第一郡（旧堤岸区）集中了当时胡志明市华人总数的80%。目前，越南华侨华人主要分布在胡志明市及同奈、平阳、海防、林同、广宁、茶荣、坚江、后江等省。② 其中，在胡志明市，第五郡（堤岸）、第六郡（新堤岸）、第十郡和第十一郡是华人相对集中的地方。在河内市，华人主要集中在属于还剑郡的行帆街、马尾街等街区。在海防市，他们主要居住在通向打铁街市的道路两旁（以前叫客街，现在叫光忠街）。在广宁省，华人聚居在锦普、先安等县的市镇和芒街镇。③ 华人进入越南经历了漫长的历史过程，并对越南社会发展的各个时期产生了重大的影响，做出过重要的贡献。

2. 行业分布

移居越南的华侨华人，在古代主要是从事农业和矿业。近代以来，越南华侨华人的行业分布有两大变化：一是从主要从事农业和矿业发展到各类行业均有分布；二是经营工商业的人数上升较快且占有较大比重。④ 1954年以前，在越南的华侨华人绝大多数的是小商贩、生活用品的小生产者、食品加工企业和轻工业企业中的雇员，从事农业和渔业的人数较少。这种职业结构主要是由他们作为都市居民的性质决定的。资料显示，到20世纪50年代末60年代初，约有80%的华侨华人居住在城市。⑤ 总体来说，越南华侨华人行业分布呈现"商业为主，其他行业为辅"的特征。

---

① 颜星：《越南的华人经济与中越边贸》，《学术探索》2002年第1期。
② 《2018年对外投资合作国别（地区）指南—越南》，中国一带一路网，https://www.yidaiyilu.gov.cn/zchj/zcfg/41563.htm，2017-12-28。
③ 陈庆、黄汉宝、陈金云：《越南华人的人口学分析》，《八桂侨刊》2001年第3期。
④ 参见颜星《越南的华人经济与中越边贸》，《学术探索》2002年第1期。
⑤ 陈庆、黄汉宝、陈金云：《越南华人的人口学分析》，《八桂侨刊》2001年第3期。

在1945—1975年西贡政权制度下，越南华侨华人的行业结构发生了一定的变化。进出口商、银行家和大工业经营者的人数增加很快。尽管如此，小业主和小商贩阶层仍然是华人群众阶级社会的基石，并且占他们从事经济活动者的大部分。[1] 越南华侨华人掌握了数量巨大的财富，在越南南方，华侨华人控制着许多重要行业，出现了"稻谷大王""钢铁大王""煤油大王"、"机械设备进出口大王"等华商代表。

20世纪80年代以来，越南开始重视华侨华人在越南经济发展中的作用，出台了一些鼓励华侨华人经商、办厂的政策，华人在发展自身传统产业的同时，也积极向其他行业拓展，金融业、对外贸易等领域发展迅速。目前，越南华侨华人从事的行业分布极为广泛，包括纺织、碾米、制糖、造船、轧棉、药材、采矿、蚕丝、酿酒、榨油、烟草、陶瓷、茶叶、化工、炼钢、电器、食品、机械、塑料等传统行业，也涉及金融业、贸易、建筑、物流、旅游服务、商务服务、通讯、酒店、精密仪器、房地产等新兴行业。

四　越南华商与住在国关系

（一）经济关系

越南华侨华人是越南经济活动的重要参与者，越南华侨华人与住在国的经济关系主要体现在以下两个方面。

一方面，华侨华人参与越南经济活动的曲折历程与越南动荡的历史进程相伴随。早期移居越南的华侨华人，将先进的农业技术带到越南，同时在越南从事手工业，兴办手工作坊，后来还发展出造纸业，涉足商品买卖，为越南商品经济的发展以及华人经济的形成奠定了基础。法国殖民时期，虽然食盐交易等业务多被殖民者抢夺，但华人仍控制着主要的商品交易，并且将经营范围扩展到当铺业、市场、渡船等业务，形成一股强大的经济实力，甚至达到一种法国殖民者想要进行任何一种交易都必须要通过

---

[1]　陈庆、黄汉宝、陈金云：《越南华人的人口学分析》，《八桂侨刊》2001年第3期。

和华侨华人商量才能取得效果的境地。① 但随着法国殖民统治的进一步稳固，殖民者通过经济开发和行业垄断逐渐取得越南经济的主导权，挤压华侨华人的经济空间，华侨拥有的经济优势渐告丧失，在北方很多华人开办的私营企业被迫变成公私合营。1945 年越南民主共和国成立后，调整了对华侨华人的政策，华侨华人境遇有所改善。然而好景不长，1945 年底法国再次控制了越南，殖民者剥夺了华侨华人拥有土地的权利，而且通过加重赋税等方式压榨华侨华人。

1955—1979 年，随着美国的野蛮介入，越南陷入南北分裂的境地，越南南方美伪政权对华侨华人采取了强迫入籍、政治上约束、经济上限制、文化上控制等政策；越南北方在 1966 年之前较好地保障了华侨华人的政治和经济权利，但 1966 年后，随着中美苏关系的变化，中越关系的裂痕加重，越南当局采取了强迫归化以及排华和反华政策，只是在程度上不及越南南部高压。更为严重的是 1975 年越南南北统一后，越南以社会主义改造为名，"暴力"反华排华，侵占华人财产，关闭华人社团。同时还通过"净化边境"等政策驱赶华侨华人。据统计，从越南逃离的难民约有上百万，其中华侨华人占了 60%—70%。大部分难民主要被美国、法国、澳大利亚、加拿大等西方国家接纳安置，一部分人在泰国、柬埔寨、老挝、中国等国定居。1975—1995 年，在西方国家定居的越南难民累计约 130 万人。② 在这种特殊的社会情势下，越南华侨华人基本的生活轨迹被改变，经济上的打击就不言而喻了。20 世纪 80 年代之后，随着国际局势的变化以及中越关系的改善，越南华侨华人的经济活动才步入相对正常的状态。

另一方面，华侨华人在越南经济领域一直扮演着重要角色，即使遭受排斥，即使被"谨慎地利用"，即使财产被没收，即使被驱逐出境，仍然以坚韧不拔的意志，在夹缝中谋求生存与发展，展现了极强的韧性。在长期的奋斗过程中，华侨华人具备资金、技术、管理经验等方面的优势，积攒了丰富的人脉资源，吸收了国际先进的经营理念。在胡志明市的华侨华

---

① 叶祥松、陈晴晔、赵景峰等：《东南亚华人经济研究》，经济科学出版社 1995 年版，第 204 页。

② 许梅：《越南侨民战略的调整与实践及其初步成效》，《八桂侨刊》2019 年第 2 期。

人，50%以上有海外关系，他们利用这一优势，积极参与国际贸易，有的同国外贸易伙伴合作，出资收购越南产品，办理出口；有的直接同越方贸易公司合作，经营进出口。①

20世纪90年代以来，越南政府不仅看到华人在经济发展方面的优势和潜力，更认识到华人在发展对外经济、加强本地区经济对外联系中的重要作用，因而十分重视发挥华人在引进外来投资和先进技术、更新生产设备等方面的潜能。华人投资主要集中在制造业，不仅改善了越南的基础设施，提高越南制造业的水平，也加速了越南工业化进程，推动了越南产业结构的调整，缓解了越南国内就业的严峻形势，促进了越南对外贸易的不断增长，加快了越南经济的复苏与发展。②据报道，截至2013年8月，越南全国63个省市中，有51个省市共吸收越侨投资企业3600家，协议总投资86亿美元。大部分集中在商贸、旅游、建设、房地产、出口商品生产、种植养殖和水海产加工领域。③海外越侨为越南引进了一些大型投资项目，部分越侨成为一些银行和大项目的主要股东，如技商银行（Techcombank）、兴旺银行（VPbank）、太阳集团（SunGroup）、欧洲门窗幕墙股份有限公司（Eurowindow）、马山集团（Masan）等。

由于中越关系的特殊性以及美国等国家的介入，"一带一路"倡议在越南推进的初期遇到了一些障碍，之后在两党两国的共同努力下，双边政治互信不断加强，越南政府对"一带一路"倡议的态度也发生了积极变化，越南领导人、官方媒体在不同场合对"一带一路"倡议做出积极回应，并表示肯定与支持。④ 2017年11月，习近平主席访问越南，双方签署共建"一带一路"和"两廊一圈"⑤合作备忘录以及产能、能源、跨境经

---

① 《越南民族问题与民族政策》，北方教育网（邻邦大扫描），http：//www.northedu.com.cn/linbangdasaomiao/show.jsp? informationid = 200604061121225974，2006 - 04 - 06。
② 张月明：《越南经济革新与华人经济发展》，硕士学位论文，郑州大学，2016年。
③ 转引自《越侨对越投资达86亿美元》，中华人民共和国商务部网站，http：//www.mofcom.gov.cn/article/i/dxfw/cj/201308/20130800256599.shtml，2013 - 08 - 20。
④ 黄日涵、倪春丽：《越南对"一带一路"的态度解析》，人民画报网，http：//www.rm-hb.com.cn/zt/ydyl/201811/t20181109_800147664.html，2018 - 11 - 09。
⑤ "两廊一圈"指"昆明—老街—河内—海防—广宁"和"南宁—谅山—河内—海防—广宁"经济走廊以及环北部湾经济圈，涉及中国广西、广东、云南、海南以及中国香港、中国澳门和越南的10个沿海地带。两条走廊共跨度14万平方千米，覆盖总人口3900万。

济合作区、电子商务、人力资源、经贸、金融、文化、卫生、新闻、社会科学、边防等领域合作文件。① 此后,中越全方位合作逐渐走向深入,两国在政策沟通、设施联通、贸易畅通、资金融通、民心相通方面进展顺利。越南华侨华人经济将在"一带一路"和"两廊一圈"合作的良好平台中取得更大的发展。

(二) 政治关系

在东南亚的一些国家,华人数量众多且在商业领域占据重要地位,政府在给予华人参政议政权利的问题上,一直存有疑虑,在法律上对华裔公民参政议政施加一系列限制,或者虽然在法律上规定各族裔公民拥有平等的政治权利,但实际上仍对华裔公民参政设置各种障碍。②

总体来说,华人在越南的情况比较特殊。一般情况下,越南政府并不强调华人的身份,还不断表示要保持民族团结,但如果发生特殊事件,华人还是会被越南社会迅速割裂出来。③ 这也使越南华侨华人养成了谨慎的心态,使其社会地位尤其是政治地位难以凸显。

从1930年越共建党初期至60年代中期,越南华侨华人得到了相对公正的对待,从建党初期明确"华侨是越南革命的同盟",到建国后强调"华越一家",再到中越建交后规定"华侨可以享受与越南人民同样的权利和尽同样的义务",以及1955年后在中越两党努力下,华侨被作为未来公民和少数族裔看待。在1955—1965年,许多北方华侨进入越南国家机关、医院、学校、工厂工作,一些学生还被派到国外留学。相关资料显示,这一时期越南河内的13000名华人中有近3000人是国家干部职工,103人有大学及以上文化程度;老街的1529名华人中有215人在国家机关和企业工作。1959年初的越南选举中,越南北方各地共有1363名华侨代表进入各级人民议会,其中37人补选进入各级行政委员会。④ 然而,1966年起,

---

① 《习近平同阮仲富举行会谈 两国签署共建"一带一路"和"两廊一圈"合作备忘录》,中国一带一路网,https://www.yidaiyilu.gov.cn/xwzx/roll/34251.htm,2017-11-13。
② 黄望波、庄国土:《2019海外华侨华人概述》,世界知识出版社2011年版,第145页。
③ 尹鸿伟:《越南华人不想再纠缠受迫害历史更不希望历史重演》,《国际先驱导报》2015年8月3日。
④ [越]朱海:《华人移居越南的各个时期及其特点》,《八桂侨刊》1993年第1期。

越南华侨华人因国际局势变化及中越两党分歧加大而受到影响,越南当局通过各种限制政策实现华侨的"越化",在支持越南政策的华侨华人中起用或提拔一些干部,对支持中国政策的华侨华人则进行打击和迫害。

20世纪70年代后期,越南发生了大规模的反华排华事件,华侨华人经受骇人听闻的悲惨遭遇,财产被没收,就业和升学权利被剥夺,户口被取消,甚至被强迫驱逐离开越南,有的在离境途中被凌辱、折磨,甚至殴打致死。据联合国难民事务处估计,仅1979年越南掠夺华侨华人难民的财产就高达30亿美元。1975年到1984年间,越南政府共驱赶了超过150万越南华侨华人出境,这些难民一部分由中国政府收容安置,大部分被联合国收容后入籍西方国家。① 此外,还有大量逃跑难民葬身大海。越南当局声称华侨已全部变为华人,并视其为改造、打击的对象,党政军机关中的华侨华人绝大部分被清洗,不少被关押,有的甚至被迫害致死。② 这一时期,华侨华人的生存都无法保障,更不用谈所谓的政治地位。

20世纪80年代中期之后,越南政治环境有所改善,对华侨华人的历史作用及现实定位都发生了变化,强调要保障华侨华人的权利和义务,肯定华侨华人在越南革命和建设中的作用,号召华侨华人为革新事业做贡献。华侨华人的产业逐渐复苏,华人与越人的关系日益融洽,华人的经济与政治地位也得到提高。在经济界与文化界涌现了一批著名人士。参政方面,一批华人代表进入了政府机构及议会。在胡志明市三级人民议会1994—1999年任期代表选举中,该市第十一郡为郡人民议会选举推荐了48位候选人,其中10位是华人。③

近年来,越南的国际国内环境日益改善,中越关系稳定发展,华侨华人作为越南国家建设力量中的一个组成部分的地位和作用也越来越受到肯定。越南党和国家领导人在多种场合充分肯定和高度评价华侨华人对越南国家和地方经济、社会发展所做出的贡献。④ 随着华侨华人进一步融入越

---

① 尹鸿伟:《南洋血:东南亚排华往事》,《中国经营报》2014年5月26日。
② 大海:《越南华侨华人社会的变迁》,《八桂侨刊》1994年第4期。
③ 同上。
④ 《越南华人从政之路越走越顺》,搜狐新闻网,http://news.sohu.com/20070706/n250935946.shtml,2007-07-06。

南社会,华人的社会地位有了提高,华人的"政治冷漠症"在逐步缓解,政治待遇有所恢复,政治地位逐步提高,政治认同也在迅速转变。[1] 部分华人踊跃加入越南共产党,积极参政议政,自愿履行军事义务。当前,越南社会更加稳定,社会的开放性和包容性增强,华人的社会地位和政治地位会得到进一步提高。

(三) 社会与文化关系

生活在越南的华侨华人来源多样,祖籍地以广东、福建、海南为主,其中尤以广东人居多。如在胡志明市,华侨华人属广东方言群体的占56.5%,广东人(以潮州为主)福建人和海南籍所占比例分别为34%、6%和2%。越南华人虽然来自中国的不同地方,但是总体保留着中华文化的特色,团结互助、聪慧勤劳、善于经营,在越南改革与建设进程中发挥了重要作用。同时因为长时间与越南人交流,接触、适应并融入越南文化,文化方式又有所改变,不完全等同于中华文化。越南华侨华人的文化融入与社会融入与越南的国家政策高度关联,在动荡曲折的历史进程中,坚持兴办华人社团,发展华文教育,以坚韧的毅力适应着越南社会的发展与变迁。

在华文教育及华文报刊方面,20世纪60年代中期至80年代初,伴随着越南对华侨华人的分化、同化,甚至迫害和驱逐,越南的华文教育基本停滞,大量华文教师被解雇,有的华侨学校直接改为越文学校。华文报纸也经历了从越南全国统一前的繁荣发展到全国统一后的被迫停刊,以西贡为例,1975年之前有《远东日报》《亚洲日报》《光华日报》等9家华文报刊,1975年后全部停刊。越南革新开放后,为适应经济社会发展的需要,逐渐对华文教育和华文报刊"开禁",并采取一定程度的法律保护。

同时,越来越多的外国企业在越投资,其中中国台湾和中国香港、新加坡的企业投资占投资总额的1/3以上,对汉语人才的需求量猛增。越南华侨华人也逐渐意识到学习华语不仅是保留民族文化的需要,更是自身发展的需要。中国、马来西亚、新加坡等地能操汉语的外商纷纷到越南投

---

[1] 参见于向东《越南华人政治、文化和宗教活动现状评价》,《八桂侨刊》2004年第4期;《目前越南华人的政治状况》,《当代亚太》2003年第6期。

资，他们需要懂华语的人才，华语或英语的职员在很多公司受到欢迎且工资会高一些，庄国土2001年做的一项调查显示"在越南和柬埔寨会一般华语的店员工资大约可高30%至60%"。尽管该调查报告反映的是较早前的情况，但是华语在越南受到重视则是不争的事实。随着华语越来越受到重视，华语学校也愈来愈多。2008年，胡志明市共有35所华文学校，10299名学生，407位华文教师。小学有259个班，8528名学生，297位老师；初中有1771人，84个班，110位老师。①

在社团发展方面，1989年底，越南政府允许华人社团在国家指导下重新组织活动，称为"复组"，此后逐渐将医院、会馆、庙宇等退还给华人社团。目前，越南的华侨华人社团众多，类型多样，既有穗城、义安、二府、海南、崇正、温陵、霞漳等地缘性的传统会馆，友谊、胜利、群声等歌剧社，精英堂等龙狮团，具有华人传统特色的粤剧、潮剧、琼剧、福建古乐等乐团，妙法寺、慈德寺、法宝寺等宗教团体以及各宗亲会，也有以中资企业为主体的中国商会及其各个地域分会、行业协会。② 华人社团会馆除了秉承传统联络侨情、传递商业信息、搭建沟通桥梁等职能，还承担着扶贫、救灾及其他社会服务职能，积极支持越南的民生改善、社区发展与社会建设，增强了华侨华人的社会融入能力。

---

① 黎玉容：《越南华人华文教育现状考察——以胡志明市为例》，硕士学位论文，华中师范大学，2010年。
② 罗杨：《越老柬缅印尼侨情分析》，张春旺、张秀明、胡修雷：《世界侨情蓝皮书：世界侨情报告（2019）》，社会科学文献出版社2019年版，第102页。

第六章　东南亚华商发展趋势分析

2010年1月1日，中国—东盟自由贸易区正式全面启动。自贸区建成后，东盟和中国的贸易占到世界贸易的13%，成为一个涵盖11个国家、19亿人口、GDP达6万亿美元的巨大经济体，是目前世界人口最多的自贸区，也是发展中国家间最大的自贸区。[①] 中国—东盟自由贸易区的建立，有利于巩固和加强中国与东盟之间的友好合作关系，有利于东盟在国际事务中提高地位，有利于进一步促进中国和东盟各自的经济发展，扩大双方贸易和投资规模，促进区域市场的发展，提高本地区的整体竞争能力，为区域内各国人民谋福利。而"一带一路"倡议的提出与实践，使得"一带一路"沿线的东盟10国有了更加广阔的发展前景和平台。得益于自贸区红利的释放，2016年中国—东盟贸易额达4522亿美元，累计双向投资额超过1700亿美元。[②] 多年来，中国是东盟第一大贸易伙伴，东盟是中国第三大贸易伙伴，东盟还是中国第四大出口市场和第二大进口来源地。

近年来，"一带一路"建设与东盟共同体愿景2025、东盟互联互通总体规划2025、柬埔寨的"四角"战略、泰国的"4.0战略"、老挝的"陆联国战略"、缅甸的中缅经济走廊规划建设、越南的"两圈一廊"、菲律宾的"雄心2040"战略、印尼的"全球海洋支点"战略实现了一定程度的对接，将推动中国—东盟自贸区建设以及东盟各国的发展迈向新的水平。与此同时，"一带一路"建设与中国—东盟自贸区的有效衔接，将为广大

[①] 《中国—东盟自贸区介绍》，中国—东盟自由贸易区常务门户网站，http://www.cn-asean.org/about/201908/t20190822_886219.html，2019-10-29。

[②] 《"一带一路"在东盟》，《光明日报》2017年9月27日。

东南亚华商的发展带来巨大的历史机遇。

东南亚地区是华侨华人移民的主要聚集地,华人是当地重要的族群之一。截至 2007 年,世界华侨华人共计 4543 万人,其中东南亚有华侨华人约 3348.6 万人,约占全球 4543 万华侨华人总数的 73.5%。[①] 其中,澜湄五国的泰国、柬埔寨、缅甸、老挝、越南华侨华人数量分别约为 970 万、113 万、34 万、330 万、192 万,共计约 1639 万人。近些年,随着"一带一路"倡议和中国—东盟自由贸易区建设的快速推进,以及中国"走出去"战略的提出与实践,东南亚华人继续发挥在东南亚国家的经济优势,积极参与国际经济竞争,发挥了较大的经济影响力。与之相对应的是,东南亚华人的政治地位也有所提高,华人进一步融入当地社会,华文教育与文化蓬勃发展。

一 经济地位的逐步提高

东南亚华商经济实力雄厚。截至 2009 年,保守估算,东南亚各国的华商资产总量约为 1.5 万亿美元。其中,华商大企业的资产为 9506.6 亿美元,中小企业为 3994.57 亿美元,外来华资为 1557 亿美元。需要说明的是,由于各国中小企业的数据不全,该部分可能被低估或大大低估。从澜湄五国华商资产状况来看,泰国华商所占资产总量最大,达 3853 亿美元;越南次之,约为 546 亿美元,缅甸、柬埔寨、老挝华商资产分别为 94 亿美元、50 亿美元和 13 亿美元(见表 6.1)。

表 6.1　　　　　2017—2019 年澜湄五国华商资产估算　　　（单位:亿美元)

国别	年度	国内华商资产统计		华商投资统计			总资产
		大企业 (上市与非上市)	中小企业	大陆华资	港澳台资	其他	
泰国	2007		1156.4		121.3		3853
	2008				49.18	179.08	
	2009	2342		4.48			

---

① 庄国土:《东南亚华侨华人数量的新估算》,《厦门大学学报》(哲学社会科学版) 2009 年第 3 期。

续表

国别	年度	国内华商资产统计		华商投资统计			总资产
		大企业（上市与非上市）	中小企业	大陆华资	港澳台资	其他	
越南	2008	274.9			271.7		546
缅甸	2008	67.12			4.59	12.87	94
	2009			9.3			
柬埔寨	2007	20	10.07	3.93			50
	2008				0.42	8.94	
	2009			6.33			
老挝	2008	3			0.38	4.29	13
	2009			5.36			

数据来源：庄国土、黄望波：《东南亚华商资产初步估算》，贾益民、许培源、周兴泰等：《21世纪海上丝绸之路研究》第1辑，2017年。

东南亚华商凭借强大的经济实力，为促进和繁荣东南亚各国的经济做出了重大的贡献，是东南亚各国经济建设的一支重要力量，东南亚各国经济的起飞，与华商的辛勤劳动密不可分。可以这样说，没有华商，就没有这些国家的经济起飞和现代化。华商还是中国与东南亚经贸关系发展主要的推动者与得益者。华商可以利用熟悉住在国和祖籍国政治、经济、法律、自然环境的条件和深厚人脉资源，在推进中国—东盟自由贸易区建设中发挥重要的中介作用，并在促进中国与东盟国家经贸发展的同时，为自己争取更大的发展空间以实现快速发展。

中国实行对外开放以来，东南亚华商始终是投资方之一。21世纪初以来，随着中国—东盟自由贸易区的构建，东南亚华商对中国的投资量逐年上升。据商务部统计，截至2005年底，以华商为主的东盟来华投资项目近3万项，实际投资金额385亿美元。2006—2009年，中国内地实际使用外资3352.7亿美元。在对华直接投资的同时，他们还通过合作的方式为发达国家资本到中国投资牵线搭桥，将设在东南亚各国的外国公司、跨国公司和合资公司的资金引向中国。东盟华商具有两地投资的成功经验，他们不仅在当地投资创业获得成功，而且熟悉中国的政治、经济制度、文化和风土人情。许多华商在投资东盟与中国的进程中，积累了大量成功经验，拥有丰富的人脉资源，在区域贸易投资一体化等方面探索了许多合作新模式。

特别是 20 世纪 90 年代末以后,东盟华商一方面凭借在住在国形成的资源配置优势,另一方面凭借与大陆同文同种的血缘、亲缘优势,带动了双边经贸合作的快速发展。中国是东盟第三大贸易伙伴,中国—东盟自贸区建设,必将极大地促进东盟以及中国的经济发展,为中国及东盟各国带来巨大商机,为东南亚华商带来新的机遇。在东南亚地区具有较大经济影响力的东南亚华商将在中国与东南亚国家间经贸交往中扮演越来越重要的角色。

云南是中国的第五大侨乡,据不完全统计,有 250 万云南籍海外侨胞分布在世界 70 多个国家和地区,省内还有 50 多万归侨侨眷。改革开放以来,众多华侨华人、港澳同胞回乡投资兴业,为云南的经济建设注入了新的活力。2009 年的统计数据显示,云南省外资企业中逾 65% 为侨资企业,侨资企业在云南已形成 480 亿元人民币的固定资产,年营业收入达 240 亿元,从业人员 10 余万人,年上缴利税超过 20 亿元。[①] 而到了 2017 年,这一数据大幅提升,据不完全统计,截至 2017 年底云南省侨资企业共有 1084 家,投资占全省外资企业投资的 65%,侨资企业在云南已形成近 650 亿元人民币的固定资产,年总生产值达 340 亿元[②],侨资企业已成为推动云南经济发展的一支重要力量。"一带一路"倡议为云南发展带来了前所未有的机遇,也使侨资企业迎来新的发展时机。东南亚华商将成为"一带一路"的积极参与者。

二 政治地位的逐步改善

与华人经济逐步成为当地国民经济重要组成部分相对应的是,东南亚华商在东南亚国家的政治地位也逐步提高。战后初期至 20 世纪 70 年代,东南亚华侨华人与住在国的关系发生了质的变化,他们加入了住在国国籍。据统计,印尼仅有 30 万华侨华人保留华侨身份,约占当时华侨华人总人口的 5%;泰国仅有 25 万保留华侨身份,约占当时华侨华人总人口的

---

① 李芳:《云南侨务四项工程服务"桥头堡"战略》,《云南政协报》2010 年 5 月 14 日。
② 刘子语:《东盟华商会搭建华商与云南共赢平台》,《云南日报》2018 年 6 月 8 日。

5%；马来西亚保留华侨身份的只有15万，约占当时华侨华人总人口的3%；菲律宾只有1万人保留华侨身份，约占当时华侨华人总人口的1%；越南（85万）、柬埔寨（30万）、老挝（84万）三国，几乎100%转为住在国国籍。①

20世纪50年代以前，大多数东南亚华商，尤其是新华商在政治上仍然认同中国，把中国看作是自己的祖国，一部分土生华人在政治上则认同殖民统治者。50年代之后，东南亚国家先后获得独立，建立了自己的民族独立国家，华人均面临一个现实的问题，那就是国家认同问题，经过长期的多方努力，这个问题已经得到了解决。华人放弃了旧的政治认同，建立了新的政治认同，把住在国当作是自己的祖国，把爱国主义的热情投放到住在国，为住在国的经济建设努力工作。

华人政治身份的改变无疑有力地加速了华人当地化进程，融入当地社会已成为现代东南亚华人发展的主流，华侨获得住在国公民权。政治上的投入与参与推动华人与当地民族双方彼此认可和接受，无疑是华人融入当地社会已进入较高层次的标志。当然，东南亚华人政治参与的程度参差不齐。如在泰国、柬埔寨、老挝、缅甸、越南五国中，泰国华人在政府各级部门担任要职，他们的政治地位日益提高。随着泰国政治民主化的发展以及华人经济力量的增强，泰国华人逐渐获得较为平等的社会地位和宽松的政治空间。在其余四国，由于受政治和历史背景影响，华人政治参与的大门几近封闭，他们主要集中精力从事生产经营活动，较少过问政治。近些年，随着这些国家政权体制改革和开放程度的加强，以及与中国关系的稳步发展，华人政治参与度不断提高，政治地位逐步改善。

三 文化上的"嵌入性"

"嵌入性"理论是经济社会学的核心概念之一。该理论认为，经济活动是嵌入到一定的社会结构和社会制度之中的。然而，经济在嵌入社会结构的过程中仍然保持自主性。"嵌入性"命题既指出了社会结构对经济活

---

① 许肇琳：《试析二战后东南亚华侨华人社会的变化发展》，《华侨华人历史研究》1996年第2期。

动的制约，也承认经济活动的自主性、能动性，以及对社会结构的塑造作用。陆益龙在研究华侨社会适应的过程中，归纳出嵌入式移民适应模式理论，认为华侨所选择的适应模式既非同化模式亦非聚集模式，而是保有自身特色的嵌入式适应模式，其原因有两个方面：一是来自迁入国社会的排斥；二是来自移民自身的文化传统。①

在泰国、柬埔寨、老挝、缅甸、越南五个东南亚国家，当地华人嵌入当地社会文化的过程中，仍然保留着自身的传统文化。如，缅甸有很多云南籍华人，他们虽然已经加入缅甸籍成为缅甸公民，但是仍然在语言、生活方式等方面保持着相对独立性，华人群体仍然以云南话交流，并保持着云南人的生活习惯。原因同样在于当地社会的排斥和自身文化传统的稳定影响。

东南亚华人在本地化趋势中仍然保持着自身特点，表现出极强的"嵌入性"特征。虽然第二代、第三代及以后的东南亚华商后代已经在文化、语言、生活方式等方面与当地居民融合得较好，许多人不仅在政治上认同住在国，而且还在文化上也认同住在国，然而，由于父辈的熏陶以及祖籍国文化的强大影响力，他们仍然保持中华文化的某些特质。当然，这种"嵌入性"特征在各国之间也有差别，泰国华人与当地社会已经完全融为一体，不再具有明显的中华文化特征；而柬埔寨、老挝、缅甸、越南等国华人，由于面临的社会隔阂较多，他们所聚集的社区仍然保留着较为明显的中华文化特征。

---

① 东南亚（澜湄五国）华侨华人均或多或少遭受所在国的社会排斥，同时又较好地保持了自身的文化传统，同时陆益龙所提"嵌入性"概念适用于大多数东南亚华侨华人的分析。参见陆益龙《嵌入性适应模式——韩国华侨文化与生活方式变迁》，中国社会科学出版社2006年版，第1页。

第二篇

东南亚华商在云南服务与融入
"一带一路"建设中的作用研究

引　言

2015年初，习近平总书记在考察云南重要讲话中指出，希望云南主动服务和融入国家发展战略，闯出一条跨越式发展的路子来，努力成为我国民族团结进步示范区、生态文明建设排头兵、面向南亚东南亚辐射中心，谱写好中国梦的云南篇章。至此，建设面向南亚东南亚辐射中心成为符合云南地缘特征和社会发展实际的区域性定位。

此后，云南省制定实施建设面向南亚东南亚辐射中心等系列政策文件，成立了专门机构，统筹协调推进"一带一路"及辐射中心建设有关工作。2019年2月，为支持云南省加快建设面向南亚东南亚辐射中心，经国务院同意，国家发展改革委印发《关于支持云南省加快建设面向南亚东南亚辐射中心的政策措施》，明确指出，云南省要进一步发挥区域优势，完善内联外通纽带功能，统筹对外开放与对内合作，推动引进来和走出去相结合，更好地服务和融入"一带一路"建设、长江经济带发展、泛珠三角区域合作，服务国内其他地区借力云南省拓展南亚东南亚国家市场，在我国构建陆海内外联动、东西双向互济的开放格局中发挥更加积极作用。

云南主动服务和融入"一带一路"的重要任务之一，就在于充分挖掘和发挥云南所具有的地缘优势、资源优势和后发优势（观念优势、动员优势、成本优势、政策优势、决策优势），结合各级政府具体的制度安排和举措，把优势和资源内化到发展进程中。同时，在服务和融入"一带一路"的过程中，除了充分挖掘内部资源之外，还必须对外部资源的特征、分布及重要性保持清醒认知。而其中最为重要的外部资源就是东南亚地区人数众多且具有重要影响力的华商资源。众多东南亚华商在为住在国经济发展做出贡献的同时，时刻关注着祖籍国的发展动向，在祖籍国和住在国之间建立了长期而广泛的经济联系。

共建"一带一路"倡议的提出与实践为东南亚华商发展带来了机遇。

其一,"一带一路"不仅为云南实现跨越式发展提供了制度支持,而且为东南亚华商的发展壮大提供制度支持。华商是东南亚国家经济力量的重要组成部分,侨资企业到中国投资不仅会得到中国相关部门的支持,同时也会得到住在国强有力的政策支持。

其二,"一带一路"搭建了中国企业"走出去"和将华商企业"引进来"相结合的内外互动、互利共赢的合作发展平台。在此过程中,侨联、侨办等相关侨务部门积极发挥作用,服务于侨资企业到中国投资,在平台搭建过程中,逐步明确华商投资领域、投资方式、投资进度以及中方能够提供的便利条件(土地、规划、贷款等)等,使无形的政策平台转化为有形的实施平台。

其三,"一带一路"提升了东南亚华商的投资信心。由于政治、文化等原因,东南亚华商在较为狭窄的生活空间内,经历了长期的艰苦奋斗才积攒了目前较为可观的财富,因而对于投资的对象和时机往往顾虑重重。尤其是在缅甸、柬埔寨等社会开放程度不高的国家,华商的投资行为更为谨慎,他们一方面对中国企业到住在国投资心存戒备,另一方面又对自己到中国投资信心不足。侨联作为与海外华侨华人联系紧密的社会组织,要发挥其工作涉及面广、工作方法灵活等优势,为广大华商开展对华投资牵线搭桥、铺路架桥,消除他们的投资顾虑,提升他们的投资信心。

同时,东南亚华商是"一带一路"建设的宝贵资源,将成为云南服务和融入"一带一路"的一支重要力量。

首先,东南亚华商将成为"一带一路"建设的积极参与者。云南是中国的第五大侨乡,有250万云南籍海外侨胞分布在70多个国家和地区,省内还有50多万归侨、侨眷。侨资企业已成为推动云南经济发展的一支重要力量,也将不可避免地成为共建"一带一路"的重要参与者。

其次,东南亚华商是推进"一带一路"建设的桥梁和纽带。华商在东南亚各国有着深厚的历史根基、深度的社会融入、强大的经济实力、较强的社会影响力。东南亚华商应充分把握"一带一路"带来的发展机遇,充分发挥其桥梁和纽带作用,在促进自身不断发展壮大的同时,为促进中国与东南亚国家的政治、经济和文化交往方面发挥作用。同时,东南亚华商可以通过无形的文化力量，联结中国（云南）与东南亚国家的文化交流，推动中国与东南亚国家间建立相互理解、相互尊重的信任机制。

最后，东南亚华商网络是"一带一路"建设的宝贵资源。华商网络一经形成，就产生出巨大能量，推动着华人社会的进步与繁荣。在东南亚国家，华商网络已经成为广大华人企业扩大产业规模、调整产业布局、拓展海外投资市场的重要平台。依托华商网络，华人企业一方面可以获取充分的市场信息，以及有关目标国家的文化信息和政治信息，降低交易成本；另一方面可以借此加快融资效率，筹集资金，并且在华商网络的庇护下有效规避各类风险。华商网络资源在"一带一路"建设中的重要性正在日益凸显。

云南面向南亚东南亚辐射中心建设是中国进一步扩大中国面向西南开放的制度安排，这一战略的实施有助于切实发挥云南的区位优势和辐射功能。云南的区位优势和对东南亚地区的辐射功能是东南亚华商及其他海外华商选择在云南投资的主要原因所在。为了促进云南与东南亚华商达成互利共赢的格局，云南在"辐射中心"建设中坚持解放思想和对外开放，大力支持众多企业走出去，积极采取措施改善投资环境，吸引外商尤其是华商投资云南相关产业。

如何动员和引导华商资本投资云南的资源开放和特色产业发展，推进云南省产业结构调整和优化升级，并与周边国家和地区合作，打造一条覆盖面广、关联度高、以服务业为主的产业链条，关乎"一带一路"和云南"辐射中心"建设的成效，更关乎云南及周边国家区域性经济发展格局的形成。云南发展规划中强调，重点加快发展交通运输、农业、旅游、矿产、生物、能源、商贸物流、出口加工等产业，打造面向东南亚国家的特色经济和外向型产业区。在引导华商资本投资云南特色产业方面，要找准突破口，选择那些具有较大辐射能力和拓展空间的产业开展合作，打造联结云南和周边国家积极互动、充满活力的产业链。东南亚华商将在交通、通讯、能源、农业、旅游、环境保护等领域成为共建"一带一路"的一支重要力量。

随着"一带一路"建设的稳步推进，云南也将成为重要的资本流入地和产业转移目的地，这成为吸引东南亚华商加大对云南投资的强大动力。应该说，"一带一路"建设的推进和云南"辐射中心"战略的实施不可避免地把云南的发展与东南亚华商资本紧密联系在一起，云南的发展离不开东南亚华商资本的大力投资，东南亚华商也需要在云南谋求更好的发展平台。因此，"一带一路"和云南"辐射中心"建设应积极引导华商资本与云南发展相结合，实现双方的互利共赢，以此提升中国（云南）与东南亚国家的合作水平，促进中国与东南亚国家的和平、稳定与繁荣。

第七章 "一带一路"建设的云南实践

一 云南概况

云南简称"滇"或"云",在地理上属青藏高原南延部分与中南半岛结合部的内陆腹心地带,境内山川起伏、河流纵横,整个地势自西北向东南倾斜,相对高差达6663.6米。① 全省东西横跨864.9千米,南北纵距990千米,北回归线横贯南部。总面积39.4万平方千米,约占全国总面积的4.1%,在全国各省级行政区面积排名第八。东与广西壮族自治区和贵州省毗邻,北以金沙江为界与四川省隔江相望,西北与西藏自治区相连,西南与缅甸接壤,南部和东南部分别与老挝、越南接壤。

云南全省25个主要少数民族中,有15个民族属于跨境民族,与境外居民同属于一个族别。云南省统计局公布的数据显示,截至2018年底,云南总人口为4829.5万人②,总人口居全国第12位,占全国人口的3.43%。其中全省城镇人口2309.0万人,乡村人口2520.5万人,全省城镇化率达47.81%。

云南省下辖16个地、州、市,其中地级市8个,即昆明市、曲靖市、玉溪市、昭通市、普洱市、保山市、丽江市、临沧市;少数民族自治州8个,即楚雄彝族自治州、红河哈尼族彝族自治州、文山壮族苗族自治州、

---

① 《云南边境市县的生态环境与资源》,http://www.cnynpec.com,2012-11-02。
② 云南省统计局、国家统计局云南调查总队:《云南省2018年国民经济和社会发展统计公报》,2019年6月。

西双版纳傣族自治州、大理白族自治州、德宏傣族景颇族自治州、怒江傈僳族自治州、迪庆藏族自治州。其下管辖的市辖区12个、县级市11个、县77个、少数民族自治县29个。云南省的少数民族自治州和自治县在全国各省市区中是最多的，民族自治地方土地面积27.67万平方千米，占全省总面积的70.2%。

云南自古以来就与东南亚有着十分密切的经济文化联系，尤其与部分东南亚国家"山岭同脉、江河同源"。早在2000多年前，云南就是中国从陆上通向印度和东南亚的门户，是中华民族与上述地区人民友好交往和开展经济贸易的重要通道。早在张骞通西域以前，就有"蜀身毒道"[①]和"茶马古道"途径云南，被称为"南方丝绸之路"。以四川为起点，经过云南通缅甸，再由缅甸通往印度和西方国家，不仅促进了中国与东南亚国家甚至西方国家的经济文化交流，也为中国发展对外交往起过重要作用。

20世纪80年代以来，云南与东南亚各国在政治、经济、文化等方面的交流更加密切。1992年，澜沧江—湄公河次区域经济[②]合作正式启动，该区域合作涵盖了中国云南和中南半岛的缅甸、老挝、泰国、柬埔寨、越南，涉及6个国家、233万平方千米的地域面积和2.4亿人口。2001年11月"中国—东盟10+1"峰会上，倡议建立中国—东盟[③]自由贸易区，并签订了相关协议。根据协议，2010年中国—东盟自由贸易区正式建成。中国—东盟自由贸易区是中国对外建立的第一个自由贸易区，也是世界上最

---

① "身毒"读作"yūan dú"，即今印度。"蜀身毒道"是中国古代始于四川，经云南，入缅甸、泰国，到达印度，后抵达中亚，直至地中海沿岸的一条古商道。

② 亦称大湄公河次区域合作（GMS）。GMS合作始于1992年，至今已先后召开了十六届部长级会议和三次领导人会议，是中国参与最早、成效最为显著的次区域合作机制。GMS合作有柬、中、老、缅、泰、越6国参加，其主旨是改善次区域基础设施，扩大贸易与投资合作以及消除贫困等。云南省是次区域的重要组成部分，是国家授权参与GMS合作的主体省份之一。GMS合作已经成为云南对外开放中合作成果最丰富、最具国际影响力的合作机制。参见《大湄公河次区域合作发展报告蓝皮书在昆明发布》，环球网，2011-05-18。

③ 东盟（ASEAN）是东南亚国家联盟（Association of South-East Asian Nations）的简称。其前身是马来亚（现马来西亚）、菲律宾和泰国于1961年7月31日在曼谷成立的东南亚联盟和1963年8月诞生的马、菲、印尼组织。1967年8月，印尼、泰国、新加坡、菲律宾四国外长和马来西亚副总理在曼谷举行会议，发表了《曼谷宣言》，正式宣告东南亚国家联盟成立。截至2009年，东盟由新加坡、马来西亚、菲律宾、印度尼西亚、泰国、文莱、越南、老挝、缅甸、柬埔寨10个国家组成，总面积为446万平方千米，人口约5.6亿。目前，东帝汶为东盟候选成员国，巴布亚新几内亚为东盟观察员国。

大的自由贸易区。该贸易区建立后，中国与东盟10国之间超过总量的90%、7000多种产品贸易关税将降为零。组建中国—东盟自由贸易区，意味着在东亚地区将出现一个拥有约17亿人口的统一市场[1]，这也是全球最大的自由贸易区，它极大地拓展了我国参与世界经济活动的空间，为我国企业"走出去"、进军东南亚市场提供了广阔的舞台，同时东南亚资本尤其是华商资本与云南的发展有机对接创造了条件。在中国与东盟友好合作关系不断发展的大好形势下，特别是伴随中国—东盟自由贸易区和云南国际大通道的建设的实质性进展，云南已形成了面向东南亚全方位、多层次、宽领域的开放格局，成为中国与东南亚各国经贸合作和政治、文化交流的理想平台和"桥头堡"[2]。

云南正以其独特的区位优势在中国与东南亚各国经贸合作和文化交流中扮演着极其重要的角色。随着"一带一路"倡议、中印孟缅经济走廊战略、印度洋战略的稳步推进，以及建设云南成为面向南亚东南亚辐射中心的战略定位，云南在国家发展规划中定位更加清晰、作用更加明显，云南在谋求发展与开放的过程中获得了强有力的制度支持，使得云南由对外开放的"末端"变为大西南对外开放的前沿，为云南经济社会又好又快发展提供了千载难逢的历史机遇。

二 云南的优势

（一）区位优势

地处中国西南边陲的云南一直以来都被外界认为是"落后"的地方，经常和边缘、封闭、贫穷等联系在一起。同时由于云南和"金三角"地带相连接，边境地区毒品问题较为严重，是非传统安全问题的频发地带，因此形成了外界对于云南的负面认知。然而，随着国家对外开放的进一步加强，云南独特的区位优势日益凸显，这决定了它必然要成为国家对外开放的前沿之一。具体而言，云南的区位优势主要表现在以下几个方面。

---

[1] 凌杰：《中国—东盟自由贸易区背景下的东南亚华人经济》，《广东白云学院学报》2009年第4期。

[2] 顾莉姝：《云南与东盟经贸关系探析》，硕士学位论文，东北财经大学，2005年。

一是独特的地理位置。云南地处中国西南部，同时也处于东亚、东南亚和南亚接合部，位于中国大陆同中南半岛、南亚次大陆的过渡地带，是中国连接东盟最便捷的陆上通道，在构建第三大陆桥中发挥着重要的枢纽作用。向南，云南可通过建设中的泛亚铁路东、中、西三线直达河内、曼谷、新加坡和仰光；向北，可经由四川、贵州通往中国内陆腹地；向东，云南可与两大经济圈（珠三角经济圈、长三角经济圈）相连；向西，可经由缅甸直达孟加拉国吉大港进而联通印度洋，再经过南亚次大陆，连接中东，到达土耳其的马拉蒂亚分岔，再向西北可进入欧洲，或往西南进入非洲。云南与周边国家山同脉、水同源，在世界经济坐标中，云南被称为连接东亚、东南亚和南亚的"三亚之枢纽"，在"三亚"中具有了不可替代的中心枢纽地位和作用。沿亚洲6条大河独龙江（伊洛瓦底江）、怒江（萨尔温江）、澜沧江（湄公河）、金沙江（长江）、元江（红河）、南盘江（珠江）均可在云南形成自然的"国际大通道"①。

二是延绵数千里的边境线。云南边境线全长约4061千米，约占我国陆地边境线的1/5，边境各县走向大致从东南到西北，分别与越南、老挝和缅甸接壤，几乎涉及云南省南部和西部的全部边界地区。共有怒江州、德宏州、西双版纳州、红河州、文山州、保山市、临沧市、普洱市8个边境州市的25个沿边县市分布在边境沿线。从这25县市的具体分布情况来看，贡山、福贡和泸水3个县市分布在怒江傈僳族自治州；腾冲、龙陵2个县市分布在保山市；盈江、陇川、瑞丽、芒市4个县市分布在德宏傣族景颇族自治州；镇康、耿马、沧源3个县市分布在临沧市；西盟、澜沧、孟连、江城4个县市分布在普洱市；景洪、勐海、勐腊3个县市分布在西双版纳傣族自治州；绿春、金平、河口3个县市分布在红河哈尼族彝族自治州；富宁、麻栗坡、马关3个县市分布在文山壮族苗族自治州。在数量上，地处云南省边境的25个县市占全省129个县市总数的19.37%，在国土面积上，这25个县市共计9.25万平方千米，占全省总面积的23.47%。在边境25个县市中，沿边境线分布着乡镇111个，村委会843个，自然村9559个。据统计在沿边8州市辖下56县市区中，自治州辖县市和民族自治县达46个，占82.15%；而在沿边25县市里，自治州辖县市和民族自

---

① 王云、朱咏梅：《云南区位优势不可替代》，《云南日报》2007年11月21日。

治县则高达22个，占88%。①

中越边界云南段长1354千米，西起江城县曲水南，向东经红河州绿春、金平、河口3县和文山州马关、麻栗坡达富宁县田蓬与广西段相连。境外为越南莱州、老街、河江3省。中老边界云南段长710千米，沿边境线中国一侧分别为西双版纳勐腊县、普洱市江城县，2县8个乡镇，境外为老挝南塔、乌多姆赛、丰沙里3省。中缅边界云南段长1997.6千米，以滇西北怒江州贡山县雄档附近的滇藏交界处为起点，大致沿高黎贡山山脊南下，经保山市的腾冲市达德宏州，至瑞丽市弄岛镇转向东南，然后蜿蜒东行至西双版纳，在勐腊县勐松附近与中老边界相接。境内依次为我国怒江、保山、德宏、临沧、普洱、西双版纳6州市辖下沿边19县市68个乡镇（见表7.1），境外为缅甸克钦邦和掸邦。云南跨境民族地区除与越南、老挝和缅甸三国接壤外，还与泰国、柬埔寨、孟加拉国、印度等国相邻。从整个位置来看，云南跨境民族地区北依广袤的亚洲大陆，南连位于辽阔的太平洋和印度洋之间的东南亚半岛，是亚洲大陆腹地与东南亚、南亚次大陆连接的链环。

表7.1　　　　中缅边界云南段与缅甸接壤的州、县市、乡镇

州市	县市	乡镇	乡镇数量
怒江州	贡山县	茨开镇、普拉底乡、独龙江乡	3
	福贡县	石月亮乡、上帕镇、匹河乡、子里甲乡、鹿马登乡、马吉乡	6
	泸水县	六库镇、鲁掌镇、片马镇、秤杆乡、古登乡、洛本桌乡	6
保山市	龙陵县	木城乡、龙山镇	2
	腾冲市	滇滩镇、猴桥镇、州光镇	3
西双版纳州	景洪市	勐龙镇、勐哈乡	2
	勐腊县	关累镇	1
	勐海县	打洛镇、勐满镇、布朗山布朗族乡、西定哈尼族布朗族乡	4

---

① 谷禾：《跨境民族身份认同研究——以云南跨境民族为例》，博士学位论文，中国人民大学，2008年。

续表

州市	县市	乡镇	乡镇数量
普洱市	澜沧县	糯福乡、雪林乡	2
	西盟县	勐卡镇、翁嘎科乡、力所乡、岳宋乡、新厂乡	5
	孟连县	娜允镇、芒信镇、公信乡	3
临沧市	沧源县	勐董镇、芒卡镇、班洪乡、班老乡、单甲乡	5
	镇康县	勐捧镇、南伞镇、勐堆乡	3
	耿马县	孟定镇	1
德宏州	盈江县	那邦镇、弄璋镇、卡场镇、昔马镇、太平镇、支那乡、苏典傈僳族乡、勐弄乡	8
	陇川县	章凤镇、护国乡、城子镇、户撒阿昌族乡、陇把镇	5
	芒市	遮放镇、芒海镇、勐戛镇、中山乡	4
	瑞丽市	畹町镇、勐卯镇、姐措乡、弄岛镇、户育乡、勐秀乡	6
总计			69

边境地区的居民有着相似的文化习惯、生活方式，相互间在日常生活、贸易等方面交往频繁，这种长时间形成的密切交往是云南和周边国家政治、经济和文化交流的重要资源，同时也为政府间的交流提供了便利。

三是全方位开放的口岸格局。云南口岸历史悠久。早在2000多年前云南就是中国从陆上通向南亚、中东和东南亚的门户，史称"南方丝绸之路"。二战期间，著名的史迪威公路成为抗日战争通往大后方的运输线和中国取得国际援助的重要通道，云南口岸在抗日战争中发挥了重要作用。改革开放以来，云南口岸建设进入了快速发展阶段。目前，云南经国家、省批准开放25个口岸，其中，国家一类口岸19个（航空口岸4个、水港口岸2个、铁路口岸1个、公路口岸12个），二类口岸6个（均为公路口岸），90多个边民互市通道和103个边贸互市点，128个县市已全部对外开放，已经形成全方位开放的口岸格局。云南省已经成为全国口岸大省和对东南亚开放的前沿。口岸在建立中国—东盟自由贸易区中，在对东南亚和南亚地区的开放中发挥了基础性作用，成为促进对外交往、与周边国家进行友好合作的重要窗口，为西南地区乃至全国的对外开放提供了主要基础。十二五期间，全省口岸进出口货运量1831万吨，年均增长16.1%；

出入境人员3494万人次，年均增长11.7%；出入境交通工具684万辆（架、艘、列）次，年均增长14.4%。瑞丽、磨憨、河口（含铁路）、腾冲猴桥、昆明机场5大口岸的进出口货值、进出口货运量、出入境人员和出入境交通工具四项指标，分别占全省口岸的63.95%、52.83%、68.72%、64.8%。[①] 云南省口岸通关便利化水平正在逐步提高[②]，口岸通关环境基本能够满足中国—东盟自由贸易日渐增长的人流、物流对口岸的需求。云南"十三五口岸发展规划"还提出，到2020年，全省口岸开放力争突破30个，口岸布局更趋合理，全面构建集铁路、公路、航空、水运为一体，全方位、多层次、立体化的口岸网络体系；对瑞丽、河口、磨憨、清水河、腾冲猴桥等重点口岸加大建设力度，瑞丽、磨憨、清水河、腾冲猴桥4个铁路口岸力争与铁路建设同步，实现口岸城市、口岸经济融合发展。同时，将努力建成云南国际贸易"单一窗口"，健全信息交换和共享共用机制，实现口岸管理有关部门信息互换、监管互认、执法互助。跨部门、跨口岸的云南电子口岸和"单一窗口"协作机制能够有效建立，业务逐步覆盖国际贸易链条各主要环节。

四是日益完善的交通条件。如何将云南特殊的区位优势转化为对外开放的重要通道，建设面向境内外、辐射东南亚的交通基础设施显得尤为重要。改革开放以来，云南公路通车里程比1978年翻了5倍，达到了21.9万千米；铁路运营里程提高了1.38倍，达到了2350千米；机场翻了3倍，达到12个；水运通航里程翻了3.35倍，达到了3374千米。近些年，云南全面建设以铁路"八出省五出境"、公路"七出省五出境"、水路"两出省三出境"为主的综合交通互联互通通道。2018年，云南综合交通投资达到2196.13亿元，位居全国第一。云南公路总里程达到25.3万千米，其中高速公路5198千米，全省129个县有82个通高速公路；昆明至大理、大理至丽江、昆明至蒙自全部开通动车，铁路运营里程达到3856千米

---

① 罗蓉婵：《云南"十三五"口岸发展规划出台》，《云南日报》2017年4月13日。
② 在口岸合作上，云南省分别与越南、老挝、缅甸有省（邦）建立了双边合作机制，双方就经贸合作、跨境运输、口岸管理等进行不定期会谈会晤，保持协调联动；各州市口岸办、外办，各级海关、出入境检验检疫、公安边防等口岸联检部门也与越南、老挝、缅甸、泰国等国家有关机构建立了定期会晤机制、遇事及时联络机制等。早在2015年底，云南电子口岸大通关服务平台（一期）就已上线运行，实现了"一次申报"和"一次放行"。

（其中高铁 1026 千米）；全省通航运营机场达到 15 个，到东南亚南亚通航点数量位居全国第一位；全省航道通航里程达到 4339 千米。① 交通基础设施的改善让云南汇集西南、华南地区对南亚、东南亚的大部分进出口物流，并由此成为第三亚欧大陆桥东段最重要的枢纽。

近年来，云南积极推进中国通往东南亚和南亚地区国际大通道的建设，连通中国内地和通向周边国家的公路、铁路日趋完善，通往印度洋沿岸的中缅陆水联运通道建设也在稳步推进，中越、中老、中缅国际通道高速公路云南境内段全面建成通车，云南在我国对东南亚、南亚大开放中的交通枢纽地位得到进一步突出。按照规划，云南交通将深度服务和融入"一带一路"、长江经济带发展、新一轮西部大开发、大湄公河次区域合作、中印孟缅经济走廊、澜湄合作机制等国家战略，到 2030 年，云南省将全面形成"八出省、五出境"主框架铁路网布局。"五出境"铁路通道中：第一条是利用既有昆玉铁路、玉蒙及蒙河铁路，连接越南铁路网，形成中越出境通道；第二条是利用既有昆玉铁路，在建玉磨铁路，连接老挝、泰国铁路，形成中老泰出境通道；第三条是利用既有昆楚大铁路，在建大瑞铁路，推动建设木姐至曼德勒铁路，连接缅甸境内铁路，形成中缅出境北通道；第四条是利用既有昆楚大铁路，在建大临铁路，规划新建临沧至清水河铁路，在腊戌连接缅甸铁路，形成中缅出境南通道；第五条是利用既有昆楚大铁路，在建大瑞铁路，规划新建芒市至猴桥铁路，形成中缅孟印出境通道。② 十四五时期，启动交通强国省域示范区第一个五年建设，深入推进县域高速公路"互联互通"工程和大滇西旅游环线交通基础设施建设，持续加密路网、航空网，着力打造连接南亚东南亚国家的国际大通道，推动云南交通运输由"基本适应"向"提质增效"转换。③

（二）资源优势

云南地处低纬度高原，地理位置特殊，西北部是高山深谷的横断山

---

① 张红波：《70 年发展巨变，云南交通实现跨越式发展》，《云南经济日报》2019 年 9 月 26 日。
② 同上。
③ 王兴梅、李承韩：《新中国成立 70 年云南综合交通发展成就综述》，云南省交通厅网站，http://www.ynjtt.com/Item/244606.aspx，2019 - 09 - 29。

区，东部和南部是云贵高原，同时位于青藏高原的南延地带。与地形地貌复杂相对应的是，云南的气候类型丰富多样，由于受南孟加拉高压气流影响形成的高原季风气候，全省大部分地区呈冬暖夏凉、四季如春的气候特征，北热带、南亚热带、中亚热带、北亚热带、南温带、中温带和高原气候区 7 种气候类型兼有。

地形地貌的复杂性和气候的多样性，不仅使得人类社会的生产生活实践活动呈现出丰富性和差异性，更难得的是自然界的多样性也集中地存在于云南这一有限的空间范围内，全球很多种类的动植、植物在云南都有分布，动植物资源极为丰富，生物多样性特征在云南表现得极为明显。云南几乎集中了从热带、亚热带至温带甚至寒带的植物品种，并形成了寒、温、热带动物交汇的奇特现象。同时，由于云南高原山区具有独特地质结构，地下矿藏储备极为丰富，大量的矿物资源可供开采。全国 162 种自然矿产中云南就有 148 种，其中锡矿、铜矿等有色金属矿产产量居全国前列。因此，云南素有"植物王国""动物王国""香料王国""花卉之乡""生物资源基因库""世界花园""有色金属王国"之称。多样的自然条件和丰富的生物资源、矿产资源，使云南成为我国自然保护区数量和类型最多的省份，为人类社会物质文化发展提供了重要的资源基础，也为云南成为世界知名的旅游目的地提供了前提。概括起来，云南的资源优势主要体现在以下几个方面。

一是生物资源。生物资源主要包括植物资源和动物资源。云南处于高海拔、低纬度地区，地形地貌复杂，河流纵横、湖泊棋布，气候类型多样。独特的地理条件和气候条件为动植物的生长和繁殖提供了得天独厚的自然环境。从植物资源的分布情况看，云南是全国植物种类最多的省份，全省森林覆盖率约为 55.7%[①]，高出全国平均水平 34 个百分点。全国有近 3 万种高等植物，云南有大约 274 科、2076 属、1.8 万多种，其中热带、亚热带的高等植物约 1 万种。云南还拥有种类繁多的珍贵植物，分布着大量的材用树种、经济林木、香料植物、观赏植物等。材用树主要有云南松、思茅松、云杉等，种蓄积量比较大。经济林木主要有茶叶、橡胶、核桃、八角、咖啡、油桐、板栗、芒果、柑橘、油茶等，不仅种类多，而且

---

① 陈豪：《奋力谱写中国梦的云南篇章》，《求是》2020 年第 1 期。

具有较高的经济开发价值。尤其是橡胶、茶叶、咖啡已成为规模较大的产业，在云南经济社会发展过程中占有极其重要的位置。2011年5月27日，年产万吨的咖啡速溶生产线在云南省德宏傣族景颇族自治州建成投产。依靠独特的地理环境、海拔高度和适宜的气温及优质的咖啡培育土壤，云南成为中国唯一的优质咖啡原料基地，种植总面积接近40万亩。近年来，国际咖啡巨头，包括雀巢、星巴克在内的国际知名企业纷赴云南开辟市场。由山林资源还衍生出了丰富的林副产品和山林特产资源。云南的香料植物同样较多，共计69科、约400种。此外，云南拥有2100余种观赏植物，其中花卉有1500多种，有不少是珍奇种类和特产植物。茶花、杜鹃花、龙胆花、报春花被誉为云南的"四大名花"，其中杜鹃又涵盖了约300个品种，茶花也有100多个品种。云南花卉产业已经具有相当的规模并在国内市场占有较大份额。在国际上，云南花卉也具有较高的知名度和一定的市场份额。

从动物资源的分布情况来看，云南特殊的地理位置和立体气候[①]特征，孕育了种类繁多的动物资源。云南有脊椎动物1737种，约占全国总数的58.9%。脊椎动物中兽类有300种，鸟类793种，爬行类143种，两栖类102种，淡水鱼类366种；昆虫1.6万多种[②]。许多动物为云南所特有，如鱼类中有5科40属249种为云南特有。云南有许多稀有珍贵动物，其中有国家一级保护动物46种，国家二级保护动物54种。[③]

如何在不破坏生态环境的前提下开发生物资源，已经成为促进云南发展的重要课题之一。在国家相关政策的引导下，在云南地方政府的努力下，生物资源开发已经成为云南的一大支柱产业并显现出巨大的发展潜力。目前，烟草、花卉、野生菌、热带水果等产业已有了相当的规模，生物化工、绿色食品加工、养殖业等产业也展示出勃勃生机。值得一提的是，相关数据显示，以生物医药为代表的新医药产业将成为下一波经济增长的重要行业。云南省作为生物资源较丰富的省区之一，在发展生物医药产业方面具

---

① 云南的低纬度和高海拔，使得各地年平均气温由北向南递增（金沙江河谷和红河河谷除外），由北向南平均气温约5—24℃，南北气温相差19℃左右，呈现出"立体气候"的特征。
② 全国见于目录的昆虫有2.5万余种，云南有1.6万多种，占全国总数的六成多。
③ 国家一级保护动物的有野牛、野象、印支虎、滇金丝猴、蜂猴、长臂猿、白尾稍虹雉、犀鸟等；国家二级保护动物的有猕猴、小熊猫、穿山甲、蟒、绿孔雀等154种。

有得天独厚的优势，云南将可以打造生物医药产业强省和排头兵①。云南省在这方面的工作责无旁贷，应加强药物资源保护和开发，扶持一批有实力的生物医药企业走出去，走产业化之路，打造云南生物医药特色产业。

二是矿产资源。云南地处高原山区，出露的地层多，地跨哀牢山断裂、扬子准地台、华南加里东褶皱3个成矿构造单元，矿产资源具有矿种齐全②、分布相对集中、富矿优质矿储量所占比重较大、共生伴生组分多等特征。云南素有"有色金属王国"之称，目前，云南已发现矿产150多种，其中铅、锌、锡、磷、石墨、镉、铟、铊和青石棉9种矿产保有储量位居全国首位，铂、锗、硅藻土、铜、锑、镍等25种矿产储量居全国前三位，54种矿产居全国前十位。92种矿产已探明了储量并得到不同程度的开发利用，其中形成规模开发利用的矿种有铜、铅、锌、锡、锑、钨、锰、磷、金、煤、铁、岩盐、石膏、石灰岩、白云岩、硅石、黏土、大理石等。此外，云南还是我国南方的重要煤炭基地。全省预测煤炭资源总量739亿吨，其中保有储量345亿吨，居全国第九位。全省煤炭资源集中在曲靖、昭通、红河三个州市。另外，全省预测煤层气资源总量为5352亿立方米，居全国第九位。③

云南省已探明矿产资源储量潜在经济价值约达3万亿元，矿产业是其五大支柱产业④之一。近年来，云南加大力度实施国土资源调查工作，在矿产勘探方面，形成了勘探资金的多元投资，在"三江"⑤等地区新发现一批矿产地，新增探明矿藏储量大大提高。目前，已初步形成以云南铜业

---

① 《南开大学校长饶子和在第五届云南论坛上所作的"云南生物医药产业发展前景与设想"的报告》，2010年12月3日。
② 云南矿产资源主要有九大类：黑色金属矿产、能源矿产、化工非金属矿产、有色金属及贵金属矿产、稀有及稀土矿产、特种非金属矿产、冶金辅助原料矿产、建材非金属矿产及彩石矿产等。
③ 《煤炭大省云南谋定后动解困突围》，新华网，http：//www.xinhuanet.com//2019-08/29/c_1124934557.htm，2019-08-29。
④ 云南五大支柱产业为：烟草业、矿业、电力、生物资源和旅游业。其中烟草业是云南第一大支柱产业，矿业、电力产业发展迅速，旅游业已经成为云南省品牌产业，生物能源开发潜力巨大。
⑤ 三江是指发源于青藏高原的怒江、金沙江（长江上游）和澜沧江（湄公河上游），这三条大江在中国云南省西北部迪庆藏族自治州及怒江傈僳族自治州境内穿过横断山脉高大的云岭、怒山、高黎贡山中幽深的峡谷，并行奔流数百千米而不交汇的自然奇观。

集团、云天化集团、云南锡业集团、云南冶金集团总公司、云南煤化工集团、云南铝业股份公司、昆明钢铁集团等矿业集团或公司为主体、多种所有制并存的矿业格局。矿产资源勘查开发力度的加大以及多类型矿业格局的形成，有助于推进优势资源向优势产业聚集，整合生产要素，实现资源开发利用和发展区域经济相结合，加快云南由矿产资源大省向矿业经济强省转变的步伐。

三是能源资源。能源资源主要包括水能资源、地热资源、风能资源和太阳能资源等。其中水能资源是云南最大的能源优势，云南省参与的"西电东送"工程大部分的电能都来自水力发电。云南省地跨六大水系[①]，省境内有大小河流共计600多条[②]，高原湖泊星罗棋布，并且由于地形地势较为复杂，西北高东南低，河流落差较大，且沿岸多为峡谷，孕育了丰富的具有开发潜力大、成本低等特征的水力资源。云南省水力资源理论蕴藏量约为10364万千瓦，约占全国总蕴藏量的15.3%，可开发的装机容量约为9570万千瓦，约占全国可开发装机容量3.8亿千瓦的23.8%，仅次于西藏和四川，居全国第三位，可开发率为71%，居全国首位。年发电量可达4500多亿千瓦时。云南水力资源开发的优势在于：一是水力资源分布相对集中，开发目标单一、选择性强，开发效率高；二是干流开发价值高，便于兴建大型和特大型水电站，提高开发效益；三是可开发的水力资源工程量相对较小，水库淹没损失小，技术经济指标优越；四是已开发的装机容量较小，开发潜力巨大。

云南水热活动强烈，温、热水泉孔分布广、类型多，地热资源极为丰富，地热资源储量位居中国前列。全省124个县（市）有温泉分布，且多以热水型热储为主，共有各类温泉822处。云南温泉不仅数量多，而且流量大，累计天然热流量163741.3大卡/秒，总流量7587.62升/秒，每年

[①] 六大水系主要是指：太平洋水系：①长江水系：金沙江、龙川江、螳螂川（普渡河）、小江、以礼河、牛栏江、横江、程海、泸沽湖、滇池等，注入东海。②珠江水系：南盘江、曲江、可渡河、黄泥河、驮娘江、抚仙湖、星云湖、杞麓湖、阳宗海、异龙湖等，注入南海。③元江（红河）水系：礼社江、绿汁江、把边江、阿墨江、李仙江、南溪河、盘龙江等，注入北部湾。④澜沧江（湄公河）水系：漾濞江、威远江、曼老江、南腊河、南览河、流沙河、洱海等，注入南海。印度洋水系：⑤怒江（萨尔温江）水系：老窝河、枯柯河、南汀河、南滚河、南卡江等，注入安达曼海。⑥伊洛瓦底江水系：独龙江、槟榔江、大盈江、瑞丽江等，注入安达曼海。

[②] 其中水能资源蕴藏量在1万千瓦以上的有300余条。

从温泉中流出的热水约 3.6 亿立方米，仅次于西藏，居全国第二位。地热区划以红河——金沙江断裂为界，分为东、西两区。西区称滇西高温水热活动区，是藏滇地热带的南延带，共有地热泉 559 处，地热钻孔 35 个，是云南高温泉及过热水钻孔的主要分布区，热泉天然流量 84999.7 大卡/秒，泉流量 2662.40 升/秒。① 其中腾冲—梁河地区属过热水—高温热水带，是中国少数地热资源"富矿带"之一，热储温度 145℃—200℃。云南地热资源的开发利用，具有极为广阔的前景，是云南发展特色新型产业的重要方向之一。

云南处于高原山区，空气稀薄，大气层密度小，阳光透过率高、辐射量大，太阳能资源仅次于西藏、内蒙古、青海等省区，为中国最丰富的省份之一。全省年太阳总辐射量 3620—6682 兆焦耳/平方米，年日照射数 960—2840 小时。太阳能资源地区分布特点是西多东少，楚雄州、大理州、丽江市、红河州的中北部、德宏州、保山市等地太阳辐射量大，太阳能资源较为丰富，年太阳辐射量约为 5800 兆焦耳/平方米以上；太阳能资源欠丰富区主要是昭通市北部、怒江州北部、滇东南边境等地区，年太阳总辐射量在 4600 兆焦耳/平方米以下。云南太阳能资源季节分布差别明显，呈现出春夏大、秋冬小的特点，春季是全年日照时数最多、太阳总辐射量最大季节，冬季是太阳总辐射量最少季节。丰富的太阳能资源为云南发展低耗能的新型能源产业提供了优越的先天条件。

云南还拥有丰富的风能资源。云南东部山区山多树少，风速快，风能开放前景可观。全省气象台站的观测显示，在有效密度 44.2—167.5 瓦/平方米区间范围内的可有效利用时数 300—6500 小时。风能是一种清洁能源，风能发电项目在云南已经启动建设并显示出良好的发展前景。

四是旅游资源。云南是一个美丽而神奇的地方，是世界知名的旅游目的地，全省风景名胜区数量占全国总数的 12%，为全国之最。这里有悠久的历史②、灿烂的文化；有奇异的山川风貌，山林、峰、洞、江河、湖、

---

① 《地热资源》，云南地方商务之窗，http://yunnan.mofcom.gov.cn，2012-05-06。
② 发现距今约 170 万年的旧石器时代早期的古人类——元谋人遗址；远古时期，云南、四川、贵州地区的土著居民相互迁徙，西南民族共同体"夷"出现了，它主要指今彝语支民族。公元前 900—前 109 年，古彝族在云南地区相继建立了古滇国、哀牢国等国，疆域主要在以滇池中心的云南等地区。悠久的历史使得处于偏远地区的云南同样孕育了珍贵而丰富的文化资源。

瀑蔚为奇观，石林、腾冲等地的喀斯特地貌造就的美丽景色甚为神奇；有绚丽多姿的民族风情，25个世居少数民族及其他外来民族孕育了各具特色、和谐交融的民族民俗文化。云南具有被誉为植物、动物、有色金属、花卉王国所带来的集自然景观和人文景观为一体的独特旅游资源。从景点的规格看，有多处世界自然遗产、世界文化遗产、世界地质公园等世界级景点多处；有12处国家级风景名胜区；有昆明、大理、丽江、建水、巍山5座国家级历史文化名城，以及腾冲、威信、保山、会泽4座省级历史名城。此外，全省还建立了总面积达192.6万公顷的县级以上自然保护区100多个，总面积为8.55万公顷的国家级、省级森林公园22个。

从云南旅游资源的分布、构成、景观质量等方面来看，云南旅游资源具有以下特点。(1) 多样性与奇特性。云南特殊的地质构造，特殊的地理位置，多样的气候类型，使云南的旅游资源无论在景观形态还是文化构成等方面都显得复杂多样、丰富多彩。各种类型的景点应有尽有，具备了亚热带、温带、寒带的垂直带自然景观。同时特殊的区位使得云南成为中国大陆联结东南亚、南亚的桥梁，成为中原文化、藏文化、东南亚文化、西方文化的交汇点，呈现出文化多样性特征。通过云南省众多的景观与国内外相似或同类景观比较，可以发现：云南省的旅游景观具有独一无二性，有的堪称世界自然奇观，构成旅游资源优势。例如，雄奇壮美的"三江并流"；世界最深的峡谷之一的虎跳峡；中外闻名的喀斯特地貌景观石林；山上终年积雪、山下四季如春的玉龙雪山；有"东方大峡谷"之称、比美国科罗拉大峡谷还要深的怒江大峡谷；地处印度与欧亚大陆两大板块边缘的腾冲火山群。(2) 地域性与民族性。云南省旅游资源分布极为广泛，全省各地、州、市、县几乎都分布着风景名胜区，并各有特色。各类旅游景观资源的分布具有较强的地域性，例如滇东、滇西旅游景观的显著差别，少数民族分布的地域性等等。另外，云南的民族旅游资源特色鲜明，丰富多样。全国55个少数民族，云南有51个，人口超5000人的少数民族有25个[①]，其中白族、傣族、哈尼族、傈僳族、拉祜族、佤族、纳西族、景

[①] 这25个民族是彝族、白族、哈尼族、壮族、苗族、回族、白族、哈尼族、壮族、傣族、苗族、回族、景颇族、藏族、布朗族、布依族、阿昌族、普米族、蒙古族、怒族、基诺族、德昂族、水族、满族、独龙族。

颇族、布朗族、阿昌族、普米族、怒族、基诺族、德昂族、独龙族 15 个民族为云南特有。各民族在长期的生产、生活中，形成了风格各异、类型多样的民族文化、风俗习惯、节日、服饰、村舍建筑，构成了云南旅游资源的一大特点和优势。（3）交融性与跨境性。云南不同的地貌景观与差异化的动植景观、气象景观和民族文化、少数民族风情组合，形成风格、特色不同的景区，各类景观相辅相成，互为依托，体现出极高的组合性。云南与东南亚、南亚这种地相接、山相连、水相通、人相往的状况，使得云南成为边境旅游最主要的目的地。已开放形成中越、中老、中缅临时过境游，并和国外合作开发旅游资源，促进了东南亚来滇旅游人数大幅度增长，提升了云南旅游的品质。（4）生态性和潜力性。云南省生物旅游景观极为丰富独特，不少动植物类型观赏价值极高，自然生态系统保存较好，成为全国国家级自然保护区数量最多的省份，云南很多景区充分体现了人与自然和谐相处的主题。虽然云南已经是世界知名的旅游目的地，旅游资源极为丰富，但绝大多数未加以开发利用，开发潜力巨大。云南需要抓住机遇，在保护生态环境不受破坏的前提下，进一步加大旅游资源开发力度，使云南旅游产业做大做强。

（三）后发优势

后发优势①也被称为后发展优势，这一概念的提出与人类社会的现代化进程密切相关。工业革命以来，人类社会经历过三次现代化发展的浪潮，在卷入现代化浪潮的过程中，不同国家现代化的起始时间、启动的原动力以及手段等都有着明显的差异。根据这些差异，卷入现代化浪潮的国家被分为两类，即早发内生型现代化国家和后发外生性现代化国家。②

其实，不仅在全球范围内的国家与国家之间存在"早发"和"后发"的区分，在某一国家内部的地区之间、群体之间也存在这种区分。从世界范围来看，中国是在西方侵略者坚船利炮的"威逼"下被动地从"防御性

---

① 本书主要从发展社会学的视角界定后发优势，主要指国与国、地区与地区之间相比较而言的"先发"与"后发"。在经济学领域，后发优势主要指市场进入的秩序优势，即，后进入某一行业的企业往往获得先进入企业所不具有竞争优势，它们能通过学习、借鉴等途径较好地节约研发成本、规避风险，从而在发展过程中少走弯路。

② 张琢、马福云：《发展社会学》，中国社会科学出版社 2001 年版，第 216 页。

现代化"① 起步，走上布满荆棘的现代化之路。而在中国坎坷的现代化进程中，由于地域、资源、文化、外部环境等方面的差异，不同地区、不同群体之间的发展进程也呈现出极大的差异性。在国家的政策安排下，通过设立经济特区等形式让一部分地区先发展起来，通过"先富带动后富"的理念促使一部人先富起来，使得这些地区具有世界范围内的"后发国家"与中国范围内的"早发地区/群体"的双重特点。与之相对应的是，中国大部分地区的现代化进程起步较晚，尤其是处于现代化和改革开放末梢的西部边疆地区，在资源开发和政策支持等层面其发展的条件都不够成熟，是典型的"后发地区"。地处中国西南边陲的云南，从地缘地貌、民族构成、基础设施、发展水平等方面看，具有明显的"后发"特点。"后发"地区的发展虽然在时间上落后于其他地区，但也呈现出明显的后发优势。云南的后发优势主要体现在以下几个方面。

一是观念优势。无论在发达地区还是落后地区，促进经济社会发展的快速性和持续性已经成为一种共识。在发展的理念上，思想先行、观念先行也已经深入人心。具体而言，这里所讲的观念优势有以下两层意思：首先，政府及相关政策制定者对发展的重要性和现代性要素有着较为正确的认知，并能对发展的目标、内容、重点以及经济发展与环境保护的关系等进行较为明晰的定位。也就是说地方政府在国家大政方针的指引下，在发达地区的带动下，思想上能够紧跟时代步伐，与时俱进。其次，对于地处边疆的云南老百姓而言，"发展"同样是他们强烈愿望。收入的增长、家庭的富裕、生活环境的改善、邻里关系的和谐成为大家共同的目标。

二是动员优势。边疆地区对发展的正确认知和理解为发展的具体实践提供了思想前提，同时也有助于开展广泛的社会动员，引导民众参与到发展进程中来，成为发展的主动参与者和主体力量，而不是发展旁观者。民众对于发展的强烈愿望是毋庸置疑的，关键的问题在于如何把这种愿望变成行动，形成人人参与发展的良好氛围。一方面，由于"发展"本身具有深厚的群众基础，因而要充分利用民众"想发展、但不知道如何发展"的心理来进行社会动员，把本地实际与发展政策相结合，因地制宜地制定出多样化的发展规划，以此赢得广泛的社会支持。另一方面，发达地区为云

---

① 张琢、马福云：《发展社会学》，中国社会科学出版社 2001 年版，第 218 页。

南的发展提供了示范，也有必要利用发达地区对落后地区形成的示范效应开展社会动员。发达地区为人们呈现了一副饱含着现代性元素且令人向往的社会图景，具有强烈的示范效应。"示范"为后发展地区提供了一个目标、一个参照、一个学习机会，同时也激发了后发展地区人们的对于"发展"的无限遐想，最终这种遐想转变成具有深厚群众基础的发展行动。

三是成本优势。先发展地区在长期的现代化实践中摸索出一套行之有效的发展模式，在社会动员、社会管理、思想创新、硬件建设、科技进步等层面都具有丰富而先进的经验，值得云南及其他后发展地区学习和借鉴。后发展地区的发展起点将不再是从零开始，结合本土实际，选择性地借鉴先发展地区的发展经验，将大大降低后发展地区的发展成本，并在一定程度、一定领域实现跨越式发展。同时后发展地区可以充分利用自身的资源优势，吸引先发展地区参与本地区的发展进程，引入资金、人才，广泛利用各种社会网络资源，促进地区间的合作发展，多方位创造有利于本地区发展的外部条件，提高发展的速度和效率。

四是政策优势。每一个发展行动的背后都需要强有力的政策支持。在中国社会的发展进程中，中央政府结合地方实际制定了一系列区域性的发展规划并提供了相应的政策支持。如改革开放初期国家大力支持沿海开放城市建立经济特区；为促进西部地区发展、缩小东西差距而实施的西部大开发战略；针对东北产业结构特征提出的振兴东北老工业基地战略；为扭转中部地区发展活力不足的局面而提出的中部崛起战略。2007年以来，已有近40多个区域规划和政策出台，其中近两年就有20多个区域规划和政策文件上升为国家战略，仅2009年一年，国家批准了11个区域发展规划。2011年5月6日，国务院批准并出台了《国务院关于支持云南省加快建设面向西南开放重要桥头堡的意见》。2015年初，习近平总书记在云南考察时，提出要把云南建成民族团结进步示范区、生态文明建设排头兵、面向南亚东南亚辐射中心。云南省制定一系列行动规划、方案和政策意见，2015年出台并印发了《关于加快建设我国面向南亚东南亚辐射中心的实施意见》《云南省五大基础设施网络建设规划（2016—2020年）》《云南省与周边国家基础设施互联互通实施方案》；2016年印发了《关于支持沿边重点地区开发开放若干政策措施的实施意见》《建设面向南亚东南亚科技创新中心专项规划》《关于建设面向南亚东南亚金融服务中心的实施意见》《云南建设面向南亚东南亚人文交流中心规划（2016—2020 年）》《提升金融创新能力建设面向南亚东南亚金融服务中心》5 个实施方案；2017 年印发了《云南省建设我国面向南亚东南亚辐射中心规划（2016—2020 年）》《云南省建设面向南亚东南亚经济贸易中心实施方案》《云南省道网规划修编（2016—2030 年）》等；2018 年，国家发展改革委印发了《关于支持云南省加快建设面向南亚东南亚辐射中心的政策措施》；2019 年云南省印发了《云南省新时代扩大和深化对外开放若干意见》以及综合交通枢纽体系建设、跨境贸易便利化重大项目金融支持力度、科教文化医疗卫生跨境合作、跨境农业等 15 个实施方案，上述政策、规划、意见为云南省服务和融入国家战略提供了全方位、多层次、系统性的制度支持。

五是决策优势。所谓决策优势，指的是某个地区的规划和政府决策具有较强的可持续性、合理性和可行性。后发展地区在与先发展地区的比较中呈现出以下特点：（1）资源保护相对较好，可供开发的潜力巨大；（2）生态环境破坏程度较弱，不需要承担过多的生态补偿代价，有利于形成以环境保护为前提的发展模式；（3）发展主体对发展的认识和理解更为成熟，便于转变发展思路，由速度优先的破坏式发展转化为质量为先的保护型发展。对于云南这样的后发展地区，基于上述特点的发展规划与决策必然更加合理和可行。一方面，决策过程中可以充分吸取先发展地区的经验教训，因地制宜，探索出真正适合本地区的发展路径。另一方面，人类社会发展进程中面临着一个相同的主题，那就是如何在经济社会发展与生态环境保护之间达到较好的平衡，真正实现科学发展和可持续发展，后发展地区有较为充分的条件和时间论证和思考这一课题，在制定发展规划和做出决策的过程中，重视本地民众的发展意愿，权衡发展的利弊得失，深入研究发展项目的社会评价，以实现发展的科学性和可持续性。

三　云南服务和融入"一带一路"建设的探索实践

"一带一路"倡议是"丝绸之路经济带"和"21 世纪海上丝绸之路"的简称，是 2013 年 9 月和 10 月习近平主席分别在出访哈萨克斯坦和印度尼西亚时提出来的重大倡议。经过六年多的稳步推进，共建"一带一路"倡议成为全球舆论关注的焦点，也成为国家间、政府间合作的重要选项。

"一带一路"横贯亚、欧、非,涉及66个国家(地区),区域面积5200万平方千米;总人口约46亿,超过全球人口的60%;GDP总量20万亿美元,约占全球GDP的1/3。①东南亚国家是共建"一带一路"倡议覆盖的重点区域,"一带一路"倡议框架下的六大经济走廊,有两个涉及东南亚国家,即中国—中南半岛经济走廊和中印孟缅经济走廊,这两大经济走廊囊括了中南半岛五国(越南、老挝、柬埔寨、缅甸和泰国)。

截至2019年10月底,中国已经同137个国家和30个国际组织签署197份共建"一带一路"合作文件。2018年10月,中国与菲律宾签署《中华人民共和国政府与菲律宾共和国政府关于共同推进"一带一路"建设的谅解备忘录》,至此,中国与东盟10国(印度尼西亚、马来西亚、菲律宾、新加坡、泰国、文莱、越南、老挝、缅甸、柬埔寨)已全部签署共建"一带一路"政府间合作文件。

在推进"一带一路"建设的进程中,中国与东南亚国家建立了一系列重要的区域合作机制和国家间合作机制,区域合作机制包括中国—东盟"10+1"合作机制、大湄公河次区域(GMS)合作机制、澜沧江—湄公河合作(LMC)机制等;国家间合作机制如中缅"人字形"经济走廊、中老经济走廊、中越"两廊一圈"建设等。中国还不断加强"一带一路"建设与柬埔寨"四角战略"、泰国"工业4.0战略"、老挝"变陆锁国为陆联国"战略的对接。云南省与老挝、越南、泰国、缅甸等国也建立双边合作机制,如中国云南—越南五省市经济协商会议合作机制、云南与老挝北部九省的合作机制、云南—泰北工作组合作机制、中国云南—缅甸合作论坛机制等。通过相关机制,中国与东南亚国家在政策沟通、设施联通、贸易畅通、资金融通、民心相通等方面开展了广泛而深入的合作。

云南紧邻三亚(南亚、东南亚、西亚)、两湾(北部湾、孟加拉湾)、两洋(太平洋、印度洋),北上连接丝绸之路经济带,南下连接海上丝绸之路,是中国唯一可以同时从陆上沟通东南亚、南亚的省份,在"一带一路"建设中具有独特的区位优势。近年来,云南主动服务和融入"一带一路"建设,加快建设南亚东南亚辐射中心,与南亚东南亚国家合作共建"一带一路"取得显著成效。

---

① 王耀辉、康荣平:《世界华商发展报告(2017)》,中国华侨出版社2017年版,第137页。

(一) 深度参与区域合作

深度参与澜湄合作、大湄公河次区域合作、中印孟缅地区合作是云南主动服务和融入"一带一路"建设的重要路径。

澜湄合作（Lancang-Mekong Cooperation，LMC）是澜沧江—湄公河合作的简称，是我国与"澜湄五国"（缅甸、老挝、泰国、柬埔寨、越南）共同发起和建设的新型次区域合作平台。湄公河流域全长4880千米，流域面积79.5万平方千米，流域内生活有3.26亿民众。[①] 湄公河五国总人口2.3亿，GDP总量逾6000亿美元，年平均增速近7%。澜湄6国自2016年3月澜沧江—湄公河合作首次领导人会议以来，共同为"澜沧江—湄公河合作机制"创建了框架，即"3+5合作框架"，确定了政治安全、经济和可持续发展、社会人文三大支柱，以及互联互通、产能、跨境经济、水资源、农业和减贫五个优先合作方向，实施了许多惠及民生的项目。在澜湄合作中，云南省与湄公河国家地缘相近，文化相通，成为澜湄合作机制的重要推动者和参与者。2018年1—9月，云南与湄公河国家贸易总额达649亿元人民币，同比增长17.9%。此外，中老铁路加快推进建设，中泰铁路建设取得实质性进展，澜沧江—湄公河航道二期整治工程前期工作顺利实施，以昆明长水国际机场为枢纽的澜湄航空网络不断加密，中缅、中老、中越经济走廊建设持续推进，澜湄互联互通的硬件骨架已初步成型，互联互通的制度性障碍也在逐步解决。[②]

大湄公河次区域经济合作（GMS）是由亚洲开发银行发起的，由澜沧江—湄公河流域内的6个国家（中国、缅甸、老挝、泰国、柬埔寨、越南）共同参与的一个次区域经济合作机制，成立于1992年。其宗旨是加强次区域国家的经济联系，促进次区域的经济和社会共同发展。合作的领域包括农业、能源、环境、人力资源开发、投资、旅游、交通基础设施、贸易便利化、禁毒等领域。谋求在亚行及其他发展伙伴的支持和推动下，通过实现可持续的实体基础设施建设，以及将交通走廊转变

---

① 澜湄合作网，http：//www.lmcchina.org/gylmhz/jj/t1510421.htm，2017-11-14。
② 中国新闻网，https：//baijiahao.baidu.com/s? id=1617928743105083060&wfr=spider&for=pc，2018-11-23。

为跨国经济走廊，加强区域连通性（connectivity）；通过有效促进人员和货物的跨境流通，以及实现市场、生产流程和价值链的一体化，提高区域竞争力（competitiveness）；以及通过开展项目解决共同面临的社会和环境问题，建立更广泛的共同体意识（community）。云南省作为中国参与 GMS 合作的最前沿和主体省份，亚洲开发银行 1993 年发表的题为"次区域经济合作——关于柬埔寨、老挝、泰国、越南和中国云南省进行合作的可能性"的报告明确将云南视为 GMS 的一个直接参与方。2003 年 8 月 19 日，在昆明举行的东盟—湄公河流域开发合作第五次部长级会议上，时任副总理曾培炎指出，位于中国西南边陲的云南省既是中国实施西部大开发战略的重要省份又是中国参与东盟—湄公河流域开发合作的主体，这是中国中央政府高层官员对云南主体地位的明确表述之一。云南在 GMS 中的参与主体地位得到了亚洲开发银行、中国政府和地方政府三方的共同认可。[①] 近年来，中国与大湄公河次区域国家贸易结构进一步改善，双边投资额也有了较快增长。2013 年，云南省与 GMS 国家进出口总额为 76.2 亿美元，同比增长 77.6%。截至 2014 年 10 月，云南省在 GMS 五国共设立投资企业 299 家，协议投资额 116.7 亿美元，累计实际投资 31.43 亿美元；GMS 国家在云南省共投资 309 个项目。协议投资额 3.59 亿美元，实际投资额 2.02 亿美元，项目主要涉及制造业、商贸服务业、农业、批发零售业和餐饮业等领域。

同时，云南省积极争取 GMS 经济走廊论坛省长论坛系列活动落户昆明，构建区域合作的多层次平台，有助于丰富 GMS 经济走廊论坛的活动内容和内涵，通过这个平台，可以为 GMS 合作中加强地方政府、企业及私营部门的参与贡献更多的力量。大湄公河次区域（GMS）经济走廊论坛发起以来，GMS 经济走廊省长论坛、GMS 物流行业合作委员会、GMS 跨境电商合作平台企业联盟等应运而生，在各个领域推动着次区域的发展。2019 年 6 月，大湄公河次区域（GMS）经济走廊省长论坛在昆明召开，会议重点提出三方面合作内容[②]：一是共同深化区域绿色经济合作，深化发电、输变电、电网改造等重大电力项目合作，推动水电铝材、水电硅材一体化

[①] 陈迪宇：《云南与"大湄公河次区域经济合作机制"》，《国际观察》2008 年第 6 期。
[②] 《2019GMS 经济走廊省长论坛在昆开幕》，《云南日报》2019 年 6 月 11 日。

和新能源汽车等清洁载能产业合作，深化农业、康旅等全方位合作，共同推动大健康产业发展。二是共同打造区域"数字丝绸之路"，提高数字基础设施水平和创新能力，在多语种自动翻译系统、办公软件、云计算操作系统、大数据平台、智慧零售、物流仓储、跨境电商、数据中心、网上支付、数字信息化政务服务等方面开展务实合作。三是共同推进产业园区建设合作，加快推进中老磨憨—磨丁、中缅瑞丽—木姐、中越河口—老街边境经济合作区建设，推动中柬文化创意园、老挝赛色塔综合开发区、泰国汽车产业园等项目建设进程，完善合作框架和工作推进机制，加快打造和形成生产要素互补的上下产业链、供应链和价值链，实现更高程度的资源优化配置。

中印孟缅地区合作（Bangladesh-China-Iadia-Myanmar Forum for Regional Cooperation，BCIM）是云南于1999年发起成立的合作平台，最初称为中印孟缅地区经济合作，后改为中印孟缅地区合作，其主要的载体是中印孟缅地区合作论坛。2013年5月，李克强总理在访问印度期间在中印孟缅地区合作的基础上提出推进中印孟缅经济走廊的倡议，得到印度、孟加拉国、缅甸三国的响应。2013年12月，中印孟缅经济走廊联合工作组第一次会议在昆明召开，签署中印孟缅经济走廊联合研究计划，正式建立了四国政府推进合作的机制。

中印孟缅地区合作论坛该区域合作的重要载体，论坛以南亚国家为重点合作对象，先后举办了五届中国—南亚博览会，参加国家和地区从42个增至87个。2018年举办首届中国—南亚合作论坛，构建了我国与南亚各国对话、投资和交流合作的新平台。2019年是中印孟缅地区合作论坛创立20周年，四国政府官员、学者、企业家围绕如何提升论坛机制化合作水平、推动中印孟缅综合互联互通合作迈上新台阶、提升经贸投资便利化水平、进一步丰富社会人文领域合作的内容和外延等四个议题展开研讨。云南作为中国参与中印孟缅区域合作的主体省份，将从优化互联互通政策性软环境、深化社会人文领域合作、推动区域文明交流互鉴、夯实民心相通基础等方面，不断深化中印孟缅区域合作，推动中印孟缅经济走廊建设不断向前发展，进一步在中印孟缅地区合作进程中发挥重要桥梁和纽带作用。

（二）大力建设基础设施

2017年12月28日，随着两辆分别载有496吨化肥和496吨硫黄的列车，从百年滇越铁路重要节点中国云南开远站和越南海防站对开，中亚（开远—海防）国际货运列车正式开行。① 截至2019年4月，中亚（滇越）国际联运列车自2017年12月首次开行以来，累计开行1002列，总运量42.2万吨。中老铁路、中缅铁路、中越铁路、中老公路、中缅公路、中越公路的建设快速推进。客货运航线总数累计开通434条，通航城市171个，至南亚东南亚通航点数量居全国第一位。

作为"一带一路"先导示范项目的中缅原油管道和中缅天然气管道已分别累计运营2年和6年。截至2019年7月中，中缅原油管道已成为中国第四大能源陆路进口通道，累计有1900余万吨原油从770多千米外的缅甸马德岛输送到国内。中缅天然气管道累计输送天然气200亿立方米，仅2019年输送天然气就达50亿立方米。②

云南省与国家骨干网联通，国内出省建成拉萨、成都、贵阳、南宁、重庆五个方向27条光缆，出省带宽达16.1T③；已建成中老、中缅两条国际通道，并完成扩容工程建设，传输系统能力达到10G；南亚方向加快直通印度洋陆地光缆建设，实现与南亚国家直联，进而与印度洋海缆互联；云南省成为全国第一个三大基础运营商同时部署面向特定国际区域的网络节点省份，国际通信服务范围覆盖周边八个国家。《"数字云南"信息通信基础设施建设三年行动计划（2019—2021年）》显示，一方面，云南省将全面建设面向南亚东南亚的国际通信基础设施。扩容国际通信出口带宽，进一步完善优化网络结构，加快推进跨境光缆建设。完成瑞丽（中缅）、勐腊（中老）国际出口通道及国际光缆出口多路由改造，新建河口（中越）国际光缆及传输系统，新设中越国际信道出入口局，提升国际通信互联互通水平。到2021年，国际出口带宽将达到3.4T。另一方面，云南省

---

① 《中国首趟米轨国际货运班列开行》，中国新闻网，http：//www.chinanews.com/cj/2017/12-18/8403322.shtml，2017-12-28。

② 《中缅原油管道（国内段）迄今已安全平稳运营2周年》，中国石油新闻中心，http：//news.cnpc.com.cn/system/2019/07/16/001736532.shtml，2019-07-16。

③ 《云南数字经济蓬勃发展》，《中国信息报》2019年11月4日。

将建设直达国际的互联网信息"高速公路"。推动建设直达北京、上海、广州的国际互联网数据专用通道，大幅提升国际互联网访问性能。提高云南与南亚东南亚等国的国际语音业务及国际互联网转接业务疏通能力，推动区域性国际互联网转接业务实现落地。聚焦南亚东南亚区域，为国际贸易企业提供大容量信息网络支撑，力争把昆明建设成为我国区域性国际通信业务汇聚出口，强化云南面向南亚东南亚国际信息枢纽辐射中心的地位和作用。① 通过上述举措，云南作为面向南亚东南亚的国际通信枢纽、区域信息汇集中心的地位将进一步凸显。

（三）项目合作稳步推进

此外，与东南各国的项目合作稳步推进，比较有代表性的如木姐—曼德勒铁路项目、缅甸皎漂经济特区深水港项目、仰光新城开发项目，以及老挝万象赛色塔综合开发区。

木姐—曼德勒铁路项目：2018年，中国和缅甸在政治、经济、文化等多个领域的关系深入发展，很多合作项目取得了突破性进展。10月22日，两国签署了木姐—曼德勒铁路项目可行性研究备忘录；11月8日，两国签署了缅甸皎漂经济特区深水港项目建设框架协议。这两个项目对促进中缅共建"一带一路"意义重大。缅甸战略与国际研究中心主席、总统前首席政治顾问吴哥哥莱（Ko Ko Hlaing）表示，之前有不少缅甸民众和官员担心修建铁路和港口只会让中国受益，但事实上，这样的误解只会阻碍缅甸的发展。作为"一带一路"和中缅经济走廊旗舰工程之一，木姐—曼德勒铁路途径缅甸北部重镇和经济中心，将有力带动缅甸经济发展，保障缅北和平稳定，也将促进本地区互联互通建设。铁路将为两国共建"一带一路"和中缅经济走廊注入活力。

皎漂经济特区深水港项目：皎漂地处若开邦地区，是缅甸经济发展较落后的地区之一。皎漂港的建设可以有效带动皎漂经济特区，乃至缅甸西部地区的经济发展，对促进缅甸经济社会稳定发展具有重要意义。2018年9月，中缅双方签署了关于共建中缅经济走廊的谅解备忘录。中缅经济走

---

① 《云南人民政府办公厅关于印发"数字云南"信息通信基础设施建设三年行动计划（2019—2021年）的通知》，云南省人民政府门户网站，http://www.yn.gov.cn，2019-11-21。

廊全称"'人字形'中缅经济走廊",北起中国云南,经中缅边境南下至曼德勒,然后再分别向东西延伸到仰光新城和皎漂经济特区。根据此次签署的框架协议,皎漂深水港项目由中缅双方共同投资的缅甸本地公司开发建设和运营,中方占股70%,缅方占股30%。皎漂经济特区管理委员会将根据2014年缅甸经济特区法授予该公司项目的土地使用权和港区的特许经营权,初始期限50年,期限满后可再次申请延长25年。根据双方商定计划,皎漂深水港将分为四个阶段进行。一期暂定为两个泊位,总投资控制在13亿美元以内,后续各期的开发将在前一期满足一定商业条件后继续进行。据测算,港区全部投入运营后,将累计为缅甸当地提供10万个工作岗位。全部项目运营10年后,约90%的管理岗位都将由当地人担任。未来50年内,港区将累计为缅甸政府创造税收超过140亿美元。港区内的工业园全部投入运营后,年产值将达到约32亿美元,园区内人均GDP能达到3.2万美元。① 作为中缅经济走廊的标志性项目,皎漂经济特区深水港项目建设框架协议日前在缅甸正式签署,成为建设中缅经济走廊首个正式签约启动的大型项目,表明中缅在共建"一带一路"的征程上迈出了坚实的一步。

仰光新城开发项目:2018年,中国交通建设集团有限公司(简称中国交建)正式签订缅甸仰光新城开发项目框架协议。缅甸仰光省政府于2018年3月31日宣布成立仰光新城开发公司,通过建设仰光新城提振当地经济。仰光新城开发公司为仰光省政府所有,中国交建将主要基于公私合作模式运营,由董事会成员管理。仰光新城开发公司计划对仰光河西部地区进行开发,预计项目第一阶段基础设施建设投资将超过15亿美元。仰光新城建设第一阶段将投资建设5个乡镇、修建两座桥梁、铺设26千米公路,建设10平方千米的工业区和一系列相关基础设施,创造200万个就业机会。

老挝万象赛色塔综合开发区:老挝万象赛色塔综合开发区是中老两国共同确定的国家级合作项目,同时也是"一带一路"建设的重点项目。截至2018年12月,该项目已累计完成投资超过10亿美元,已有57家签约

---

① 《推进中缅经济走廊建设:缅甸皎漂经济特区建设迈出坚实一步》,《光明日报》2018年12月10日。

入驻企业，57 家企业全部投产后预计年产值超过 15 亿美元，创造就业岗位 1 万个左右。

（四）着力提升金融服务

自"一带一路"倡议提出以来，云南省积极采取措施，建设面向南亚东南亚金融服务中心。2013 年 11 月，中国人民银行等十一部委联合下发了《云南省广西壮族自治区建设沿边金融综合改革试验区总体方案》。截至 2018 年底，云南省跨境人民币累计结算金额达 4595.2 亿元，业务覆盖 90 多个国家和地区；累计批复沿边州市 49 家境外机构办理 NRA 账户存取现金业务，办理业务 2349 笔，金额 1882 亿元；与 700 多家境外银行机构建立跨境清算渠道，发展越南、缅甸、老挝三国 28 家跨境金融支付服务商；人民币继续保持云南第二大涉外结算货币和第一大对东盟跨境结算货币。① 跨境人民币业务创新实现了多点突破，为"一带一路"的推进提供强有力保障。

2018 年，云南省个人本外币特许兑换业务现钞兑换金额 7069.62 万美元，同比大幅增长 346.42%；德宏发布兑缅币"瑞丽指数"，红河、文山发布兑越南盾"YD 指数"。外币现场调运渠道不断拓宽，搭建了云南省两个越南盾现钞直供平台和西南地区第一个泰铢现钞直供平台以及第一条中老双边首条现钞调运通道。中国农业银行泛亚业务中心落户昆明，成为全国首个非主要国际储备货币挂牌交易平台，初步构建了"云南模式"②。

同时，跨境金融基础设施建设与贸易投资便利化稳步推进，与泰国、老挝等国家央行建立了互访会谈、政策磋商、信息互换、人员交流机制，与缅甸、越南、斯里兰卡、孟加拉等南亚、东南亚国家央行保持联系。积极构建"省、市、县"三级跨境反假币工作组织体系，截至 2018 年 12 月，全省共建立 15 个沿边跨境反假币工作站；累计建立外籍人员金融消费权益保护投诉站 38 个，初步形成了独具云南特色的"一站、一台、一宣传"的金融消费权益保护模式。沿边金融综合改革试验区建设实现了外商投资企业外汇资本金意愿结汇、直接投资外汇登记全面下放，推行跨国

---

① 《资金融通让人民币"走出去"》，《云南日报》2019 年 2 月 18 日。
② 《云南沿边金融改革亮点频现 区域性货币交易形成"云南模式"》，中国一带一路网，https://www.yidaiyilu.gov.cn/xwzx/roll/55910.htm，2018 – 05 – 22。

公司外汇资金集中运营试点管理、全口径跨境融资宏观审慎管理，跨境担保外汇管理大幅放宽，极大地便利了市场主体办理跨境投融资业务，有效降低汇兑风险。此外，还探索建立了试验区负面清单管理模式，推进服务业领域有序开放和金融、投资、财税等配套体制改革。①

云南边境州市也积极探索跨境金融服务模式的创新，如德宏州建立了"中国·德宏州—缅甸·木姐州"和"中国·瑞丽—缅甸·木姐"两个层级的银行间定期会晤机制，截至2019年11月，已成功举办了13次会晤，两国银行间沟通交流合作实现常态化；搭建了跨境反假币工作平台，共与缅甸边境地区相关机构建立联系协商、反假培训、协同工作、宣传合作四项机制。截至2019年6月末，已建成跨境反假币工作德宏州分中心，陇川、瑞丽、盈江3个跨境反假币工作站；开展外籍人员反假币宣传23场次，发放中缅双语反假知识宣传册页7200份，粘贴宣传海报240张，受益外籍人员近万人。外籍金融消费者权益保护方面，截至2019年6月末，德宏州累计有51674名外籍人员到工作站对金融消费者权益方面的问题咨询。②

（五）不断深化人文交流

自"一带一路"倡议提出以来，云南省秉持丝绸之路精神，大力推进与南亚东南亚各国在教育、科技、医疗、旅游等领域的合作。

在教育合作方面，经过几年的共同努力，云南省高校小语种人才培养在规模、质量、办学条件等方面，都取得了明显成效。截至2016年，云南省有43所高校设置了62个小语种专业，其中，24所本科院校设有30个专业点，19所高职高专院校设有32个专业点；泰语共设26个，老挝语7个，缅甸语11个，越南语16个，柬埔寨语2个，当中有省级重点建设小语种专业点11个学习小语种的高校在校生达8.19万人。云南民族大学开设小语种专业已开设有泰语、缅甸语、越南语、老挝语、柬埔寨语、马来西亚语、印度尼西亚语、印地语共8个语种的本科专业，拥有全国最为齐

---

① 《辐射南亚共南亚 云南一直在努力》，中国一带一路网，https://www.yidaiyilu.gov.cn/xwzx/gnxw/88748.htm，2019 – 04 – 29。

② 《德宏州运用"中缅银行定期会晤机制"促多项工作取得突破》，国家外汇管理局网站，http://www.safe.gov.cn/yunnan/2019/1122/668.html，2019 – 11 – 22。

全的"东南亚语种群",并最先在云南省形成"南亚语种群"。云南师范大学的东南亚小语种专业采用"2+1+1"的人才培养模式,各专业学生入学后头两年在云南师范大学学习本科阶段的通识课程、专业基础课程和部分专业主干(选修)课程;第三年到东南亚国家同等大学进行教学实习和见习,同时学习小语种、语言文化和部分专业课程,强化实践教学;第四年在云南师范大学继续学习相关专业主干课程和专业选修课程并完成毕业论文。大学四年,强化小语种课程的学习,使学生成为"专业+小语种+英语"的应用型人才,为"一带一路"东南亚、南亚沿线国家培养高水平急需人才。云南大学于与省侨办合作在缅甸曼德勒、东枝等地举办汉语言文学大专函授班,该班学制为两年;与缅甸曼德勒福庆语言电脑学校(简称"福庆学校")开展了合作,共建"缅甸曼德勒福庆语言电脑学校孔子课堂"。受公安部委托,云南警官学院与缅甸自2002年始为缅甸警察部队中央肃毒委培训禁毒警官。保山学院、滇西科技师范学院、德宏师范高等专科学校等也采取多种途径培养东南亚南亚国家培训、培养人才。此外,举办了"南亚东南亚大学联盟成立大会",云南—南亚东南亚教育合作论坛暨云南对外开放40周年教育展;赴印度、斯里兰卡、孟加拉国举办了云南教育展暨推介会,来自148个国家的留学生在云南留学,"留学云南"吸引力凸显。云南边境州市通过国门学校建设为周边国家学生提供学习机会,如德宏州建有39所边境学校,其中国门学校4所,近十年来,累计培养缅籍学生2万多人,目前在读的外国籍(以缅甸籍为主)学生有4243人(幼儿园503人、小学2924人、普通初中572人、普通高中57人、中职教育125人、高等专科教育62人)。[①] 国门学校建设不仅是一项惠及境外边民的民生工程,也是提升境外边民对中国认知度的重要形式,有利于培养知华友华力量。

在科技合作方面,云南构建起"面向南亚东南亚科技创新+基于竞争情报的技术转移信息+双创孵化"三位一体的平台。目前中国—南亚东南亚国际技术转移交易平台已入驻涵盖金融、财务、法务、商务、科技咨询的第三方中介服务机构200家,行业专家500多位,拥有1万多会员,已实现商标转让4件。省科学技术院、昆明理工大学等8家单位联合建设的

---

① 杨晓兰:《推进德宏与缅甸文化交流探析》,《缅甸研究》2018年第2期。

云南省科技型中小企业科技创新服务平台（一期）建成运行，共为南亚东南亚中小企业提供科技咨询、技术研发、技术转移、知识产权等领域的各类科技服务1600多项次。面向南亚东南亚国际科技合作与技术转移基地启动，截至2018年10月，申请专利1000项以上，获得专利授权358项，转移转让成果60余项，实现技术转移项目600项以上，完成国际技术转移项目3项，数据库建设完成，专家入库50余人，科技成果入库600余项。① 在阿富汗、孟加拉国、尼泊尔、巴基斯坦、斯里兰卡5个国家建立技术转移分中心，认定了29家面向南亚东南亚创新中心建设示范机构。同时还建成26个国际联合研究中心，认定31个国际合作基地，向周边国家输出8个植物新品种。

在文化交流方面，云南省新闻出版局也以中缅边境姐告国门书社为起点，在毗邻缅甸、老挝、越南的口岸陆续开办19家国门书社，建成国门书社文化带。目前，云南耿马孟定、腾冲猴桥、泸水片马、临沧永和、沧源等地已建成国门书社，红河河口、西双版纳勐海、普洱西盟、澜沧等地国门书社也正在筹建当中。② 先后在孟加拉国、缅甸、印度尼西亚等7个国家采用5种语言出版12份《中国云南》新闻专刊和"四刊"（《湄公河》《吉祥》《占芭》《高棉》）。大型音乐舞蹈史诗剧《吴哥的微笑》在柬埔寨落地并实现本土化。③ 通过多样化形势，持续推进与南亚东南亚各国的民间文化交流，2016年以来，云南省级文化系统共派出和审批对南亚东南亚国家文化交流团组和个人40批861人次，接待南亚东南亚国家文化交流团组和个人11批205人次。德宏、西双版纳、临沧、普洱等沿边州市以澜湄流域国家文化艺术节、中缅胞波狂欢节、亚洲微电影艺术节、中老越三国丢包狂欢节、目瑙纵歌节等跨境文化活动为纽带，积极邀请越老缅泰柬印等毗邻、周边国家派团参加。德宏州实施"边境文化长廊民族文化示范村"工程，建立边境民间文化交流示范点，如德宏州4个国门书

---

① 《云南聚焦"民心相通"全方位推进"一带一路"建设》，中国一带一路网，https://www.yidaiyilu.gov.cn/xwzx/dfdt/75667.htm，2018-12-25。
② 《云南瑞丽国门书社：架起中缅两国文化交流的桥梁》，中国商务新闻网，http://www.comnews.cn/article/local/201910/20191000020382.shtml，2019-10-14。
③ 《辐射南亚共南亚 云南一直在努力》，中国一带一路网，https://www.yidaiyilu.gov.cn/xwzx/gnxw/88748.htm，2019-04-29。

社和 16 个对外宣传站（功能类似书社）有边境文化活动室 1523 个，占全州村社文化活动室总数的 78.83%，构筑了一条隐形的"文化边境线"。创办全国首份有独立刊号、公开发行的缅文报纸《胞波》（周报），用景颇、载瓦、傣文、汉文、傈僳、英语、缅语七种文字宣传国家方针政策法律法规、贸易往来和民间交流信息。德宏广播电视台与中国国际广播电台合作开办了傣、景颇、载瓦、缅四种语言节目，将中央、省地方广播电视节目覆盖到缅甸的果敢、木姐、九谷、南坎、拉咱等边境地区，总计约 30 万人口。① 瑞丽成立了中缅边境文化交流协会，以中缅边境文化和胞波友谊为主线，搭建内外链接、延伸南亚、东南亚沿线国家的人文交流平台。自 2017 年起，与缅甸木姐作家协会、缅甸南坎作家协会共同联办中缅双文期刊《胞波情》，展现两国情民俗和边地文化，成为中缅民众相互了解、增进情谊的一面文化窗口。协会还借助双边节庆展会，举办中缅孔雀舞、果雕大赛、民间绘画培训班、艺人培训班等活动，以文化元素表达美好生活的民意，传递合作发展的主题。2019 年 12 月 31 日，瑞丽姐告成立"国门影院"，是德宏在全国创新开设的首个可长期免费展播中缅优秀电影作品的影院，将成为促进中缅影视文化交流合作的重要窗口和平台。

在医疗卫生方面，在大湄公河次区域（GMS）合作框架下，开展跨境传染病联防联控工作，目前已扩展至境内 19 个县（区），境外缅、老、越方边境 22 个县，防控病种也增加到疟疾、登革热、艾滋病和鼠疫，合作成效得到了周边国家的充分认可。开展"光明行""爱心行"、短期义诊等医疗援助项目，累计为苏丹、缅甸、老挝的 4090 名患者实施了免费的白内障复明手术；赴柬埔寨为 21 所学校 13147 名儿童进行先心病筛查服务，其中疑似儿童 305 名，确诊人数 26 名。②

2020 年 2 月以来，冠状病毒席卷全球。截至 3 月 31 日上午 10 时，新冠肺炎疫情已影响世界 200 多个国家和地区，中国以外新冠肺炎累计确诊病例已超过 70 万例。面对严重疫情，中国与世界携手合作、共克时艰。中国与大湄公河次区域国家地缘相近，在抗击疫情上合作紧密。如中泰之

---

① 杨晓兰：《推进德宏与缅甸文化交流探析》，《缅甸研究》2018 年第 2 期。
② 《辐射南亚共南亚 云南一直在努力》，中国一带一路网，https://www.yidaiyilu.gov.cn/xwzx/gnxw/88748.htm，2019-04-29。

间，在中国疫情严重时期，泰社会各界通过多种方式表达支持和善意，并捐赠了医疗物资；在泰国疫情加重时，中国政府援助泰方包括检测试剂、口罩和医用防护服在内的抗疫物资，协调企业向泰出售治疗新冠肺炎的药物，在泰中资企业和中国友好民间组织也纷纷行动起来，向泰方捐赠医疗物资。中缅之间，新冠肺炎疫情在中国发生以后，缅甸政府提供了200吨大米的援助，缅甸军方在医疗物资有限的情况下还专门派出一家空军飞机，运送中国当时急需的医疗物资；3月27日中国向缅方援助包括5000套防护服和20万只防护口罩在内的缅方急需抗疫物资。中柬之间，柬埔寨王室成员向中国提供现汇捐助，首相洪森在疫情期间访问中国以表达对中国抗击疫情的支持，柬埔寨社会各界也纷纷向中方提供捐款和防疫物资；中国向柬埔寨派遣抗疫医疗专家组，并援助防疫物资。此外，中国还与老挝、越南等在新冠疫情防疫上进行了合作。

第八章 "一带一路"建设对东南亚华商的影响

东南亚华侨华人与世界其他地区华侨华人相比，具有产生时间早、移居人数多、经济成就高、产业分布广、发展过程曲折、地区差异大等特点。具体来说，经济上，东南亚华商所从事的各个行业，均与当地国家的经济建设及人民生活休戚相关，是直接为住在国的经济发展和人民生活服务的，华人经济是当地民族经济的重要组成部分。世界上没有哪个地区的华人经济能像东南亚华人经济那样，与住在国经济保持如此高的依存度。从某个角度来看，可以说没有华商就没有东南亚的经济起飞。政治上，东南亚华商并未取得与经济成就相对应的政治地位，而且地区差异大。如新加坡、泰国华侨华人政治融入度较高，拥有与原住民相差无几的政治权利，并且取得了较高的政治成就。但是对于大多数东南亚国家，尤其是缅甸、印尼、菲律宾等国而言，华侨华人仍然没有较多的政治参与，他们把主要精力集中于商业经营，较少涉足政治，出现了经济影响力大和政治影响力小相并存的局面。这一局面的出现具有深刻的社会历史背景，也折射了华人生存空间的狭小。文化上，东南亚华商在保持中国文化特征的同时积极融入当地文化，表现出较强的文化适应能力。虽然东南亚华人与当地民族在一定的历史时期出现过矛盾甚至冲突，但总体而言还是相对平稳的。"华人是最能够适应环境的一个民族，为了在东南亚这块土地上生存和发展，华人移民及其后裔对自己的文化不断地进行调整，以适应当地民族的文化。"① 总体而言，东南亚华商在极其艰苦的社会生态环境中，不断

---

① 曹云华：《变异与保持：东南亚华人的文化适应》，中国华侨出版社2001年版，第8页。

调试自身的生存策略，在经济实力不断壮大的同时，政治境遇有所改善，社会融入与文化适应能力逐步增强。"一带一路"建设和云南面向南亚东南亚辐射中心建设的稳步推进，为东南亚华商的发展提供了政策支持，搭建了平台，提升了信心。

一 政策支持

"一带一路"建设不仅为云南实现跨越式发展提供了政策支持，而且为东南亚华商的发展与壮大提供政策支持。在"一带一路"、建设云南成为南亚东南亚辐射中心、中缅经济走廊建设等背景下，一系列支持云南发展的政策措施纷纷出台。

其中国家发展改革委 2019 年印发《关于支持云南省加快建设面向南亚东南亚辐射中心的政策措施》①，提出在农业、基础设施、产能、经贸等方面深化与周边国家的交流与合作，进一步为云南的发展指明了方向。在基础设施互联互通和产能合作方面，提出要"推动跨境公路建设，加快落实与周边国家的跨境汽车运输协定，完善航运合作机制，建设昆明国际航空枢纽和面向南亚东南亚的国际通信枢纽；支持云南与周边国家合作建设一批国际物流园区，加快建设面向南亚东南亚的跨境物流公共信息平台，鼓励有实力的云南物流企业走出去；支持云南设立边境旅游试验区，与周边国家共同建设跨境旅游合作区，建设一批国际旅游目的地，打通连接多国的旅游环线，形成南亚东南亚黄金旅游圈；推进与周边国家电力联网，开展发电、输变电、电网改造和建设等重大电力项目合作，建设一批境外产业园区，有序推动国际产能合作"。在经贸合作方面，支持云南因地制宜设置边民互市市场；实施"预检核销"、第三方检验结果采信等贸易监管制度，加快建设国际贸易"单一窗口"，进一步缩短通关时间；积极探索与周边国家建立促进自由贸易的合作新模式，支持云南建设海外仓、境外展销中心、国际快件监管中心；探索建立双方共同建设、共同管理、共同受益的合作机制，推进澜沧江—湄公河等跨境经济合作，务实推进中缅、中越、中老跨境经济合作区建设。

---

① 《支持云南加快建设面向南亚东南亚辐射中心》，《云南日报》2019 年 3 月 10 日。

在人文交流方面，支持云南高校接收更多中国政府奖学金学生，鼓励建设面向南亚东南亚的华文教育中心，打造澜湄职业教育培训基地；支持云南与南亚东南亚国家在生态环境保护、卫生与健康、现代农业等领域开展合作；打造集多种功能为一体的高端国际健康医疗产业综合体，建设区域性国际疾病预防控制中心、国际诊疗保健合作中心等；支持云南承担国家交办的周边外交任务，研究将云南列入主场外交系列配套活动目的地；推进建设澜沧江—湄公河合作中心和澜湄研究院；鼓励云南加强与周边国家开展多种形式的交流合作，有序拓展民间交流渠道，进一步丰富中国—南亚博览会多边外交内涵。

"一带一路"倡议以及建设云南成为南亚东南亚辐射中心的战略定位为中国与东南亚国家的对外交往与合作创造了机遇。东南亚国家必然会针对云南建设南亚东南亚辐射中心的具体政策指向提出本国和中国及云南"打交道"的具体方案，由此东南亚国家将会形成关于吸引中资和支持本国企业走出去的制度安排。东南亚华商是东南亚国家经济的重要组成部分，侨资企业到中国投资不仅会得到中国相关部门的支持，同时也会得到住在国强有力的政策支持。

"一带一路"倡议稳步推进以及云南成为面向南亚东南亚辐射中心建设必须发挥利用各方资源，尤其是整合和利用东南亚华商资源。东南亚华侨华人资源的整合与利用，对促进中国与东南亚国家全方位的合作与交流，推动云南桥头堡战略的实施，具有重大的现实意义。"一带一路"及面向南亚东南亚辐射中心建设意味着云南由对外开放的末梢变为对外开放的前沿，全方位对外开放正在酝酿之中。海外尤其是东南亚华商在人才、资金、技术等方面具有优势，如何动员华侨华人参与到"一带一路"及面向南亚东南亚辐射中心建设中来，在加强国内外经贸往来、促进内外互动、提升本地区经济发展活力中发挥作用，显得十分必要。在这样的背景下，相关侨务部门必须积极行动起来，通过引智、引资，主动引导侨资与云南特色产业有机结合，推进云南省产业结构调整，服务和推进"一带一路"建设和云南的跨越式发展；同时促进广大华商转变经营理念、提高经营水平，以应对复杂多变的国际经济环境。

二 平台搭建

如果说政策支持是一个静态的文本，那么平台搭建则是具体的实践策略。所谓搭建平台，就是要搭建中国企业走出去和海外（华人）企业引进来相结合的内外互动、互利共赢的合作发展平台。具体而言，"一带一路"及面向南亚东南亚辐射中心建设的平台主要包括以下内涵。

一是搭建了中国企业"走出去"的平台。党的十八大之后，我国经济进入到稳定增长、结构优化的新常态。在此背景下，我国"走出去"和"引进来"的任务显得尤为迫切。一方面需要营造良好的营商环境，降低制度性交易成本以更好地开拓内需市场。另一方面也需要进一步布局国际市场，加强国际产能合作，全面参与全球经济合作和竞争。[1]"降低门槛"的"引进来"战略，与"一带一路"倡议所倡导的"走出去"相结合，也已经构成了我国新时期扩大对外开放的两个支柱。[2] 截至2017年底，中国企业投资已经覆盖全球80%的国家和地区。南亚东南亚地区的人口超过了17亿，约占世界总人口的20%，海洋地理位置优越，人力资源极为丰富，市场潜力巨大，投资和营商环境不断改善，政府支持外资进入和新兴产业发展，蕴藏着极大的合作商机。2019年上半年，在中国企业对"一带一路"沿线国家和地区的直接投资中，新加坡、越南、老挝、马来西亚、印度尼西亚、泰国、柬埔寨等东南亚国家已成为主要投资目的地。[3]"一带一路"及面向南亚东南亚辐射中心建设进程中，应鼓励有实力的中国企业在理性考察和充分论证的基础上，以"一带一路"建设为契机，积极开展对外投资。而"走出去"的中国企业可以与具有地缘、血缘、业缘优势的住在国华商开展广泛合作，提升"走出去"的质量和效率。

二是搭建了侨资企业"引进来"的平台。"一带一路"以及面向南亚东南亚辐射中心建设要求"走出去"和"引进来"相结合，侨联、侨办等

---

[1] 《"引进来""走出去"绘就开放新格局》，《经济日报》2017年8月30日。
[2] 《融入"一带一路"中国企业走出去的步伐更坚定》，央广网，https://baijiahao.baidu.com/s?id=1611476787724604683&wfr=spider&for=pc，2018-09-13。
[3] 《中国投资看好南亚东南亚市场》，中国经济贸易新闻网，http://www.cetyp.net/，2019-12-11。

相关侨务部门积极发挥作用,服务于侨资企业到中国投资,在平台搭建过程中,逐步明确华商投资的领域、投资方式、投资进度以及中方能够提供的便利条件(土地、规划、贷款等)等,使无形的政策平台转化为有形的实施平台。凭借"一带一路"倡议、中印孟缅经济走廊战略、印度洋战略带来的政策优势,以及云南作为面向南亚东南亚开放重要门户的地缘优势,云南在利用东南亚华商力量参与投资方面大有可为。据不完全统计,云南省侨资企业占全省外资企业投资的65%,侨资企业已成为云南省经济发展的重要力量,侨商更是云南省经济发展的重要助推者。在新的发展形势下,侨联、侨务及相关部门应充分认识华商资源的重要性,积极采取措施加强与海外华侨华人的联谊工作,在重点国家和地区结交更多的侨领、华商、参政议政华人、新华侨华人及华裔新生代杰出人士,培育一支高层次的海外友好力量,为服务侨务经济涵养侨力资源;搭建一个比较公平、公开、公正的投资平台,提升服务意识和水平,为海外华侨华人参与侨务经济提供便利条件①;制定完善专门针对侨资的招商引资政策,提升政策的持续性和稳定性,为华商到国内投资提供保障。

三是搭建了中国企业与侨资企业深入合作和交流的平台。充分发挥"一带一路"沿线国家的华侨华人的人口规模和商业网络优势,主动参与"一带一路"沿线重要基础设施、产业园区等合作项目建设,整合侨商资源、建立行业联盟、制定服务标准,促进信息、资本、技术等要素资源跨国配置,减少潜在贸易投资壁垒的负面影响,助力"一带一路"建设延伸拓展。② 积极支持双方在资金、人才、技术等方面围绕资源开放、产业建设、商业扩张等领域深入合作,共谋发展以达到共赢。云南是一个资源大省,也是资源开放较为落后的省份,吸引侨资与云南特色产业相结合,促进云南产业结构调整和产业升级,不失为一条可行的路径。

中国已经超越日本,成为世界上仅次于美国的第二大经济体。中国的经济发展不但惠及本国人民,也为世界经济发展提供了强劲的动力,特别是对周边国家的发展和转型提供了难得的商机,中国与东南亚国家的联系

---

① 《侨务经济引领云南桥头堡建设》,中国金融信息网,http://news.xinhua08.com/a/20120609/969513.shtml,2012-06-09。
② 《参与"一带一路"建设 华侨华人可发挥三大优势》,中国一带一路网,https://www.yidaiyilu.gov.cn/ghsl/gnzjgd/82337.htm,2019-03-12。

越来越紧密。

以中—泰为例，据中国海关统计，2010年，中泰两国贸易额达529.5亿美元，其中泰国向中国出口货物总值332亿美元，进口197.5亿美元。而到了2018年，中泰双边贸易额增加到801.4亿美元，同比增长8.7%，其中泰国对华出口301.8亿美元，同比增长2.3%；自华进口499.6亿美元，同比增长12.9%。① 在2019年1—11月，中泰两国的双边贸易额为730.6亿美元，同比下降1.2%。其中，泰国对中国出口额为264.8亿美元，同比下降7.7%，占泰国出口总额的11.7%；泰国自中国进口465.8亿美元，同比增长0.6%，占泰国进口总额的21.1%。此外，2019年1—6月，中国申请泰国投资优惠的项目数量为81个，涉及投资额242.78亿泰铢，位居泰第二大投资来源国，日本和新加坡分列第一和第三位。②

中国已成为泰国第一大出口市场，第二大贸易伙伴。同时，两国人民往来持续快速增长，根据中国和泰国旅游部门统计，2010年，到泰国旅游的中国大陆游客约112万，加上港澳台游客共计约183万；泰国赴中国旅游的人数也达64万。③ 2018年，到泰国的中国大陆游客达到1035万人次，创历史新高，是2010年的9倍多。2018年来泰中国大陆游客数量同比增长7.44%；为泰国创收5807亿泰铢（约合1240亿元人民币），同比增长11.52%。④ 在共建"一带一路"背景下，云南被定位为中国面向西南开放的重要门户，中泰之间的交流与合作必然要把云南作为重要的支撑点和突破口。云南必将发挥大通道优势和联结东南亚的物流中心的地位来带动滇泰、中泰经贸大发展。

云南是中国距泰国最近的省份，与泰国互为门户，合作领域广阔。云南具有丰富的矿产资源、水能资源、旅游资源、生物资源，并形成了一批优势产业，如烟草、旅游、生物、化工、电力等。泰国不仅盛产热带水果、咖啡等，还是世界上最大的稻米、木薯、橡胶出口国，同时泰国还是

---

① 《2018年1—12月中泰经贸数据》，中华人民共和国驻泰王国大使馆经济商务参赞处网站，http://th.mofcom.gov.cn/article/d/201903/20190302844012.shtml，2019-03-18。
② 谢雷鸣：《中企在泰国投资量增长趋势》，《中国贸易报》2019年8月15日。
③ 《东盟商界》，《东盟经济时报》2011年6月刊，第65页。
④ 《2018年赴泰中国大陆游客人数创新高》，新华网，http://www.xinhuanet.com/2019-01/28/c_1124054992.htm，2019-01-28。

世界上主要的旅游目的地。① 滇泰贸易大有可为，尤其是在旅游、生物资源开发、农产品贸易等方面，双边合作空间很大。

早在 2001 年，缅甸就已经成为云南省的最大贸易伙伴，滇缅贸易在缅甸对外贸易中具有举足轻重的地位。近年来，中缅、滇缅之间经贸往来和友好交往迎来了重大契机。主要有两个背景：

其一，2011 年，缅甸巩固与发展党（简称巩发党）赢得大选，吴登盛当选总统。2011 年 4 月，"民选政府（文职政府）"正式从执政持续 22 年的"军人政权"接管国家权力。2015 年 11 月 8 日，缅甸举行中断了 25 年的民主选举（议会大选），尽管军方自动获得 1/4 的议会席位，但昂山素季领导的民盟还是大获全胜，获得了近 80% 的议会席位。缅甸民众在大选时对民盟抱有极高的期望，不论是城市精英、知识分子还是不断扩大的中产阶级都认为民盟执政将深刻改变并结束军人政权数十年来的统治模式，开创一条崭新、开放、民主的政治道路。在民盟的领导下，政府运转效率将得到提升，走向现代化的缅甸经济有望获得快速发展。在此背景下，新政府上台将把注意力转移到经济发展和改善民生上，对外开放的步伐将进一步加快，这为中国企业实施"走出去"战略提供了良好的外部环境。

其二，经国务院同意，国家发展改革委印发《关于支持云南省加快建设面向南亚东南亚辐射中心的政策措施》，从 5 个方面提出 14 点举措，云南的发展被提升到国家战略高度，同时与缅甸接壤的瑞丽口岸被列入重点沿边开发开放实验区，是中国唯一按照"境内关外"模式实行特殊管理的边境贸易区。作为建设中的中国对缅甸贸易最大的陆路口岸、中缅油气管道入境口、泛亚铁路西线出境口以及重点沿边开发开放实验区，瑞丽无论从地理区位、开放基础、开放氛围以及与南亚、东南亚各国的商务往来看，都具有特殊的优势和良好的基础，瑞丽将在建设面向南亚东南亚辐射中心，发挥更加突出、更加明显和更加重要的作用。基于上述背景，中缅、滇缅合作和交往具备了坚实基础。缅甸自然资源丰富，素以翡翠、宝石、柚木闻名，矿产资源主要有锡、钨、铝、金、银等，石油和天然气在内陆及沿海蕴藏量较大。森林覆盖率为 52.28%，全国拥有林地 3412 万公

---

① 陆亚琴：《东盟自由贸易区与云南对外开放》，云南民族出版社 2004 年版，第 122 页。

顷。伊洛瓦底江、钦敦江、萨尔温江三大水系纵贯南北，水力资源丰富。民选政府上台之后，缅甸政府将致力于国家经济发展，随着外部资金、技术、智力等软实力的引入，缅甸社会将步入快速发展之路。云南必然要抓住这一重大历史机遇，建立全方位、多层次、宽领域的开放格局，提升滇缅贸易水平，促进滇缅共同发展。

当前老挝经济发展水平不高，工业基础薄弱，市场空间大、投资机会较多，中老铁路等大型基础设施项目正在建设，该项目是中老两国最高领导人亲自推动的政府间合作项目，北起中老边境口岸磨憨/磨丁，南至老挝首都万象，全长414.3千米。该铁路从万象通往泰国，还将连接其他东南亚国家。中老铁路的建设将给电力设备、建材水泥、农业、旅游等相关行业的中国和老挝企业带来发展机遇。同时中老产能合作具有很大的互补性，并且符合老挝实现工业现代化的发展战略，有助于实现两国产业梯次对接。随着"一带一路"建设加快，中老合作领域不断扩大，产能合作取得积极进展，老挝万象中心、老挝万象赛色塔综合开发区、云南铝业老挝年产100万吨氧化铝项目等多个项目进入实质阶段。在电力领域，截至2018年底，老挝共有61个发电厂实现发电，装机容量约7200兆瓦。其中，水电站53个、热电站1个，太阳能发电厂5个。老挝电力项目快速发展为中老电力合作提供了机遇。[①]

值得一提的是，大多数东南亚国家对参与"一带一路"持开放和支持的态度，老挝副总理宋赛·西潘敦2019年9月21日在出席第16届中国—东盟博览会、中国—东盟商务与投资峰会期间表示，老挝将一如既往地参与、支持"一带一路"倡议框架下各项目的贯彻落实，与各方携手为"一带一路"沿线国家的和平、繁荣与可持续发展贡献力量。缅甸在"一带一路"倡议中具有重要的地缘战略意义。2018年以来，缅甸参与"一带一路"倡议有了实质行动。2018年12月7日，缅甸宣布成立实施"一带一路"指导委员会，委员会由国务资政昂山素季任主席。委员会共有27名成员，除昂山素季任主席、第一副总统敏瑞任副主席外，其他成员均为政府部长或省邦首席部长等。缅甸方面表示，成立这一委员会是为了更好地

---

① 《2019年老挝将完成12个水电站建设项目》，中国国际贸易促进会网站，http：//www.ccpit.org，2019－01－02。

落实"一带一路"倡议下共建中缅经济走廊的相关事务。委员会的职责包括指导参与共建"一带一路"过程中,缅甸联邦政府与省邦政府各级之间的协调工作,以及相关政策等。缅方愿积极参与"一带一路"建设,共同推进中缅经济走廊建设,深化各领域互利合作,推动中缅全面战略合作伙伴关系向前发展。泰国总理巴育在出席第二届"一带一路"国际合作高峰论坛时表示,泰国非常支持"一带一路"倡议,期待在"一带一路"框架下进一步拓宽泰国、东盟与中国的合作。

在中泰(滇泰)、中缅(滇缅)、中老(滇老)经济合作和友好交往中,华侨华人起着重要的纽带和桥梁作用。广大华商是双方友好与合作的参与者、先行者、贡献者。中国与周边东南亚国家营造了共建"一带一路"的良好氛围,政府间合作文件的签署为华商参与"一带一路"及相关区域合作机制提供的政策支持,搭建了平台,提升了信心。在中国经济结构转型期,在"一带一路"建设以及建设云南成为面向南亚东南亚辐射中心的背景下,在推动中国资本"走出去"和海外资本"引进来"的过程中,具备地缘、血缘、业缘等优势的华侨华人,是其中不可忽视的重要力量。

三 信心提升

由于政治、文化等的原因,东南亚华商在较为狭窄的生活空间内,经历了长期的艰苦奋斗才积攒了目前较为庞大的财富。因而对于是否进行投资、投资什么、何时投资,显得顾虑重重,但凡没有十足把握,他们不会贸然投资。尤其是在缅甸、柬埔寨等社会开放程度不高的国家,华商的投资行为较为谨慎,并表现出"害怕显富"的心理,因而他们一方面对中国企业到住在国投资心存戒备,另一方面又对自己到中国投资信心不足。

"一带一路"建设有助于提升华商的投资信心。首先,"一带一路"倡议不是虚无缥缈的宏观构想,而是具有集科学性和可操作性于一身的具体的行动指南,国家层面的顶层设计、省级层面的行动计划,以及相关国家之间的合作文件,为广大华商描绘了清晰的"一带一路"推进"路线图"。

(1)"一带一路"倡议有国家层面的顶层设计。2015年3月28日,国家发展改革委、外交部、商务部联合发布了《推动共建丝绸之路经济带和21世纪海上丝绸之路的愿景与行动》,明确指出,"共建'一带一路'

致力于亚欧非大陆及附近海洋的互联互通,建立和加强沿线各国互联互通伙伴关系,构建全方位、多层次、复合型的互联互通网络,实现沿线各国多元、自主、平衡、可持续的发展"。2019年4月22日,推进"一带一路"建设工作领导小组办公室发表《"一带一路"建设:进展、贡献与展望》报告。从政策沟通、设施联通、贸易畅通、资金融通和民心相通等维度分析了"一带一路"取得的进展;从共商共建共享三个层面呈现了中国为推动全球治理体系变革和经济全球化做出的贡献。习近平总书记指出,要把"一带一路"建设成为和平之路、繁荣之路、开放之路、绿色之路、创新之路、文明之路。

(2)"一带一路"倡议有各省级层面具体的"行动计划"。早在2016年底,全国31个省市区和新疆生产建设兵团"一带一路"建设实施方案衔接工作已基本完成。根据方案,各地将在多个领域推动重点工作和重大合作项目。各地高度重视重大项目对"一带一路"建设的支撑带动作用,涉及基础设施建设、产业投资、经贸合作、能源资源合作、金融合作、人文合作、生态环境、海上合作八方面的一批重大项目已取得早期收获。[①]为有效促进互联互通,根据《标准联通共建"一带一路"行动计划(2018—2020年)》,广西、河南、浙江、山西等地区纷纷出台地方性"行动计划"。此外,国家发展改革委印发《关于支持云南省加快建设面向南亚东南亚辐射中心的政策措施》,中国民间组织国际交流促进会与90多家国内社会组织正式启动中国社会组织推动"一带一路"民心相通行动计划(2017—2020)等。

(3)"一带一路"倡议签订了中国与相关国家和国际组织的合作文件。截至2019年10月底,中国已经同137个国家和30个国际组织签署197份共建"一带一路"合作文件。[②] 2019年1月29日,商务部正式对外发布2018版《对外投资合作国别(地区)指南》(以下简称指南),覆盖了172个国家和地区,包括亚洲地区27个(其中南亚东南亚17个)(见表8.1)、西亚非洲地区63个、欧亚地区12个、欧洲地区36个以及美洲大

---

① 《中国多个省市区"一带一路"实施方案汇总》,中国一带一路网,https://www.yidaiyilu.gov.cn/zchj/jggg/2755.htm,2016-11-22。

② 《已同中国签订共建"一带一路"合作文件的国家一览》,中国一带一路网,https://www.yidaiyilu.gov.cn/xwzx/roll/77298.htm,2019-04-12。

洋洲地区 34 个。指南全面介绍了投资合作目的国（地区）的基本情况、经济形势、政策法规、投资机遇和风险等内容，不仅为中国企业开展对外投资合作提供了丰富的基础信息，也为华商参与"一带一路"提供了参照。

表 8.1　　中国与南亚东南亚国家签署合作文件及发布投资指南情况

国家	相关文件	投资指南
缅甸	中国同新加坡、东帝汶、马来西亚、缅甸等国签署政府间"一带一路"合作谅解备忘录	2018 投资指南—缅甸
新加坡		2018 投资指南—新加坡
东帝汶		2018 投资指南—东帝汶
马来西亚		2018 投资指南—马来西亚
柬埔寨	中国与柬埔寨签署政府间共建"一带一路"合作文件	2018 投资指南—柬埔寨
越南	中国与越南签署共建"一带一路"和"两廊一圈"合作备忘录	2018 投资指南—越南
老挝	中国与老挝签署共建"一带一路"合作文件	2018 投资指南—老挝
文莱	中国同文莱签署"一带一路"等双边合作文件	2018 投资指南—文莱
巴基斯坦	中国同巴基斯坦等国签署政府间"一带一路"合作谅解备忘录	2018 投资指南—巴基斯坦
斯里兰卡	商务部和斯里兰卡财政计划部签署有关共建"21 世纪海上丝绸之路"的备忘录	2018 投资指南—斯里兰卡
孟加拉国	中孟签署《关于编制共同推进"一带一路"建设合作规划纲要的谅解备忘录》	2018 投资指南—孟加拉国
尼泊尔	中国同尼泊尔签署政府间"一带一路"合作谅解备忘录	2018 投资指南—尼泊尔
马尔代夫	中国同马尔代夫签署政府间共同推进"一带一路"建设谅解备忘录	2018 投资指南—马尔代夫
泰国	中泰签署《共同推进"一带一路"建设谅解备忘录》	2018 投资指南—泰国
印度尼西亚	中印尼已签署推进"一带一路"和"全球海洋支点"建设谅解备忘录	2018 投资指南—印度尼西亚

续表

国家	相关文件	投资指南
菲律宾	中华人民共和国与菲律宾共和国联合声明	2018投资指南—菲律宾
也门	中国政府与也门政府签署共建"一带一路"谅解备忘录	2018投资指南—也门

资料来源：《已同中国签订共建"一带一路"合作文件的国家一览》，中国一带一路网，https://www.yidaiyilu.gov.cn/xwzx/roll/77298.htm，2019-04-12。

注：与印度未签署书面合作文件，但商务部发布了投资指南—印度。

其次，中国制定的关于侨资企业对华投资的相关政策支持和法律条款，能够充分保障华商在华投资的权益不受侵害，为他们解除后顾之忧。我国于1957年出台了《关于华侨投资于国营投资公司的优待办法》。之后相继制定《中华人民共和国中外合资经营企业法》《中华人民共和国中外合作经营企业法》《中华人民共和国外资企业法》《国务院关于鼓励外商投资的规定》《侨资企业权益保障法》《国务院关于鼓励华侨和香港澳门同胞投资的规定》《归侨侨眷权益保护法》《国务院关于引进国外人才工作的暂行规定》等法律法规，分别对有关引进华侨华人的资金、技术、设备、人才等优惠待遇作了规定。[①] 以上法律法规的出台，不仅要保护他们用于投资的生产资料，还要保护投资后的合法收益，为他们创造了良好的投资环境，提升了他们的投资信心。

再次，侨联等相关侨务部门为华商对华投资牵线搭桥、铺路架桥，极大提升了华商对华投资的信心。侨联作为与海外华侨华人联系紧密的社会组织，要发挥其工作涉及面广、工作方法灵活等优势，积极主动服务于国内资本的走出去和海外资本的引进来。泰国、缅甸华侨华人无论经济还是政治方面在当地都有较大的影响力，侨联应积极引导一些重要、知名的华人企业与国内（云南）企业合作，为他们铺路架桥、提供信息，搭建起服务于滇泰、滇缅长期性经贸交往的战略平台，促进内外互动，探寻国内企业与海外华商共同发展的新路子，为实施走出去战略、桥头堡战略提供

---

① 参见《关于华侨权益保护的立法研究》，华人网，http://www.ccpcc.com/jjxj/km1/00b019.htm。

支持。

最后，中国与东南亚国家良好的国家关系以及多层面的合作和交往，为华商到中国投资创造了良好的外部环境和心理支持。虽然中国与部分东南亚国家时有摩擦，但总体是好的，主要表现在三个方面。

（1）中国高度重视与东南亚国家的情感联系，在东南亚国家遭遇自然灾害或者其他困难的时候，总是真心实意伸出援手以共渡难关。比如说，1998年发生的从泰国蔓延到整个东南亚的金融危机，中国及时提供援助，坚持人民币不贬值，以一种同舟共济的态度给东南亚国家以有力的帮助和支持。在2008年华尔街爆发的金融海啸中，东南亚国家同样遭受重创，中国再次以负责任的态度帮助有关国家应对危机。2004年12月发生的印度洋大海啸，2008年缅甸"纳尔吉斯"风灾，2015年缅甸洪灾，2018年老挝洪灾，中国及时向受灾国在灾害评估、灾情预测、灾民安置、灾后重建等方面提供资金、物资、人员和技术支援。此外，中国还为东南亚国家提供包括基础设施建设、反贫困、疾病预防等方面的援助。

（2）在打击毒品和跨国犯罪、应对非传统安全威胁方面，中国与东南亚国家的合作也较为频繁，建立了良好的工作机制，取得了丰硕的合作成果。云南省政府和边境沿线地方政府与次区域地区周边国家的合作关系不断深化，相关领域的合作稳步推行，先后建立了"云南—泰北工作组""滇越五省市经济协商会""云南老北工作组""滇缅合作商务论坛"等多方合作机制，禁毒也是该合作机制涉及的主要内容。在国家的支持与指导下，该合作机制在打击毒品走私、缉毒警员培训、境外替代种植、情报交流等方面开展了广泛合作。同时建立了相应的联络机构，协调双边的联合禁毒事宜。除了联合侦查办案外，边境禁毒执法合作的形式最常见的还有联合扫毒和铲毒。联合扫毒行动，主要针对流动吸毒人员和零星贩毒人员，一般由两国同时出动警力，对两国边境地区的流动人口聚集地、娱乐场所进行稽查。联合铲毒行动，就是通过卫星遥感监测等方式，我方将发现的罂粟种植地域通报对方，在对方邀请下派员出境，共同铲除罂粟。一般来说行动还是以对方为主，云南方面出动少量警力，以观察员身份参加。此外，我国与次区域地区国家在开展联合执法、联合打击跨国犯罪方面也取得突破性进展，中老缅泰湄公河联合执法是中国构建边境地区安全以及次区域地区安全机制的开创性工作，具有非常重要的意义。目前四国已提出将在湄公河流域开展更广泛的执法合作,把该地域的贩毒、跨境非法活动、拐卖妇女儿童犯罪活动纳入联合巡逻执法的范围。

(3) 中国与东南亚国家在区域合作中成果丰硕。如中国和东盟签订了货物贸易协定、服务贸易协定、投资协定,在此基础上建成了中国—东盟自贸区。中国—东盟自贸区是中国对外商谈的第一个自贸区,也是东盟作为整体对外商谈的第一个自贸区。中国与东盟双边贸易额持续增长。中国已连续 10 年保持为东盟第一大贸易伙伴,东盟已成为中国第二大贸易伙伴。2019 年 1—6 月,中国—东盟进出口贸易额 2918.5 亿美元,同比增长 4.2%。双边投资合作卓有成效。截至 2018 年底,中国和东盟双向累计投资额达 2057.1 亿美元,双向投资存量 15 年间增长 22 倍。①

目前,中国与东盟在农业、人力资源开发、相互投资、湄公河流域开发、交通、能源、文化、旅游和公共卫生等重要领域开展了广泛而务实的合作。再以云南为例,东盟是云南重要的贸易伙伴,早在 2004 年,云南的前十大进出口贸易国和地区中,就有 4 个是东盟国家,分别是缅甸、越南、泰国和印度尼西亚。2018 年云南与"一带一路"沿线国家(地区)贸易保持较快增长,进出口贸易额达 1331.6 亿元,增长 30.3%,其中东盟占全省进出口额的比重达 46.1%。② 2019 年前 11 个月,云南省外贸进出口 2089.8 亿元人民币,首次突破 2000 亿元,其中云南与"一带一路"沿线国家贸易额达 1469.3 亿元,增长 15.1%,与"一带一路"沿线国家贸易额占全省进出口贸易额的比重为 70.3%;与云南与东盟贸易额达 1026.4 亿元,增长 26.2%。③ 云南借助与东南亚国家特殊的地缘优势,被定位为中国面向西南开放的重要门户,因而吸引外资,尤其是吸引东南亚华商对云南的投资,是推进云南跨越式发展,实现缅甸南亚东南亚辐射中心建设目标重要路径。

---

① 《东盟已成为中国第二大贸易伙伴》,《人民日报》2019 年 8 月 1 日。
② 《2018 年云南外贸进出口总值达 1973 亿元》,《云南日报》2019 年 1 月 16 日。
③ 《云南外贸进出口额首破 2000 亿元》,云南网,http://yn.yunnan.cn/system/2019/12/13/030543715.shtml,2019-12-13。

第九章 东南亚华商在"一带一路"建设中的角色定位和战略路径

东南亚华商挨过了最困难最危险的20世纪50年代和60年代，70年代形势有所扭转，80年代渐入佳境，90年代以来东南亚国家致力于国家的民族和解和经济建设中，华商在经济领域成就显著。

新世纪以来，原先较为封闭的缅甸、越南、柬埔寨等国逐步实行对外开放政策，促进了这些国家经济政策的调整和转向。在此背景下，对拥有较大经济资源的华商的重视和利用，已经势在必行。以缅甸为例，由于历史原因，缅甸一直由军政府把持政权，国家一直处于封闭落后的状态中。

自2011年3月30日吴登盛当选缅甸联邦共和国总统至今，缅甸的民主转型已经进行了九年之久。这期间分别由吴登盛（2011年2月—2016年2月）、吴廷觉（2016年2月—2018年3月）、吴温敏（2018年3月至今）执政。缅甸在实现国家转型的同时，也将带动国家的经济社会发展进入一个相对良性发展的状态。2011年大选后不久，中缅两国关系被定位为建设全面战略合作伙伴关系，为双边关系与合作的未来发展奠定了基础，也把两国全方位合作带入新的起点。具有较大经济影响力的缅甸华商在中缅经贸交往与合作中的作用将日益凸显。在参与"一带一路"方面，缅甸也有了实质行动。2018年12月，缅甸宣布成立实施"一带一路"指导委员会，委员会由国务资政昂山素季任主席。缅甸方面表示，成立这一委员会是为了更好地落实"一带一路"倡议下共建中缅经济走廊的相关事务。中缅走廊将把缅甸最发达和最不发达的地区连接起来，有利于缅甸的经济建设，边境贸易发展和基础设施的建设，并能为周边地区创造更多就业岗位，促进民众收入水平的提高。

目前，中国—东盟自由贸易区的建设和一系列合作项目的开展，有力地推动了双边经贸合作和政治交往。中国与东南亚国家良好的国家关系，以及中国把云南定位为面向南亚东南亚辐射中心，对东南亚华商的社会处境改善和经济行动调整，将起着极其重大的促进作用。

一 东南亚华商是"一带一路"建设中的角色定位

（一）东南亚华商是"一带一路"建设的积极参与者

云南是中国的第五大侨乡，有250万云南籍海外侨胞分布在世界70多个国家和地区，省内还有50多万归侨、侨眷。改革开放以来，众多华侨华人、港澳同胞利用自身优势，纷纷回乡投资兴业，为云南的经济建设注入了新的活力。侨资企业已成为推动云南经济发展的一支重要力量。"一带一路"倡议为云南发展带来了前所未有的机遇，也使侨资企业迎来新的发展时机。东南亚华商将成为"一带一路"倡议及面向南亚东南亚辐射中心建设的积极参与者。

四个因素将决定着"东南亚华商是'一带一路'倡议及面向南亚东南亚辐射中心建设积极参与者"的基本判断：

其一，东南亚华商经过多年打拼，已经积累了巨大财富和丰富经验，成为该地区最活跃的经济群体之一。同时，东南亚华商依托天然优势，对祖籍国的风土人情、文化特性、国家走势、发展政策等比较熟悉，具备了和国内（云南）开展经贸合作的优势条件。

其二，显著的区位优势和丰富的资源优势成为华商看好"一带一路"和辐射中心建设的最主要因素。云南地处东亚、东南亚和南亚接合部，因其优越的区位优势，将在构建第三大陆桥中发挥重要的枢纽作用。同时，云南气候宜人，资源丰富，在能源、生物、旅游、矿产、基础设施、地产等方面为海外华商提供了广阔的投资空间。

其三，优越的基础设施为东南亚华商参与"一带一路"及面向南亚东南亚辐射中心建设提供了物质前提。云南省与越南、老挝、缅甸山水相连。近年来，云南省加快构建东南亚、南亚的公路、铁路、航空、水运综合交通体系，全力推进连接东南亚、南亚国际大通道的建设。建设"八出省、五出境"铁路网，着力打通中老、中缅、中越三条国际通道，主动服务和融入"一带一路"建设，2018年底全省铁路总里程达3856千米，其中高铁动车运营里程达1026千米。宁蒗泸沽湖、沧源佤山、澜沧景迈三个民用支线机场的正式通航，截至2018年底，全省共有民用运输机场15个，位居全国第三。"两出省、三出境"水运通道建设稳步推进，景洪升船机投入使用，澜沧江—湄公河航运实现集装箱运输零突破。2018年底全省航道里程达4339千米，港口12个、泊位201个。①《关于支持云南省加快建设面向南亚东南亚辐射中心的政策措施》提出，要实施好面向南亚东南亚辐射中心的综合交通发展规划，继续推动中印孟缅经济走廊、中国—中南半岛经济走廊基础设施互联互通。推动跨境公路建设，优先打通瓶颈路段和关键路段；加快落实与周边国家的跨境汽车运输协定，方便跨境货物运输和人员往来，促进云南省与周边国家互联互通。充分发挥跨境河流航运功能，完善航运合作机制。建设昆明国际航空枢纽，构建覆盖南亚东南亚各国首都和主要城市、连接世界主要航空枢纽的航线网络。加快建设面向南亚东南亚的国际通信枢纽。良好的基础设施、便捷的交通网络为东南亚华商参与"一带一路"及面向南亚东南亚辐射中心建设提供了基础和保障。

其四，积极性投资政策的出台和良好的投资环境的营造为东南亚华商参与共建"一带一路"增强了信心。近年来，随着国家对云南等西部省区支持力度的加大，云南的发展获得了更多的优惠政策。"一带一路"倡议、西部大开发战略、沿边开发开放战略、兴边富民行动计划等重大政策措施，以及和沿边开发开放试验区、边境经济合作区、跨境金融综合改革试验区、滇中产业新区等区域发展战略规划相继出台，为云南实现跨越发展与东南亚华商参与"一带一路"建设提供了坚实政策支持。同时。云南省一批重大基础设施和产业发展项目相继开工，通关便利化、跨境人民币结算、与周边国家综合交通网络互联互通工作取得重大进展，中国—南亚博览会永久落户昆明，这些都将为华商投资云南及邻近地区创造更好更多的机遇。云南经济发展进入快车道，已迈进工业化初期向中期过渡和城镇化

---

① 《新中国成立70年云南综合交通发展成就综述》，云南省交通运输厅网站，http://www.ynjtt.com/Item/244606.aspx，2019-09-29。

快速发展时期，具备在较长时期内实现经济持续健康较快发展的基础和条件。①

云南省依托瑞丽重点开发开放实验区建设，全力打造瑞丽国际华商产业园，更好地支持华商在云南投资兴业。近年来，云南省政府研究制定了10个方面、66条政策，支持瑞丽重点开发开放实验区建设，为海外华商入驻瑞丽国际华商产业园发展，提供了非常优惠的条件；认真落实《国务院关于支持沿边重点地区开发开放若干政策措施的意见》，推动国家优惠政策取得实质进展。国务院侨务办公室与云南省人民政府共同建设云南华文学院，培养面向东南亚国家的特殊专门人才。侨办与侨联相关部门充分发挥地缘优势，并从南亚华商聚集区的优势出发，创造性地推动侨务工作，切实引导侨商资源与云南面向西南开放和地区经济社会发展有机结合，使云南成为全国侨务工作最具活力的省份之一。

此外，依托云南在东南亚、南亚国家设立的商务代表处，通过采取向代表处派驻侨务工作人员的方式，加强与海外华侨华人的联络服务。许多华商都是家族企业，创业从无到有从小到大，通过勤俭创业积累资本，因此针对投资都比较谨慎甚至保守。但在"一带一路"背景下，中央积极支持云南与周边国家和地区的经贸交往，这为华商开展对华投资创造了良好的氛围和便利的环境。

（二）东南亚华商是"一带一路"建设的桥梁和纽带

华商在东南亚各国有着深厚的历史根基、深度的社会融入、强大的经济实力、较强的社会影响力，"一带一路"建设和云南面向南亚东南辐射中心建设应充分发挥东南亚华商的资源优势以及桥梁和纽带作用，在促进自身不断发展壮大的同时，推动中国与东南亚国家的政治、经济和文化交往与交流。

首先，在政治层面，"一带一路"建设和云南面向南亚东南辐射中心建设明确了云南的战略定位，更为提升中国（云南）对外开放水平的提供了政策支持。因而，"一带一路"建设和云南面向南亚东南辐射中心建设

---

① 《吸引华商的云南元素》，云南新闻网，http://www.yn.chinanews.com/special/6/203.shtml。

不仅是中国（云南）自己的事情，也是东南亚国家谋求发展的重大机会。"一带一路"建设和云南面向南亚东南辐射中心建设的实施和稳步推进，离不开中国（云南）与东南亚国家的良性互动与深入合作，首要的就是加强政治交往，加深政治互信，为经贸交往和文化交流创造良好的政治氛围。在东南亚国家形成强大网络资源优势的华商必将在中国与东南亚国家政治交往中发挥重要作用。

其次，在经济层面，华商在东南亚具有巨大经济影响力，他们的对华投资行动容易产生示范效应，吸引更多的华商甚至本土企业参与进来。就云南而言，截至2017年底，云南省侨资企业共有1084家，占全省外资企业投资的65%。侨资企业在云南省已形成近650亿人民币的固定资产，年总生产值达340亿元，从业人员达10余万人，年上缴利税超过25亿元。侨资企业已成为云南省经济发展的重要力量，华商成为云南省经济发展的重要助推者。① 华商资本的引入，不仅仅是资金的引入，还是技术和人才的引入，更是新理念、新思维和先进管理经验的引入。此外，中国（云南）和东南亚各国在基础设施、自然资源、产业结构和生产能力等方面互补性强。这种互补，为双边贸易和相互投资提供了条件。中国—东盟自由贸易区的启动、关税的减让和非关税壁垒的减少，将大大刺激双方的贸易热情，促进双方产业合作的深化。② 总之，在推动"一带一路"和云南"辐射中心"建设方面，东南亚华商将大有可为。

最后，在文化层面，东南亚华商文化是在中外文化交汇中形成的，不仅包含着诸多中华传统文化元素，而且吸收了当地以及来自西方文化中的优秀成分，形成东南亚地区特有的华人文化。尽管这一文化不等同于中国本土文化，但仍然保留着中国传统文化的特色。③ 在"一带一路"和云南"辐射中心"建设背景下，东南亚华商通过无形的文化力量，联结着中国（云南）与东南亚国家的文化交流，以加强中国与东南亚国家间的相互理解、相互尊重，在此基础上，谋求共同发展和进步的新方向。

---

① 《40余国600华商赴滇参加第16届东盟华商会》，http://www.ynqb.net.cn/htmlweb/qiaoban/2018/0607/news_2_148822.html，2018-06-07。
② 《东盟华商成为桥头堡建设"急先锋"》，《昆明日报》2011年6月7日。
③ 梁英明：《东南亚华人研究：新世纪新视野》，香港社会科学出版社有限公司2008年版，第36页。

（三）东南亚华商网络是"一带一路"建设的宝贵资源

华商网络，指的是华商因市场、商品、活动区域、共同利益关系而形成的相对稳定的联系网络。华商社会网络体现了传统华人社会结构的基本特征，由此形成的社会关系网络如同费孝通先生所讲的"差序格局"，是由自我为中心的一个个同心圆所组成的整体。具体而言，华商网络是以华人企业为节点，以华人社会关系为经络，依据社会关系的亲疏等级为半径编织而成的同心圆。无数同心圆相互交织、渗透，共同构筑了华商网络的总体结构。[①] 东南亚是世界华人的主要聚集区，也是华商网络较为稳固地存在的地区之一。

华商网络一经形成，就产生出巨大能量，推动着华人社会的发展、进步与繁荣。在东南亚国家，受制于市场的不完备以及生活空间的狭小，广大华人很难通过官方正式渠道获取市场信息，只能依赖于遍布各地的华商网络的信息分享。华商网络已经成为广大华人企业扩大产业规模、调整产业布局、拓展海外投资市场的重要平台。依托华商网络，一方面，华人企业可以获取充分的市场信息，以及有关目标国家的文化信息和政治信息，降低市场风险、交易成本；另一方面，华人企业可以借此加快融资效率，筹集资金，并且在华商网络的庇护下有效规避各类风险。

基于华商网络的巨大能量，华商企业已经成为东南亚地区与国际市场联系的中介。华商网络作为东南亚经济整合的一种有效的非正式途径，正发挥着越来越重要的作用。[②] 近年来，随着"一带一路"的稳步推进，以及中国—东盟自由贸易区快速发展，在《中国—东盟战略伙伴关系2030年愿景》指导下，"一带一路"倡议与《东盟互联互通总体规划2025》对接愈加紧密，铁路、公路、港口等基础设施以及陆上、海上、天上、网上互联互通网络逐步完善，电力、汽车、信息通信、轨道交通、装备制造等领域产能合作积极推进，电子商务、数字贸易、5G网络、智慧城市、海

[①] 参见王苍柏《东亚现代化视野中的华人经济网络——以泰国为例的研究》，《华侨华人历史研究》1998年第3期；庄国土、刘文正《东亚华人社会的形成与发展》，厦门大学出版社2009年版，第495页。

[②] 庄国土、刘文正：《东亚华人社会的形成与发展》，厦门大学出版社2009年版，第497页。

洋科技等领域创新合作取得突破。① 中国将以更加开放的姿态面向东南亚国家，这也为东南亚国家加大对华开放创造了条件，在东南亚地区具有较大经济影响力的东南亚华商将在中国与东南亚国家间的经贸交往中扮演越来越重要的角色。

二 东南亚华商服务"一带一路"建设的重点领域

依托"一带一路"，把云南发展成为面向南亚东南亚辐射中心，这是国家的发展战略要求，更是云南自身的发展诉求。在"辐射中心"建设中，必须高度重视东南亚华商的作用。东南亚华商有资金和智力优势，云南有资源和产业优势，如何动员和引导华商资本投资云南的资源开发和特色产业发展，推进云南省产业结构调整和优化升级，并与周边国家和地区合作，打造一条覆盖面广、关联度高、以服务业为主的产业链条，关乎"辐射中心"建设的成效，关乎云南及周边国家和地区区域性经济发展格局的形成，更关乎"一带一路"面向西南方向推进得成效。

云南"十三五"规划纲要提出，"一核一圈两廊三带六群"区域发展新空间战略。其中"两廊"是指，顺应中印孟缅经济走廊和中国—中南半岛国际经济走廊建设，优化云南省城镇发展、产业发展和基础设施建设空间布局，更好地服务和融入国家发展战略，实现经济走廊与各经济带、城市群联动发展。"三带"是指，以边境经济合作区、跨境经济合作区建设为重点，完善综合交通、口岸和边境通道等基础设施，打造面向南亚东南亚开放的前沿和窗口，加快形成沿边开放经济带；沿澜沧江重点发展生态文化旅游产业，打造全省绿色经济发展和民族团结进步试验区，加快培育澜沧江开发开放经济带；沿金沙江加强基础设施、清洁能源和清洁载能产业、特色旅游业、生态环保、开放平台、市场体系和城镇建设，加快培育金沙江对内开放合作经济带。②

在引导华商资本投资云南特色产业方面，要找准突破口，选择那些具

---

① 《跃升第五大经济体，抓住"一带一路"契机，东盟将加速推进区域一体化建设》，《经济日报》2010 年 1 月 9 日。
② 《中共云南省委关于制定国民经济和社会发展第十三个五年规划的建议》，《云南日报》2015 年 12 月 16 日。

有较大辐射能力和拓展空间的产业开展合作，打造联结云南和周边国家积极互动、充满活力的产业链。总体而言，在交通、农业、旅游、矿产、生物、能源等产业可以作为侨资与云南特色产业相结合的突破口。

（一）交通领域

云南境内特殊的地形地貌决定了云南交通状况的落后面貌。茶马古道是古代中国与南亚地区一条重要的贸易通道，孕育了庞大的"马帮"队伍，"马帮"成为当时陆路运输的主要方式甚至唯一方式。

鸦片战争以后，法国通过与中国签订不平等条约，攫取了滇越铁路滇段（今昆明至河口铁路）的修筑、营运权。为了修筑这条铁路，中国民工死亡5万余人，而利权则完全掌握在法帝国主义手中。云南各族人民为摆脱帝国主义的控制，自1910年起，云南先后计划、筹备和修建"滇邕""滇蜀""滇缅"等铁路，但由于建设难度大且资金短缺，当时仅只修通了昆明至安宁段。1913年，个旧—碧色寨—石屏间177千米的铁路历时20多年才建成通车。1928年修建了昆明至安宁长34千米的汽车路，这是云南最早的一条公路。1929年，国民党云南省政府成立公路局，分全省公路为滇西、滇东北、滇东、滇南4条干道和8个分区，开始有计划地修筑公路。抗日战争爆发后，云南公路、民用航空建设和运输一度发展较快。但抗战胜利后，由于赴昆机构及人员大批内迁，加上云南地处边疆，过境物资、货客运量锐减，运输业日渐衰落。到云南解放前夕，窄轨铁路能通车的只有656千米。公路在云南解放前虽修建了5214千米，实际能通车的里程仅3828千米。1949年云南解放期间，云南铁路、公路交通，再遭破坏，整个交通运输处于瘫痪状态。

中华人民共和国成立后，云南的交通建设得到较快发展。从1950年到1987年的38年间，全省交通运输和邮电事业的基本建设投资共达49.07亿元，占同时期全省基本建设投资总额的15.9%。截至1987年，全省有铁路1642千米，比解放初期的656千米增加了1.5倍。贵昆、成昆两条铁路建成通车，结束了云南和全国铁路网隔绝的历史。此外，全省有等级公路4.99万千米（不包括县、乡公路2.8万余千米），比中华人民共和国成立时的2783千米增加了16.9倍，实现了县县通公路，基本实现镇镇通公路（全省 195 个镇，仅 17 个不通公路）。①

20 世纪 90 年代以来，云南一直致力于建设通往东南亚、南亚的陆上国际大通道，积极推进交通基础设施建设，机场建设、铁路建设、公路建设都取得的翻天覆地的成就。仅"十一五"期间，机场建设投资超过 300 亿元，截至 2018 年，云南民用运输机场达 15 个，数量位居全国第三，机场密度为每 10 万平方千米 3.81 个，为全国机场集中度最高的省份；公路建设方面，逐步推进通往越南、老挝、缅甸、泰国、印度等国的国际大通道云南境内路段的高等级化改造；铁路"八出省四出境"铁路网正在建设当中。2011 年国务院批准并出台的《国务院关于支持云南省加快建设面向西南开放重要桥头堡的意见》明确提出，要把云南建成我国向西南开放的重要门户。同时指出，要加快外接东南亚、南亚，内连西南及东中部腹地的综合交通体系、能源管网、物流通道和通信设施建设，构筑陆上大通道。云南省委、省政府也把大通道建设作为重要的工作任务来抓，以构筑海陆空立体交通体系。

然而，由于历史、地理环境、区域经济发展不平衡等因素的影响，云南交通基础设施建设仍然存在很多问题。从铁路建设来看，云南铁路里程 2172 千米，其中营运里程仅为 1523.7 千米，在全国路网密度中排名倒数第二位，铁路承载力极为有限。云南铁路工程建设缓慢，2005 年至 2008 年的四年时间里，铁路里程仅增加 30.6 千米，尤其是 2007 年和 2008 年，铁路建设基本属于停止状态。从公路建设来看，云南省高等级千米规模不足，路网密度低。据统计，云南全省路网密度约为 50 千米/百平方千米，高等级公路仅占公路总里程的 3.73%，均低于全国平均水平。昆曼国际大通道建设有所进展但困难重重，2010 年在建的 52 条二级公路中，有 8 条建设进度明显滞后。从水路建设来看，云南水运开发程度不高，全省通航里程仅为 2764 千米，不到可开发里程的 20%。航道等级多为六级以下，港口建设落后，装卸机械化程度低，航运市场发育不足。② 从航空建设来看，云南国际航班数量和通达能力有限，目前，昆明尚未开通欧美航线，

---

① 《云南交通的历史与现状》，交通警察网，http://www.110122.cn/Content.aspx? ID = 408。

② 文娜等：《云南省桥头堡战略中国际大通道建设的思考》，《第五届云南论坛论文集》，云南人民出版社 2011 年版，第 139 页。

第九章　东南亚华商在"一带一路"建设中的角色定位和战略路径　179

仅开通港台、东南亚国家、日本、韩国，以及少数南亚和中东国家。尤其是面向东南亚和南亚的货运还比较少，难以凸显面向东南亚和南亚的国际门户优势。总之，云南的交通基础设施建设相对滞后，无法满足面向西南国家大通道的要求。因而，加快打造立体交通体系，满足中国与东南亚国家的贸易往来的硬件要求，是云南面向南亚东南亚辐射中心建设的先导性任务之一。侨联等侨务工作部门应紧密配合面向西南开放的通道建设，积极引导东南亚华商参与公路、铁路、航空、水运等领域的项目投资，促进云南交通体系建设的跨越式发展。

同时，在国际通道的通关便利化问题，不仅需要两国政府间的谈判，同样需要东南亚华商积极参与，以推动政府决策的调整。以昆曼公路为例，作为中国—东盟自由贸易区建设重要基础性项目的昆曼公路全长1800余千米，东起昆（明）玉（溪）高速公路入口处的昆明收费站，止于泰国曼谷。全线由中国段、老挝段和泰国段组成。中国境内云南段由昆明起至磨憨口岸止为827千米；出中国境后由老挝磨丁至会晒止，全长247千米；由老挝会晒跨过湄公河进入泰国边境城市清孔后，由清孔至曼谷全长813千米。从2004年全线开工建设到2012年12月连接老挝会晒和泰国清孔的会晒大桥合龙，从理论上说已经实现了全程陆路贯通。① 然而由于种种原因，这条公路虽然在空间上实现了贯通，却并没有使人员和货运流通实现时间上的跨越②，面临"通而不畅"的问题。

虽然自2015年底由泰国、中国、越南、柬埔寨、老挝及缅甸组成的大湄公河次区域经济合作成员签署了大湄公河次区域跨境运输协定（GMS Cross-Border Transport Agreement：GMS CBTA），但昆曼公路相关贸易便利化政策仍不能有效执行，基础设施配套建设落后，物流管理水平低下，导致昆曼公路物流费用及物流时间成本都较高，与沿线国家物流需求持续增长的现状与趋势形成了巨大的反差。③ 因而，落实昆曼公路通关便利化，以及解决"供需匹配"问题已经刻不容缓，一方面，政府间的积极推动是主导；另一方面，泰国华侨华人的积极推动也必不可少。

---

① 郭元丽：《昆曼公路贸易运输一站式服务模式研究》，《中国市场》2015年第11期。
② 黄洁、白捷伊：《昆曼公路通而不畅问题分析》，《特务经济》2016年第10期。
③ 同上。

(二) 矿产资源领域

一方面，积极引导华商架起云南与东南亚国家合作开发矿产资源的桥梁。云南矿产资源丰富，储量大、矿种全，已发现矿产142种，有92种探明了储量，矿产地1274处。然而随着多年的开发，矿产资源短缺问题日益凸显，与强大的冶炼加工能力相比，云南的锡、铜、铁、铝土等矿石严重短缺，已经越来越满足不了生产需求。绝大部分锡矿石和铜矿石需进口。然而，在云南到印尼这一长达2880千米的地带蕴藏着丰富的矿产资源。

有资料表明，东南亚越南、老挝、缅甸、泰国、柬埔寨5个中南半岛国家，是大陆板块强烈活动地带，多样、复杂、多期的各种类型构造岩浆带，构成了特定的组合、地球化学特征和成矿环境。据不完全统计，中南半岛5国已发现矿产110余种，已知矿床和矿产地达1100多处，是世界级锡、镍、红蓝宝石、翡翠、石油、钾盐、天然气等矿产的集中分布带，铬、钛、铜、铁、钴、钨、金、稀土、磷、煤及其他非金属矿产在亚洲占有重要地位。该地区往西与地中海成矿带连接后构成与著名环太平洋成矿带并列的地中海——"三江"（怒江、澜沧江、金沙江）——东南亚世界级成矿带，其中分布有全世界最长、最重要的含锡花岗岩带，东、南、西三面环抱的大陆架是仅次于波斯湾的第二油气区带，还有全世界最大、最重要的宝玉石产区，因而成为全球瞩目的矿产资源富集地带。

东南亚国家丰富的矿产资源正好与云南矿产资源相对短缺的现状形成互补。另外，这些国家虽然资源丰富，但由于资金、技术的缺乏，以及历史遗留问题，许多资源都未得到有效开发，采矿、选矿、冶炼、矿产加工等技术都较为落后。而在多年的矿产开采、冶炼、加工实践中，已经积累的较为丰富的矿产开发经验和较强的矿产冶炼和加工能力，正好和东南亚国家落后的矿产资源开发能力形成互补。东南亚华商可以借助自身的资金优势、业缘优势和丰富的华商网络资源，牵线搭桥、铺路架桥，搭建起云南与东南亚国家矿产资源开发合作的新桥梁。

另一方面，主动引导侨资与云南特色产业有机对接，推进云南省产业结构调整，服务和推进跨越式发展。云南自古就是连接中国内地与东南亚、南亚及印度洋沿岸国家最为便捷的陆上通道，同时也是珠宝玉石的主要集散地和东南亚各国玉石原料的传统贸易市场。然而自 2011 年以来，由于缅甸政府对玉石毛料交易、出口政策进行了重大调整，规定玉石毛料必须到仰光参加公盘交易，同时限制毛料从陆路运往各边境口岸。在全国玉石毛料年需求量剧增到数万吨时，云南的进口量却在逐年递减。①

与此同时，进口量的锐减，意味着失去原料来源，失去"玉出云南"的延续，云南珠宝玉石产业处于"被边缘化"的境地，因而推动和促进玉石产业的跨越式发展已经刻不容缓。② 中国与东盟自由贸易区于 2010 年如期建成，为把珠宝玉石产业培育成云南又一特色优势产业，把云南建成中国珠宝玉石产业大省和世界重要的珠宝集散中心和产业加工中心提供广阔的国际背景。而瑞丽、畹町作为我国连接东南亚、南亚的重要门户，与玉石主产国缅甸山水相连，在云南珠宝产业发展中作用尤显突出。应紧紧围绕"一带一路"建设，以瑞丽经济开发区为平台，主动引导侨资与云南特色产业有机对接；创建畹町产业聚集区，重点打造云南珠宝产业中心，吸引一批有代表性、有实力、有创意的珠宝侨资企业落户，促进云南珠宝产业结构水平的提升，使云南成为名副其实的珠宝产业中心。在引导侨资方面，侨联大有可为。

其一，畹町周边良好的软硬件条件为侨联向侨资企业推荐项目提供重要现实依据。畹町辐射的中缅跨境地区水、电、路、通讯等基础设施和口岸条件已初具规模，形成了涵盖双边贸易、旅游、交通、电力、通讯、市政建设、通关服务、医疗卫生、疾病控制、司法、禁毒、文艺交流等诸多合作机制，为畹町珠宝玉石产业园区建设提供了良好的软硬件基础，为侨联的项目推荐的提供了支撑。

其二，侨联作为与海外华侨华人联系紧密的社会组织，要发挥其海外资源丰富、工作涉及面广、工作方法灵活等优势，积极主动服务于国内资本的走出去和海外资本的引进来。泰国、缅甸华侨华人无论经济还是政治方面在当地都有较大的影响力，侨联应积极引导一些重要、知名的华人企业与云南特色产业对接，做好引进侨资重点项目的考察、跟踪、落地、投产和服务工作，为他们铺路架桥、提供信息、做好服务。在玉石产业市

---

① 张晴岚：《"一带一路"促瑞丽珠宝创奇迹》，《德宏团结报》2015 年 8 月 24 日。
② 《云南珠宝踏上复兴之路》，《昆明日报》2011 年 2 月 10 日。

场，缅甸华商扮演者极其重要的角色，他们有着资金、品牌、人才和技术优势。侨联要积极走出去开展侨务工作，加强对云南投资环境、优惠政策、产业优势等方面的宣传以及与玉石相关的重大招商项目的推荐，为缅甸华商提供商机。积极采取措施吸引缅甸华商以及东南亚和西方发达国家的珠宝商到畹町产业园投资建厂，为云南珠宝玉石产业带来资金的同时，也带来先进的管理经验、灵活的经营机制和国际化的经营理念。

其三，侨联引资作用的发挥必须以重大招商项目为平台。以项目为中心，以工业园区为载体，引进一批有实力的侨资企业投资于云南的珠宝玉石产业。一方面发挥畹町毗邻缅甸的地缘优势，积极促进缅甸玉石毛料进口。结合当地旅游资源优势，以建设跨境经济合作区为契机，打造以翡翠及当地原料为主的集加工、观光购物、设计加工、技术鉴定为一体的珠宝玉石产业示范区，形成集群化的产业发展格局。另一方面在集群化基础上走向品牌化。积极推动名牌战略的实施，打造国内外知名的珠宝玉石产业园区，以品牌凝聚人气、以品牌带动相关产业链的发展，实现云南省玉石产业的跨越式发展。

其四，侨联要进一步做好华商投资服务工作。以物流通道、通关和信息服务平台建设为重点，健全金融、海关、商检、运输等部门合作机制，完善服务体系和运行机制。进一步完善外商投资服务制度，加强产业配套体系建设，健全投资服务体系，改善生活环境，努力营造亲商、安商、富商、便商的投资创业环境，使畹町真正成为东南亚华商的投资创业热土。

（三）农业领域

中国与东南亚国家有关农产品进出口的关税政策由来已久。2003 年 10 月 1 日起，在中国—东盟自由贸易区框架下中泰之间水果和蔬菜产品进出口实现零关税。2004 年 1 月 1 日，中国和东盟双方制订了"早期收获"计划，即在对所有品种关税取消的方法和期限进行规定之前，先对特定的品种实施减税，农业是最主要的受惠部门。2004 年 11 月，中国和东盟共同签署了《中国—东盟全面经济合作框架协议货物贸易协议》，共 7000 余种货物在 2005 年 7 月陆续削减关税。农产品已经成为云南与东南亚国家贸易中的大项特色商品。在实施了国家减免东盟农产品进口关税优惠政策以后，进出口的东盟农产品在种类及数量上均较同期明显增多。2008 年

11月的统计结果显示，云南省与东盟农产品贸易额已达2.9亿美元，较上年同期增长40.1%。出口方面，云南省对东盟出口各类农产品38.4万吨，创汇2.1亿美元，同比分别增长18.7%和28.2%，增势平稳。进口方面，云南从东盟进口各类农产品51.7万吨，进口额达7687万美元，与上年同期相比分别净增长87.3%和87.6%。① 据昆明海关统计，2014年云南对东盟出口农产品总额14.6亿美元，同比增长9.72%，对东盟进口农产品总额12.3亿美元，同比下降12.44%，与东盟的农产品贸易占云南省对外农产品贸易总额的50%左右。② 得益于高原特色农业的发展，2016年1—6月，云南省农产品出口15.6亿美元，同比增长32.2%，占全省出口总额的29.1%，排名仅次于机电产品，成为云南省第二大出口商品。在各类出口农产品中，蔬菜出口额达4.7亿美元，同比增长27.9%，占农产品出口额的30.2%；水果出口涨势明显，出总数量达19.7万吨，同比增长101.6%，出口额4.6亿美元，同比增长124.2%。出口涨幅突出的还有：咖啡出口额达1.25亿美元，同比增长87.4%；鲜花出口额达2527万美元，同比增长37.6%；水产品出口额达1690万美元，同比增长22%；茶叶出口额达1636万美元，同比增长4%。③

2018年云南省外贸进出口总值达1973亿元，较2017年增长24.7%，其中对东盟的贸易额占全省进出口额的46.1%。在商品结构方面，农产品、机电产品、化肥和劳动密集型商品是云南出口的主要商品，磷铵类复合肥、手机及零配件出口增长较快。原油、天然气、金属矿产品、硫黄等原材料以及机电产品、农产品是主要的进口商品。

随着中国与东盟农产品贸易规模不断扩大，贸易的种类将呈现多元化，中国与东盟主要农产品比较优势呈现互补，东南亚国家在农业生产上具有比较优势，而中国在农产品加工方面却显示出比较优势。因此，云南应发挥地缘优势，在农业产业发展的基础上，突破性地发展具有比较优势的蔬菜、水果、畜产品及特色产品等农副产品的深加工产业，依靠科学技术，提高产品的科技含量和附加值，提高农产品的市场竞争能力。在建设

---

① 《云南与东盟农产品贸易额大幅增长》，《广西日报》2008年1月2日。
② 陈莺：《云南与东盟农产品贸易的影响因素及应对策略》，《农业经济》2017年第3期。
③ 《农产品成为云南省第二大出口商品》，《南方农业》2016年第19期。

云南成为面向南亚东南亚辐射中心的进程中，农产品贸易在云南进出口贸易中的比重将进一步加大，东南亚华商应抓住桥头堡建设的巨大机遇，加大对农业科技、农产品深加工、农产品运输、绿色农业等领域的投资力度，开发东南亚国家丰富的农产品资源，做好与中国尤其是云南的农产品贸易，提升自身的经济规模和发展层次，服务于东南亚国家与中国的经贸交往。

（四）旅游领域

云南具有得天独厚的旅游资源条件和区位条件，旅游业是云南的特色产业和支柱产业。在"一带一路"建设中，除玉石产业之外，旅游产业也可以作为侨资企业与云南特色产业对接的另一个突破口，原因有三。

首先，云南旅游产业面临挑战。虽然近十年来云南省旅游业取得惊人的成就，但在各地都大力发展旅游业的形势下，云南省旅游业面临着"不进则退、慢进也退"的严峻形势。特别是四川省近年来倾全省之力发展旅游业，以大项目带动大发展，以大思路、大品牌、大手笔来促进旅游开发和建设，旅游业发展突飞猛进。同四川省的旅游业发展相比，云南旅游业的旅游人数大幅度增加，但旅游收入增长缓慢，旅游开发的整体水平亟待提升。在"一带一路"建设中，云南省旅游产业的结构调整、升级换代已经刻不容缓。旅游业的深度开发和旅游产品的整体提升，由粗放式的旅游向精品旅游产品的转化，已经成为云南旅游业持续发展的重心。云南必须发挥其作为中国面向东南亚门户的区位优势，与周边国家和地区合作开发旅游资源，提升云南旅游的国际化水平。

其次，与云南接壤和相邻的东南亚国家旅游资源相当丰富，与云南旅游资源优势互补，打造辐射东南亚旅游圈已经势在必行。特别是中国—东盟自由贸易特区建设、大湄公河次区域合作、泛珠三角区域合作等国际国内合作的展开，为云南融入东南亚旅游圈、大湄公河次区域旅游圈、泛珠三角旅游圈创造良好的条件，提供了更为广阔的市场空间。随着《中国—东盟全面经济合作框架协议》的签订以及"早期收获计划"的实施，形成了更为优化的经济贸易发展格局。由云南倡导的澜沧江—湄公河次区域合作、中印孟缅合作等的顺利进行使区域贸易依存度提高，旅游服务业投入加快。尤其是近年来中缅传统友谊和双方旅游经贸各领域合作的深入，为云南的旅游经济发展奠定了坚实的基础。

最后,旅游产业开发可以带动产业集群性发展。旅游业是一个以人员流动为发展前提的产业,人员流动带来了大量的消费需求,由此带动相关配套产业的发展。首当其冲的是基础设施建设,道路、酒店等基建项目的硬件条件必须具备;餐饮、娱乐等配套产业必须跟进;旅游产品、纪念品开放也刻不容缓。与云南接壤的缅甸,气候温和,风景优美,名胜古迹较多,但由于长期的封闭政策,导致缅甸旅游资源开发不足,旅游基础设施落后,旅游收入在国民收入中的比重较低。2017年,云南省全年接待入境旅客(包括口岸入境一日游)1364.66万人次,实现旅游外汇收入合计35.5亿美元。[1] 而缅甸全年入境游客仅为344万人次,仅为云南省全年接待海外入境游客的1/4左右。[2] 可见,缅甸旅游资源开放空间巨大。

不仅是缅甸,柬埔寨、老挝、越南等国都面临商业环境、人力资源、基础设施、配套服务、文化自然环境保护等方面带来的挑战(见表9.1)。在此背景下,以旅游产业为突破口,打造集旅游、投资、珠宝、金融为

表9.1　　　　　　　　基础设施、健康及卫生竞争力排名

	航空		陆地及港口		游客服务		健康卫生	
	分值	排名	分值	排名	分值	排名	分值	排名
柬埔寨	2.1	103	2.6	116	2.9	108	3.9	112
老挝	2.3	89	3.0	96	3.2	97	4.3	108
缅甸	2.0	115	2.2	132	2.1	137	4.4	101
越南	2.7	68	3.1	87	2.9	105	5.0	83
亚太平均	3.58		3.83		3.68		5.14	

* 分值范围1—7,越高越好;排名分为1—141,数字越小越好。

资料来源:《亚洲开发银行(ADB)报告:缅甸等亚洲四国旅游产业现状、问题及展望(2016—2018)》,缅甸观察网,http://myanmarob.com/category/top-stories/,2017-03-13。

---

[1] 《云南省2017年国民经济和社会发展统计公报》,《云南日报》2018年6月12日。
[2] 中华人民共和国驻曼德勒总领事馆经济商务参赞部网站,http://mandalay.mofcom.gov.cn/article/jmxw/201901/20190102829828.shtml,2019-01-24。

一体的聚集型产业链条，促进云南与缅甸、老挝、泰国、柬埔寨、越南等国全方位、多层次的交流与合作，是云南服务和融入"一带一路"倡议及推进面向南亚东南亚辐射中心建设的重要举措，具有特殊的地缘战略意义。侨联在引导东南亚华商资源与云南特色产业相结合，搭建合作交流平台，促进云南产业结构调整，服务于"一带一路"倡议及推进面向南亚东南亚辐射中心建设方面，作用巨大。

（五）生物医药领域

生物资源是人类财富的巨大宝库，是生物技术创新和产业发展的基础。以生物多样性和生物技术为核心的生物经济是以解决人的生存与生活质量为出发点和最终目标的生命经济。① 生物医药产业是以生物资源开发为基础的新兴产业，由生物技术产业与医药产业共同组成，主要包括生物制药，化学药（化学药品制剂、化学药品原料药等），生化制品、医疗仪器设备及器械，卫生材料及医药用品等。②

云南是我国生物多样性资源最为丰富的省份之一。云南国土面积占全国的4%，却拥有全国63%的高等植物、59%的脊椎动物等物种资源。在全国150万种昆虫生物资源中，云南占55.3%。③

近年来，云南省依托丰富的生物医药资源，致力于打造世界一流健康生活目的地，将生物医药产业与大健康产业相融合。2016年生物医药与大健康产业实现主营业务收入约2090亿元人民币占全省GDP比重达5.15%，首次发展成为云南省支柱产业。④ 2017年，云南省生物医药和大健康产业实现主营业务收入约2555亿元，同比增长约11.88%。其中，天然药物及健康产品原料种植主营业务收入252亿元，占比9.86%；生物医药和健康产品制造主营业务收入528亿元，占比20.66%；商贸流通业主营业务收入714亿元，占比27.95%；医疗养生服务业主营业务收入约1039亿元，占比40.67%；科技研发和科技服务业主营业务收入约22亿元，占比0.86%。

---

① 《云南生物产业发展规划纲要（2006—2020）》，云南省发展改革委，2007年4月。
② 胡庆忠：《推进云南生物医药产业发展》，《社会主义论坛》2017年第7期。
③ 同上。
④ 肖丽萍等：《云南生物医药与大健康产业发展现状研究》，《现代商业》2018年第27期。

然而，云南生物医药产业在取得快速发展的同时，也面临着一些问题。一是产业聚集度低，难以形成集聚效应和规模效应。尤其是重点企业布局分散，点多面广，产业配套薄弱，辐射带动能力不足；二是创新能力不足，高端业态发展不足。云南生物医药和大健康产业主要还是由原料供应、低端医药产品和保健品加工生产、基本医疗服务、医药商贸流通等构成，产业链延伸不够；三是生物医药产业与医疗、民族、旅游、休闲、养生、养老、运动、保健、文化等领域融合度不高。① 四是市场化、信息化程度低，对变幻莫测的市场信息掌握不足，很多企业生产的生物医药产品脱离了市场需求；五是金融投资体制不健全，多元化的投资渠道尚未形成。由于很多生物医药企业规模小，有形资产分量不足，很难获得银行贷款。② 同时由于相关政策扶持力度不够，加上市场环境的复杂性，海外资金尤其是侨资企业参与生物医药产业开发的积极性还未充分调动，资金短缺成为生物医药产业发展的最大障碍。针对云南生物医药产业发展的上述困境，我们不难发现，积极吸引具有资金和技术优势的华商企业参与生物医药产业开发，不失为有效的应对之策。

此外，从云南省药用植物空间分布来看，具有从喜马拉雅山地到中南半岛热带（印度—马来植物区系）的生物地理区系亲缘关系，60%—70%的药用植物相同（种和属的水平）。相同的自然区位以及文化的相似性，云南与南亚东南亚国家有着天然的亲和力，这为云南医药与南亚东南亚特别是澜沧江—湄公河区域国家的交流与合作，提供了独特的优势③，也为吸引东南亚华商参与投资提供了地缘条件和文化基础。

(六) 其他领域

2010年中国—东盟自由贸易区的建立，为云南与东盟各国的经贸合作提供了一个可靠的制度框架和机制保障，有助于促进中国同东盟经济关系的发展，提升双方经贸合作的档次，促进双方经济的持续、健康发展。中国—东盟自由贸易区成立以来，中国与东盟国家贸易额呈逐年增长态势，

---

① 胡启相：《加快发展云南生物医药和大健康产业》，《社会主义论坛》2017年第7期。
② 冯艳、王莉：《加快实施生物谷 打造世界生物产业云南特色基地》，《2010云南论坛论文集》，云南人民出版社2011年版，第443页。
③ 胡庆忠：《推进云南生物医药产业发展》，《社会主义论坛》2017年第7期。

且增长幅度较大。中国作为东盟第一大贸易伙伴已经10年，东盟已成为中国第二大贸易伙伴。2019年1—6月，中国—东盟进出口贸易额2918.5亿美元，同比增长4.2%。双边投资合作卓有成效。截至2018年底，中国和东盟双向累计投资额达2057.1亿美元，双向投资存量15年间增长22倍。①

对云南而言，中国—东盟自由贸易区建设与发展有助于消解贸易壁垒，降低贸易成本，加快资金、技术、劳动力流动，从而扩大贸易量，提高经济效益，促进区域经济增长。近年来云南先后与东南亚国家缔结了28对友好城市关系，积极参与中国—东盟自由贸易区建设、澜沧江—湄公河合作、中国—中南半岛和中印孟缅经济走廊建设，建立了双边、多边对话交流和合作机制，实现了政治、经济、文化等层面全方位、多层次合作。2017年云南省与东南亚的贸易额为884.7亿元，比2016年增长13%，占云南省外贸额的56%。②另据海关统计，2019年前7个月，全省与东盟贸易额为630.1亿元，同比增长20%，占全省外贸进出口额的50.1%，其中对缅甸、越南、老挝进出口额分别为325.8亿元、160.4亿元和45.7亿元，同比分别增长21.4%、5.3%和28.1%；对泰国进出口额57.8亿元，同比增长67.3%。③

云南面向南亚东南亚辐射中心建设是中国进一步扩大中国面向西南开放的制度安排，这一战略的实施有助于切实发挥云南的区位优势和辐射功能。云南的区位优势和对东南亚地区的辐射功能是东南亚华商及其他海外华商选择在云南投资的主要原因所在。为了促进云南与东南亚华商达成互利共赢的格局，云南在"辐射中心"建设中坚持解放思想和对外开放，加大支持众多企业走出去的同时，积极采取措施改善投资环境，吸引外商尤其是华商投资云南相关产业。同时，云南不断加快战略通道建设、物流体系建设、产业基地建设，加强旅游业的对外开放与合作，提高金融保障水

---

① 《中国东盟贸易额持续增长 东盟已成中国第二大贸易伙伴》，《人民日报》2019年8月1日。

② 《2017年中国与东南亚的贸易额达884.7亿美元》，中华人民共和国商务部网站，http://www.mofcom.gov.cn/article/resume/n/201806/20180602758646.shtml，2018-06-25。

③ 《2019年前7个月云南与东盟贸易额同比增长20%》，中国新闻网，http://www.chinanews.com/cj/2019/08-12/8924405.shtml，2019-08-12。

平等，同时要积极地对华商投资项目进行推介和扶助。为广大华商参与桥头堡建设创造了条件、搭建了平台、树立了信心。

除前述领域外，东南亚华商还可以在新型工业园区建设、物流、环境保护项目、文化产业、房地产等领域开展投资或与中国企业合作开发。

随着"一带一路"建设的稳步推进，云南也将成为重要的资本流入地和产业转移基地，这将成为吸引东南亚华商加大对云南投资的强大动力。应该说，"一带一路"倡议的推进和云南"辐射中心"战略的实施不可避免地把云南的发展与东南亚华商资本紧密联系在一起，云南的发展离不开东南亚华商资本的大力投资，东南亚华商也需要在云南谋求更好的发展平台。积极转变观念、采取措施，引导华商资本与云南发展相结合，实现双方的互利共赢，以此提升中国与东南亚国家的合作水平，促进中国与东南亚国家的和平、稳定与繁荣。

第三篇

新形势下侨联在云南"走出去"战略平台创建中的对策研究

引　言

"走出去"战略的提出和实践，是我国在全球化背景下面临复杂多变的国际新形势和转型矛盾较为突出的国内新形势的必然选择，也是更好地利用国际国内两个市场和两种资源、提高我国经济实力和国际竞争力的必然选择，同时还是促进我国经济结构调整、资源配置优化、经济增长方式转变、践行科学发展观和新发展理念的必然选择。

随着"一带一路"倡议和"建设云南成为南亚东南亚辐射中心"进入战略实践阶段，云南真正从对外开放的末梢变成中国面向西南对外开放的前沿，为中国（云南）企业的"走出去"创造了条件、搭建了平台。各项发展战略的实施与推进，需要以全局的眼光，把中国（云南）企业走出去和海外企业引进来结合起来，加强云南与周边国家的经贸互动，形成区域性经济发展模式。在这一过程中，发挥"侨"的独特优势、整合侨务资源、务实性开展侨务工作显得尤为重要。

侨联是由中国共产党领导的，由归侨、侨眷组成的人民团体，是党和政府联系广大华侨华人和归侨、侨眷的桥梁和纽带。在新的时代背景下，侨联的基本职能是服务经济发展、依法维护侨益、拓展海外联谊、积极参政议政、弘扬中华文化、参与社会建设。① 侨联职能由"群众工作、参政议政、维护侨益、海外联谊"四大传统职能拓展为"服务经济发展、依法维护侨益、拓展海外联谊、积极参政议政、弘扬中华文化、参与社会建

---

① 中华全国归国华侨联合会章程（2018年9月1日第十次全国归侨侨眷代表大会通过），中华全国归国华侨联合会网站，http://www.chinaql.org/n1/2018/0622/c419637 - 30075925.html，2018 - 10 - 16。

设"六大职能,就是要求侨联贯彻落实中央关于侨务工作的重要部署,正确处理好侨联为侨服务和为经济社会发展服务的关系。

经济交往是国与国之间交往的核心内容,海外华侨华人与祖(籍)国有着千丝万缕的历史联系,同时又在住在国落地生根,为住在国的经济社会发展做着贡献。中国与其他国家的经济交往必然需要这些具有较大资金优势和人才优势的华侨华人参与其中。侨联作为专门从事华侨华人工作的社会组织,在促进华侨华人参与中国与其住在国经济贸易往来方面,负有不可推卸的责任。可以说,为侨服务和为经济发展服务是侨务部门不可偏废的两大职责所在。

侨联在实践"走出去"战略中扮演着极其重要的角色。主要表现在三个方面。

其一,侨联是拓展海外关系的先行者。在全球化、网络化、信息化进程中,华侨华人在海外社会交往的广度和深度都前所未有,华侨华人深深地嵌入于住在国经济文化生活中,卷入了全球化浪潮,并在彼此之间形成纵横交错的华人网络。侨联与海外华侨华人保持着紧密而深刻的联系,双方互动频繁,一方面侨联积极"走出去"开展工作,与华侨华人开展联谊活动,拓展海外关系;另一方面,广大华侨华人视侨联为归属之地,在通过侨联获取国内政治、经济、文化等方面的信息尤其是投资信息的同时,积极以侨联为中心为中国企业和文化"走出去"提供信息支持和服务。

其二,侨联是"走出去"的推介者。与"走出去"的企业相比,分布于世界各地的华侨华人具有明显的群体特征和无可比拟的优势,能为中国企业和文化"走出去"提供必要的帮助和支持。侨联将紧紧围绕国家的中心任务,充分利用其工作性质的民间性、涉外性和工作方法灵活性的特点,通过搭建企业与华商交流合作的平台,利用海外华商所具备的多元性优势,为中国企业和文化的"走出去"提供海外市场信息、法律援助、智力支持、管理培训等方面服务。这是节约"走出去"成本、提升"走出去"效率的必然要求。

其三,侨联是海外企业权益的维护者。各级侨联组织既是海外侨胞、归侨、侨眷在国内正当权益的维护者,也是海外企业在国外正当权益的维护者。维护海外华商企业和"走出去"企业的正当合法权益,是各级侨联组织的重要职能之一。

云南省作为中国的第五大侨乡，侨联与相关侨务部门在"走出去"战略平台创建中责任重大。

首先，不断创新侨务观念，树立大侨务观，促进侨务工作社会化。习近平同志曾于1995年在《"大侨务"观念的确立》一文中指出，新时期的侨务工作要有新的观念和新的思路，即要在"投资者有利、对住在国有利、对中国有利"的前提下，充分发挥"侨"的优势，深层次、宽领域、全方位地开展经济、科技、文化等方面的交流与合作，为现代化建设服务，为社会主义市场经济同国际经济接轨铺路，为世界和平与发展做出贡献。[①] 时代在变化，侨务工作的内容和性质也在发生变化，这要求广大侨务工作者紧跟时代步伐，与时俱进，把握侨务工作的新内涵，形成与社会发展和时代进步相一致的侨务工作新观念。侨务工作观念的创新还要求广大侨务机构和组织不断促进侨务工作社会化。侨务工作社会化意味着侨务工作力量的多元化趋势，即要动员广泛的社会力量参与侨务资源的开发和为侨服务工作。

其次，准确把握工作重点，努力拓展和深化侨联工作职能。为侨服务和为经济社会发展服务是侨务部门不可偏废的两大任务，在具体的工作中，侨联及相关侨务部门应通过中国优惠政策、投资环境、产业优势等方面的宣传以及重大招商项目、经贸合作项目的推荐为华侨华人提供商机，拓展华侨华人发展空间。同时，还要持之以恒，为华侨华人提供持续性服务，一方面保障华侨华人在华投资的利益不受损害，促使内外合作中的共赢局面的形成；另一方面，华侨华人对住在国社会政策、社会治理的有着切身的体会和理解，应引导华侨华人尤其是归国华侨积极贡献社会治理领域的智慧，助力中国的社会建设。同时，在云南"辐射中心"建设中，必须高度重视东南亚华侨华人的作用，侨联及相关侨务部门应从云南省的发展实际出发，在引导侨资与云南特色产业有机结合等方面积极作为，推进云南省产业结构转型升级，服务和推进云南高质量发展。

再次，不断加大侨情调研，夯实侨务工作基础。采取双路径、多渠道的方式去获取海外侨情信息。所谓双路径指的是调研和建立侨情信息联通、反馈渠道这两个获知海外侨情信息基本方式；多渠道意味着知晓海外

---

① 习近平：《"大侨务"观念的确立》，《战略与管理》1995年第2期。

侨情不能局限于以上两种方式，应充分发挥海外华人分布广、信息丰富的优势，建立广泛而稳定的信息交流网络，千方百计获取有关海外华人的基本数据。

最后，不断创新工作方法，由牵线搭桥转向铺路架桥。侨联应发挥工作方法灵活多样、工作内容辐射面广的优势，一方面通过宣传、培训等方式加深走出去企业或商人对住在国政治、文化、法律等基本情况的了解，为走出去做好思想准备，促使中国企业及商人注重自身形象的塑造；另一方面，积极为华侨华人提供力所能及的服务，为他们提供信息、搭建平台，在"走出去"战略中兼顾华商利益，为华人企业注入新发展动力。

"一带一路"及云南"辐射中心"建设为云南跨越式发展提供了新的机遇，搭建了海外华侨华人谋求发展的新平台，同时也为侨联创新工作理念、改进工作方法、拓展工作职能、提升工作水平提供了新机会。侨联作为重要的侨务工作组织，要以全局性眼光，处理好国内工作与国外工作的关系、为侨服务和为经济社会发展服务的关系、老一代华侨华人工作和新生代华侨华人工作的关系，积极服务于国家的经济和社会发展战略以及周边国家命运共同体和人类命运共同体的构建。

第十章 侨联在实践"走出去"战略中的地位和作用

一 "走出去"战略的重要意义

"走出去"战略是20世纪90年代以来党中央在深刻分析国际国内政治经济形势的基础上做出的关系我国经济社会发展全局和长远发展的重大战略决策。① 该战略的提出和实施,是我国在全球化背景下面临复杂多变的国际新形势和转型矛盾较为突出的国内新形势的必然选择,也是更好地利用国际国内两个市场和两种资源,提高我国经济实力和国际竞争力的必然选择,同时还是促进我国经济结构调整、资源配置优化、经济增长方式转变、践行科学发展观的必然选择。

(一) 经济全球化:"走出去"战略是参与国际竞争的重要手段

全球化是一个多维度的历史进程,它涉及人类生活的几乎所有方面,可以说,全球化是经济、政治、文化和技术力量共同作用的独特结果。② 全球化的突出特点是一体化,全球化的动力原理是市场经济,按照弗里德曼(Thomas L. Friedman)的说法,全球化实际上意味着自由市场资本向世界所有国家扩展;全球化时期最明显的标志就是速度——商业、旅行、通讯和革新的速度,革新代替了传统,新技术快速地代替了旧技术,立马上

---

① 陈扬勇:《江泽民走出去战略的形成极其重要意义》,中国共产党新闻网,http://finance.people.com.cn/GB/8215/126457/8313172.html。
② 郑杭生主编:《社会学概论新修(第三版)》,中国人民大学出版社2002年版,第343页。

转换为商品，惊人的变革速度促进了资本的迅速流动和经济的繁荣。① 全球化最主要的形式是经济全球化（Economic Globalization），即通过商品贸易、直接投资、资本流动、技术转移、提供服务等形式，形成相互依存、相互联系的全球范围的有机经济整体。经济全球化在给发展中国家带来挑战的同时，也为其带来了较为充分的发展机遇和后发优势。中国作为一个发展中的大国，面对经济全球化浪潮，必须坚持对外开放政策不动摇，在吸引外资开展对华投资的同时，坚定不移地实施"走出去"战略。

一方面，实施"走出去"战略是中国参与国际分工、利用好国际市场的必然要求。经济全球化导致高度发达的世界性生产体系和分工体系的形成，世界大多数国家都被纳入这一全球分工体系中，每个国家依据自身的发展水平和能力，在该体系中占有特定的位置。中国的发展也不可避免地卷入了这一国际分工体系。只有积极参与国际分工，才能逐步扭转中国在国际分工链条中的劣势地位，才有机会参与国际经济贸易规则的讨论和制定，最大限度地维护国家利益。同时，经济全球化也意味着一国的发展不能仅依赖于以消费和吸引外资为主导的国内市场，还必须利用好资源丰富且一体化程度较高的国际市场。完整意义上的参与经济全球化还要求中国企业能主动地在全球范围内配置和利用资源，加大对外直接投资。② 我国目前"引进来"或资本流入与"走出去"或资本流出相对失衡。据统计，2018年1—12月，全国新设立外商投资企业60533家，同比增长69.8%；实际使用外资8856.1亿元人民币，同比增长0.9%（折1349.7亿美元，同比增长3%）。主要投资来源地中，新加坡、韩国、日本、英国、德国、美国实际投入金额同比分别增长8.1%、24.1%、13.6%、150.1%、79.3%和7.7%。"一带一路"沿线国家、欧盟二十八国、东盟实际投入金额同比分别增长13.2%、22.6%和13.8%。③ 同样是2018年1—12月，中国境内投资者共对全球161个国家和地区的5735家境外企业进行了非

---

① ［美］托马斯·弗里德曼：《直面全球化》，赵绍棣、黄其祥译，国际文化出版公司2003年版，第3—17页。
② 姚望：《大国崛起的步伐——中国"走出去"战略》，科学出版社2008年版，第46页。
③ 商务部：《2018年全国新设立外商投资企业60533家》，央广网，http://news.cnr.cn/dj/20190114/t20190114_524482049.shtml，2019-01-14。

金融类直接投资，累计实现投资 1205 亿美元，同比增长 0.3%。① 中国企业"走出去"进行对外直接投资的潜力巨大。只有积极"走出去"，才能真正做到合理有效地利用国际国内两种资源和两个市场，才能有效规避发展过程中可能面临的国际分工陷阱，创造参与全球竞争的机会，提高参与全球竞争的能力，这样中国才能在全球经济一体化进程中扮演与国家实力相一致的角色。

另一方面，实施"走出去"战略是有效应对贸易保护壁垒的必然要求。入世后，中国在关税壁垒逐渐弱化的情况下，非关税贸易壁垒日益严重。其中技术性壁垒已经成为我国产品出口的主要障碍，这一贸易壁垒主要来自美国、欧盟和日本，主要涉及农业、纺织服装业、机电、轻工、化工和医疗保健等行业。针对贸易壁垒，一方面应苦练内功，优化产品结构，加快产品升级，加快产品结构的调整和升级，打造优势品牌，提高出口产品的质量和档次，以多元化、品牌化战略应对国际市场的挑战。另一方面应积极开展对外接投资，从政策、法规、财政等方面积极鼓励和支持有实力的中国企业"走出去"，努力构筑境外生产经营体系，形成合理的境外投资区位、产业布局和生产经营体系，拓展中国经济发展的外部空间。从目前贸易发展看，对东道国来说，对外直接投资为东道国增加了就业和税收，往往会受到东道国的欢迎。对全国的经济发展而言，它带动我国原材料、零部件和设备出口，逐步形成企业上下游、内外贸、产供销的全球纵向一体化生产体系，这对打破欧盟、日本和北美区域性贸易保护壁垒也是有效的②。可以说，实施"走出去"战略是打破贸易保护壁垒、有效应对反倾销的必然选择，它为我国经济持续快速发展提供新的强劲的动力。

（二）可持续发展："走出去"战略是应对环境资源压力的必然选择

实施"走出去"战略是应对我国资源和技术短缺严峻形势的必然要求。经济全球化背景下的全球性社会实际上也是一个资源"共享"的社会，这种"共享"虽然呈现出一定的不平等性，但它毕竟大大地促进了世

---

① 杨挺、郭思文、李明彦：《2018 年中国对外直接投资的特征》，《中国贸易报》2019 年 2 月 21 日。

② 刘东红：《"走出去"战略与贸易壁垒》，《经济研究导刊》2006 年第 1 期。

界经济的增长与繁荣,其对全球性经济发展的积极意义逐步彰显。中国、印度、巴西等发展中大国的崛起,加剧了世界性的原材料和能源需求,打破了原有的能源分配格局,造成了全球性的供求矛盾。要解决资源、技术和市场短缺的问题,一方面,可以通过发展资源节约型产业和高科技产业缓解资源和技术短缺的问题,通过扩大内需缓解市场短缺的问题。另一方面,可以通过实施"走出去"战略,以购买、合作开发等形式吸收外部资源和技术为我所用,并将其转化为强大的生产能力,开拓国外市场,缓解市场短缺带来的压力。[1] 此外,技术革新成为各国发展的重要诉求,同时也是各国经济社会持续性发展的必要条件。然而,目前我国经济发展面临技术短缺的问题。中国虽然具有相对完整的科学技术基础和规模庞大的科技人员队伍,但科学技术总体水平与世界先进水平相比存在差距。[2] 中国企业在"走出去"的过程中,重点关注西方发达国家的高新技术企业,发挥中国作为发展中国家的后发优势,在遵守世界性"游戏规则"的前提下,学习国外的先进技术,以此促进中国的科技进步,提高科技进步在经济社会发展中的贡献率。

(三) 国家形象展示:通过文化"走出去"让世界认知中国

党的十八大以来,随着中国国家实力和国际影响力持续增强,文化传播理念进一步创新,中国文化"走出去"的步伐迈得更加稳健。[3] 中国文化"走出去"的内涵被深刻地阐释为"讲好中国故事、传播好中国声音、阐发中国精神、展现中国风貌",即要创造性地开展对外宣传工作,提升中国文化的世界影响力,展示中国形象,为解决人类问题提供中国智慧和方案。2013年,习近平同志在出席全国宣传思想工作会议时强调"要精心做好对外宣传工作,创新对外宣传方式,着力打造融通中外的新概念新范畴新表述,讲好中国故事,传播好中国声音"。对于对外宣传主要任务是什么,习近平同志指出就是要"引导人们更加全面客观地认识当代中国、

---

[1] 张燕生:《走出去战略是个大战略》,《宏观经济研究》2000年第10期。
[2] 庞彦翔:《对我国企业"走出去"战略内涵极其重点的思考》,《濮阳职业技术学院学报》2006年第1期。
[3] 牛梦笛、宗小宁:《向世界展现一个多彩的中国——十八大以来中国文化走出去述评》,《光明日报》2017年9月11日。

看待外部世界""宣传阐释中国特色"。具体来说，就是要"讲清楚每个国家和民族的历史传统、文化积淀、基本国情不同，其发展道路必然有着自己的特色；讲清楚中华文化积淀着中华民族最深沉的精神追求，是中华民族生生不息、发展壮大的丰厚滋养；讲清楚中华优秀传统文化是中华民族的突出优势，是我们最深厚的文化软实力；讲清楚中国特色社会主义植根于中华文化沃土、反映中国人民意愿、适应中国和时代发展进步要求，有着深厚历史渊源和广泛现实基础"。

中国文化"走出去"不仅是中国文化强劲生命力的内在体现，更是中国参与国际竞争、展现国际形象、履行国际责任的外在要求。文化"走出去"有多种形式，如在国外建立孔子学院，向世界介绍电影、出版物、音乐等文化样式的中国元素，还包括对外宣传部门的信息传播、文化交流部门的友好交流，以及政府公共外交和民间外交活动等。近些年，在国家政策引导下，基于市场化运作机制，中国文化"走出去"取得了不少成绩，多种多样的文化产品、文化作品，通过不同渠道和载体走出国门，向世界展示了中国多姿多彩、充满活力的国家形象。

需要强调的是，华侨华人是实施文化"走出去"战略的重要资源，文化"走出去"离不开熟谙中国文化和住在国文化的分布于世界各地的广大华侨华人的帮助和支持。华侨华人是中国与世界各国交往的桥梁和纽带，是中国企业和文化"走出去"可资利用的宝贵资源。以图书出版为例，中国有大量优秀文艺作品、学术著作，都存在"迈不出国门，走不向世界"的窘境。[①] 这些优秀作品和著作走出去，必将成为世界了解中国的重要窗口，也能在一定程度上消除他们对中国的误解。这些作品和著作的走出去，不仅要依赖于与世界各国的文化传播机构、出版社的合作，更离不开的是华侨华人出版社和相关组织的积极支持和有效运作。华侨华人在海外经营的出版社，既全方位地了解中国政治、经济、文化的实际情况，又熟悉住在国文化习惯和市场需求，在当地信息和文化传播领域具有较大的影响力。华侨华人出版社与国内相关作者、出版社、文化机构的合作，一方面能够节约中国文化"走出去"的成本，另一方面可以达到事半功倍的效

---

① 《华人出版社是中国文化走出去的重要桥梁》，中国新闻网，http://www.chinanews.com/hr/2011/06-04/3090446.shtml，2011-06-04。

果。此外在电影、文化对外交流等领域,充分利用华侨华人网络资源,也显得尤为必要。

二 侨联与侨务工作概述

(一)侨联的性质、地位与功能

中国侨联是由中国共产党领导的,由全国归侨、侨眷组成的人民团体,是党和政府联系广大华侨华人和归侨、侨眷的桥梁和纽带。中国侨联是全国性的人民团体,侨联是全国政协机构中与工、青、妇、文(联)、科(协)等人民团体地位并立的专门从事侨务工作的部门之一。① 侨联是归侨、侨眷利益的代表者和维护者,为侨服务是侨联的根本宗旨。《中华人民共和国归侨侨眷权益保护法》对侨联的地位和作用进行了明确,指出:中华全国归国华侨联合会和地方归国华侨联合会代表归侨的利益,依法维护归侨的合法权益。② 《中华人民共和国归侨侨眷权益保护法实施办法》③ 进一步明确:归侨合法权益受到侵害时,被侵害人有权要求有关主管部门依法处理,或者向人民法院提起诉讼。对有经济困难的归侨、侨眷,当地法律援助机构应当依法为其提供法律援助。归国华侨联合会应当给予支持和帮助。

在新的时代背景下,侨联的基本职能是服务经济发展、依法维护侨益、拓展海外联谊、积极参政议政、弘扬中华文化、参与社会建设。④ 侨

---

① 中国的涉侨工作部门主要有:(1)统战部,其工作内容之一就是侨务工作;(2)全国人大(1983年)设有华侨事务委员会;(3)政府机构中设有专职的侨务机构——国务院侨务办公室(2018年3月,按照《深化党和国家机构改革方案》,国务院侨务办公室整体并入中央统战部);(4)全国政协机构中有与"工、青、妇、文(联)、科(协)地位并立"的侨联组织;(5)中国的八个参政民主党派中有一个涉侨党派——中国致公党,它的联系、工作对象是海外华侨和归侨。参见刘华《论中国侨务工作之转型问题》,《中国现代社会转型问题学术讨论会论文集》,2002年。
② 《中华人民共和国归侨侨眷权益保护法》,中华全国归国华侨联合会网站,http://www.chinaql.org/n1/2019/0322/c420275-30990584.html,2019-03-22。
③ 《中华人民共和国归侨侨眷权益保护法实施办法》,国务院侨务办公室网站,http://www.gqb.gov.cn/node2/node3/node5/node9/userobject7ai1271.html,2020-02-03。
④ 《中华全国归国华侨联合会章程(2018年9月1日第十次全国归侨侨眷代表大会通过)》,中华全国归国华侨联合会网站,http://www.chinaql.org/n1/2018/0622/c419637-30075925.html,2018-10-16。

联职能由四大职能拓展为六大职能，就是要求侨联贯彻落实重要关于侨务工作的重要部署，积极为侨服务和为经济社会发展服务，要积极与华人社团合作，致力于住在国与祖籍国之间经贸发展，在外资协调、物流、商务等方面发挥作用，正确处理好侨联为侨服务和为经济社会发展服务的关系。过去我们强调侨联要为侨服务尤其是为归侨、侨眷提供服务，但往往忽略了侨联在经济社会发展中的重要作用。经济交往是国与国之间交往的核心内容，海外华侨华人与祖（籍）国有着千丝万缕的历史联系，同时又在住在国落地生根，为住在国的经济社会发展做着贡献。中国与其他国家的经济交往必然需要这些具有较大资金优势和人才优势的华侨华人参与其中。侨联作为专门从事华侨华人工作的社会组织，在促进华侨华人参与中国与其住在国经济贸易往来方面，负有不可推卸的责任。时任中央政治局委员、全国人大常委会副委员长王兆国同志在中国侨联八届三次全委会议上指出："侨联组织要不断提高经济领域的工作质量，要适应国家吸收外资和对外投资并重的要求，发挥海外侨胞熟悉海外市场的优势，帮助国内企业有序到境外投资合作，为发展海外工程承包、扩大农业国际合作、深化国际能源资源互利合作牵线搭桥，更好地服务走出去战略"。时任中国侨联主席林军在中国侨联八届三次全委会议工作报告中也指出："各级侨联要按照'十二五'时期经济建设、发展社会事业和改善民生、深化改革和扩大开放等方面的重要任务，更好地发挥侨商会的作用，整合侨商资源，加强与地方政府的合作，主动为侨商牵线搭桥、搭建平台、创造条件。"

为侨服务和为经济发展服务是侨务部门不可偏废的两大职责所在。在共建"一带一路"背景下，整合海外华侨华人资源，促进海外华侨华人积极参与"一带一路"建设是侨务工作的重要任务。[①] 华侨华人是联通中外的天然桥梁和纽带，在"一带一路"建设中有着独特优势，尤其是具有"一带一路"沿线国家的人口规模和商业网络优势、民间友好交往优势、侨界创新资源和智力资源优势。在"走出去"战略中，侨联及相关侨务部门积极为中国企业和文化"走出去"牵线搭桥、铺路架桥，充分整合海外

---

① 张伟玉、黄德海：《"一带一路"视域下侨务工作的转型路径、合作机制与模式创新》，《东南亚研究》2017年第4期。

华商网络资源为"走出去"提供信息、资金、技术、人才等方面的帮助和支持,开展项目和经贸合作,达到互利共赢。

(二) 侨联侨务工作历史演进与当前的工作重点

1. 侨联的产生与现状

国内归国华侨社团组织是伴随着华侨频频回国参加革命、抗战而产生和发展起来的。1912 年,归侨、侨眷在上海成立了群众性组织——华侨联合会,这是早期的归国华侨组织。抗日战争爆发后,旅居海外的爱国华侨在抗日救亡运动中成立了近千个抗日救国的群众团体。延安、重庆、上海、昆明等地的归国华侨,纷纷成立华侨联合会等群众组织,支援祖国抗战。1937 年 7 月在延安成立了华侨留延(安)办事处。1938 年,中共中央决定在陕北公学设立"华侨救国联合会"。1940 年 9 月 5 日,在中共中央的关怀下,由"华侨留延(安)办事处"发起,在延安杨家岭大礼堂召开了延安华侨第一次代表大会。来自新加坡、英国、法国、美国、印尼、爪哇等国家和地区的 170 多名华侨以及留在延安学习、工作的 300 多名归侨出席了大会。① 会议决定成立延安华侨救国联合会,简称延安侨联,这是全国性的侨联组织——中华全国归国华侨联合会(中国侨联)的前身。

抗战胜利后,1946 年 3 月 12 日,延安侨联在延安召开会员大会,决定延安华侨救国联合会易名为中国延安华侨联合会。1947 年 3 月,中国延安华侨联合会撤离延安,转移至晋察冀解放区河北平山县西柏坡。1948 年秋,为选举参加中国人民政治协商会议代表召开会议,会议决定将中国延安华侨联合会改名为中国解放区归国华侨联合会。

中华人民共和国成立后,于 1950 年 7 月在北京成立了中华人民共和国归国华侨联谊会筹委会,拟在原解放区归国华侨联合会的基础上,改组扩大成立全国归国华侨联谊会。随后,北京、上海、广州、厦门等地相继建立了归国华侨联谊组织。到 1956 年,全国各地的侨联组织已发展到七八十个。1956 年 6 月,中央人民政府华侨事务委员会第四次(扩

---

① 中华全国归国华侨联合会网站,http://www.chinaql.org/n1/2018/0622/c419629 - 30075909.html,2018 - 06 - 22。

大）会议决定成立中华全国归国华侨联合会筹委会，陈嘉庚先生被推举为筹委会主任委员。1956年10月5日至12日，第一次全国归侨代表大会在北京中南海怀仁堂召开，大会通过了全国侨联章程，宣布成立中华全国归国华侨联合会（简称全国侨联），选举产生了由131名委员组成的全国侨联第一届委员会，陈嘉庚先生当选为主席。1978年12月17日至28日，第二次全国归侨代表大会在北京召开，这是侨联停止活动12年之后，各界归侨代表的第一次全国性大会。之后，分别于1984年、1989年、1994年、1999年、2004年和2009年召开6次全国归侨代表大会。2009年7月这次会议通过了《中华全国归国华侨联合会章程（修正案）》，选举371名委员组成中国侨联第八届委员会。中国侨联第八届委员会选举林军为中国侨联主席。目前，中国大陆除了西藏外，全国30多个省、自治区、直辖市都成立了省级侨联，县级以上侨联达1830多个。据初步统计，各级侨联组织已经发展到14000多个，形成了自上而下、覆盖全国的侨联工作网络。

2. 侨联侨务工作历史演进

在中国社会的历史进程中，华侨华人是参加革命和建设的重要力量，为中华民族的伟大复兴做出了不可磨灭的贡献。作为为侨服务的侨联组织，在不同的历史时期，其职能、作用有着不同的侧重点。

在孙中山领导的辛亥革命从酝酿到建立组织，直到武昌起义成功，以及为巩固政权而进行斗争的各个时期，都得到了海外侨胞的大力支持，华侨被孙中山评价为"华侨乃革命之母"[①]。在中国共产党创立时期，党的华侨工作主要是由海外的党组织和共产主义分子，按照党的基本宗旨和反帝反封建革命形势的要求，根据当地华侨社会的具体情况而开展的。这一时期，党的华侨工作的重心，是将华侨华人组织起来，置华侨社会于党组织的指导之下，是以保护华侨为基本出发点，通过团结、组织和吸引华侨参加反帝反封建的革命运动，最终达到维护华侨自身根本权益的目的。同时在国内积极开展对以孙中山、廖仲恺为首的华侨爱国领袖、

---

① 国务院侨务办公室政研司：《关于"大侨务新格局"的研究》，《侨务课题研究论文集》，2005年，第1189页。

民主革命家的统战工作。① 第一次国内革命战争时期，党的华侨工作取得了长足的进步。

在抗日战争期间，广大海外华侨通过成立抗日组织、募捐，甚至亲自参战等形式支持国内的反法西斯战争。党的侨务工作就始于抗日战争时期②，1942年中央成立了"海外工作委员会"，由朱德总司令兼任主任，他曾指出："华侨是反法西斯的重要力量"。解放战争和抗美援朝时期，广大海外侨胞满腔热血，或捐钱捐物、捐药、捐飞机、捐汽车等，或直接投入战斗，为中华民族摆脱侵略做出了重大贡献。抗日战争和解放战争期间，侨联组织开展的侨务工作内容和成效主要表现在以下四个方面③：一是开展国外宣传和联络工作，积极呼吁海外华侨华人和各界人士联合抗日，甚至回国参加抗战，有数以千计的海外华侨回国加入了八路军、新四军。二是积极动员广大华侨华人支援抗战，同时组织归侨支援我国的边区建设。这一时期，海外归侨向陕甘宁边区政府捐款达近千万元，资本投资数百万元。三是组织和动员广大华侨代表参政议政，他们提出了许多颇具价值的提案，为边区政府所接受并实施。四是成立各种类型的文化宣传小组，组织华侨青年开展社会活动和文化娱乐活动，活跃了边区文化生活，鼓舞了革命斗志。在侨联的积极工作下，广大华侨华人为抗日战争和解放战争的胜利做出了重要贡献，也积累了丰富的侨务工作经验。

在社会主义革命和建设时期，广大归侨以爱国之心、赤子之情，毅然放弃国外优越的生活和工作条件，纷纷踏上为年轻共和国贡献一分力量的归途，满腔热忱地投身于社会主义建设事业。特别是一些学有专长的华侨科学家和专家、学者，冲破重重阻力，回国从事科学教育事业，为新中国科学教育事业的起步和发展做出了卓越贡献，如"两弹一星"元勋钱学森、钱三强等大批科学家。新中国成立以来，国家一直非常重视侨务工作，国务院下设中央华侨事务委员会，毛泽东主席亲自主持制定了一系列

---

① 许肖生：《中国共产党早期的华侨政策和侨务工作》，《暨南学报》1991年第3期。
② 国务院侨务办公室政研司：《关于"大侨务新格局"的研究》，《侨务课题研究论文集》，2005年，第1189页。
③ 毛起雄：《当代国内外侨情与中国侨务法制建设》，中国民主法制出版社2008年版，第154页。

侨务政策。周恩来总理在1962年的《政府工作报告》中指出：我们应该做好侨务工作，进一步团结海外的一切爱国侨胞。邓小平同志也在不同场合阐述了做好侨务工作的重要性，他指出，发挥海外侨胞的积极作用是中国大发展的独特机遇，同时还提出"引进华侨华人科学家是引智，是一个战略问题的观点"。华侨华人是我国的优势，是社会主义建设的重要力量。这一时期，各级侨联为国家的经济繁荣和社会进步做出了独特贡献。首先，积极引导归侨侨眷立足本职工作，支援祖国建设，在各条战线涌现了数十万归侨侨眷模范人物。其次，采取各种措施积极引导华侨回国投资，参与国家经济建设，尤其是侨乡的经济建设。再次，积极开展为侨服务工作。尤其是协助政府做好了被印度、印尼、缅甸等国政府驱逐回国的20多万归难侨的安置工作。最后，积极做好华侨政策的宣传工作，鼓励华侨按自愿原则加入住在国国籍，推动华侨双重国籍问题的顺利解决。同时，积极配合政府做好海外华侨权益保护工作，支持华侨为维护自身权益而进行的斗争。

改革开放以来，广大归侨立足本职，勤奋工作，同时充分利用自身与海外联系密切的优势，在我国对外开放、发展对外经贸合作和科技文化交流中发挥了不可替代的作用。海外华侨华人、华商的资金已经成为我国引进外资的主体。在科学领域，海外华侨华人也在世界舞台上占有一席之地。海外华人在科技领域的影响力从以下数据可以看出：美国建筑学会10个分会中，有8个分会由华人组成；参加阿波罗登月项目的工程师中有1/3以上是华人；在美国电脑研究中心，有上千人华人科学家，该中心有19个部门主任，华人占12位；在美国太空研究中心，有华人专家100多人。[①]

在缅甸等第三世界国家，华侨华人在当地取得了巨大的经济成就，甚至控制着部分行业的经营走向，展现着华人的勤奋与智慧。在国家对外开放政策的引导下，华侨华人在中国对外经贸交流中起着极其重要的作用。不仅为中国企业"走出去"提供了资金、人才和信息支持，还促使本企业、其他华人企业和国外企业的对中国进行投资，促进了对外开放中"走出去"和

---

① 国务院侨办公室政研司：《关于"大侨务新格局"的研究》，《侨务课题研究论文集》，2005年，第1189页。

"引进来"相结合。这一时期的侨务工作大概经历了三个阶段①。一是侨务工作恢复发展阶段（20世纪70年代末至80年代）。这一阶段主要工作包括：重建侨务机构；落实侨务政策、解决历史遗留问题；妥善安置成批受难归侨和零星归国华侨；引导华侨华人投资，扶持侨资企业，便利侨汇，服务侨胞；推进华侨农林场的管理和体制改革。二是侨务工作实现"三个转变"阶段（20世纪90年代）。即：由以做落实政策工作为主，向以经济建设为中心的三大任务服务转变；由主要做国内归侨、侨眷工作，向以国外工作为主导，以国内工作为基础，全面开展国内外侨务工作转变；由侨务工作单靠侨务部门一家做，向以侨务部门为主导，依靠社会各方共同做转变。这一阶段的主要工作有：在国外工作方面，加强对外联谊，与国外侨团侨社、侨领和重点人物建立联系；启动了华文教育工作。同时做好为侨资企业服务工作，主要是为华侨华人、港澳同胞投资企业排忧解难，依法维护侨资企业的合法权益，为引进华侨华人资金、技术、人才牵线搭桥。在国内工作方面，贯彻落实党的侨务政策，做好基础性侨务工作；开展侨务信访工作，并颁布实施了《归侨侨眷权益保护实施办法》，为归侨侨眷、华侨华人解决困难和问题。三是侨务工作全面发展阶段（21世纪以来）。进入新世纪，侨务工作坚持以国内侨务工作为基础、国外侨务工作为主导，以发挥侨务优势为经济建设服务、为侨服务为重点，侨胞的优势和作用得到了进一步体现和发挥。这一阶段的主要工作包括：为经济建设服务，认真开展侨务经济科技工作，为引智引资牵线搭桥；开展对外文化交流和侨务外宣工作，积极开展对周边国家的海外华文教育工作。

3. 当前侨务工作的重点

随着世界经济全球化的发展，"一带一路"建设的稳步推进，以及"走出去"战略实施，中国对外开放的步伐逐步加快。"走出去"战略，意味着要利用好国内外两种资源、两个市场。一方面，海外华侨华人不仅可以凭借自身的竞争优势，直接进入中国市场，投资中国产业；另一方面，广大华侨华人还可以借助自身熟悉国外市场的优势，协助和支持中国企业"走出去"，带动中国产品和企业进入国际市场，拓展我国的海外商

---

① 参见《改革开放新时期党的侨务工作》，中国学术评论出版社，http：//gb.chinareviewnews.com/crn‐webapp/cbspub/index.jsp，2011年11月2日。

品市场和对外投资市场，这不仅有利于中国经济结构的优化和经济增长的可持续性，而且有利于海外华侨华人在住在国的发展和壮大。在实施"走出去"战略中，华侨华人将发挥重要的桥梁和纽带作用，侨务工作将为此做出新的贡献。

海外尤其是东南亚华侨华人在数量、人才、资金等方面具有优势，如何动员华侨华人参与到"一带一路"倡议和"走出去"战略中来，在加强国内外经贸往来、促进内外互动、提升本地区经济发展活力中发挥作用，显得十分必要。在这样的背景下，侨联必须积极行动起来，通过引智、引资，主动引导侨资与我国特色产业有机结合；通过利用广大华侨华人的优势资源，为中国企业"走出去"铺路架桥，服务和推进经济社会全面可持续发展。这说明了侨联必须把为侨服务和为经济建设服务放在同等重要的地位。第八次全国归侨侨眷代表大会的工作报告中指出：要充分发挥归侨侨眷和海外侨胞在推动我国现代化建设方面的重要作用。广大归侨、侨眷中蕴含着极大的劳动热情和创造才能，各级侨联要积极引导他们自觉投身我国改革开放和现代化建设事业。广大海外侨胞中蕴藏着巨大的潜力和大量高层次人才，各级侨联要积极引导他们关心支持祖（籍）国发展，把个人事业进步与祖（籍）国的发展紧密联系起来，通过投资兴业、回国创业等多种形式为国服务。要着眼社会发展，围绕党和国家的战略部署，积极引进资金、项目、技术和各类专业人才，创建广大海外侨胞需要、各级政府欢迎的服务经济建设的载体，促进国内经济结构调整和产业升级；推动国内企业、产品、人员"走出去"发展，使侨联组织在促进经济社会发展中有作用、有地位、有影响。①

具体而言，侨联当前应重点抓好以下工作：一是服务国家经济社会发展，引导侨资开展对华投资，积极帮助和支持有比较优势的中国企业"走出去"，做到"引进来"和"走出去"相结合。二是进一步加强与海外华侨华人尤其是新华侨华人的联谊工作，大力涵养侨务资源。积极引导华侨华人社团加强团结、活跃会务、增进合作，努力培养侨团新秀。三是紧紧围绕中国建设世界文化强国的历史使命，积极推行国家文化软实力提升战

---

① 《中国侨联（前）主席林军向第八次全国归侨侨眷代表大会全体代表作工作报告》，2009年7月17日。

略,加强海外华文教育和侨务外宣工作,弘扬中华优秀文化。在华文教育方面,增加外派教师数量,提高外派教师水平,积极培养本土教师;在完善通用教材的基础上,支持和协助海外侨胞编写更符合住在国国情、侨情的各类华文教材。在侨务外宣方面,积极推动优秀文化作品"走出去";鼓励和支持华裔青少年通过来华短期学习或接受学历教育,了解中国文化;动员侨务资源支持中国文化产业走出国门。四是解放思想、拓宽思路,充分挖掘和利用侨务工作这一重要渠道,广泛联系和动员世界各地侨胞,积极活跃地开展对台工作,引导海外侨胞积极推进两岸关系和平发展和祖国统一大业。五是切实采取措施加大为侨服务、依法护侨力度,始终实现好、维护好、发展好海外侨胞和归侨侨眷的根本利益,作为侨务工作的出发点和落脚点。建立健全工作机制,依法维护侨胞权益,营造有利于海外侨胞生存发展的良好环境,促进侨界民生改善。

三 侨联在实践"走出去"战略中的作用

(一)侨联是拓展海外关系的先行者

中华民族是最具国际性和开放性的民族之一,中国人移民海外历史悠久。唐宋时期[①],相当规模的中国人流寓海外,形成了一定规模的华侨聚居地。明代中国移民更盛,在印度尼西亚、菲律宾、越南、马来西亚等国家相继出现了唐人街,这些中国移民以经商者居多,也有从事手工业、农业和渔业者,他们有的甚至与当地人通婚,较好地融入的当地社会。19世纪中叶西方殖民者以坚船利炮打开了中国国门,加之世界资本市场的形成,黑奴贸易制度的废除,西方殖民地开发的劳力需求,客观上促进了华工移民潮的出现。20世纪上半叶,随着辛亥革命、世界反法西斯运动和亚非拉民族独立运动的兴起,中国人无可避免地卷入现代世界的激流之中,华侨出国达到了最高潮,其人数激增、职业分布更广,华文报刊、华文教

---

① 比较通行的看法认为,华侨史的上限为唐代,原因有三:第一,海外华侨多自称为唐人;第二,唐代南海交通贸易空前发达,蕃商蕃舶接踵而至,政府设舶使专理其事;第三,中外史籍如《经行记》《通考》《黄金牧地》等书中都说在大食、阿拉伯、爪哇、苏门答腊等地可以见到移居海外的华人。参见郑民、梁初鸣《华侨华人史研究集(一)》,海洋出版社1989年版,第65页。

育和华人社团也大量涌现,华侨社会得到高度发展。从1840年鸦片战争爆发到1949年新中国成立的一百余年时间里,共有1000多万中国人出洋,足迹遍布世界各地。①

自1955年以来,华侨华人进一步卷入了全球化浪潮中,这一时期,广大华侨华人逐渐由落叶归根转向落地生根,90%左右的华侨加入了住在国国籍而转变为华人,逐渐融入当地主流社会,关心并服务于住在国的社会经济发展。然而,广大华侨华人融入住在国的过程并非一帆风顺。在海外华人聚居最为密集的东南亚(旧称"南洋")国家和地区,华人凭借自身的努力,取得了巨大的经济成就,成为当地经济结构的重要组成部分,甚至控制着部分国家的经济命脉。然而,经济上强大的华人在政治上却始终处于相对弱势的地位,在不同时期不同国家都发生了程度不同的排华运动,如1967年缅甸排华大暴动、1969年马来西亚排华暴乱、1977年越南排华事件、1998年印尼"黑色五月暴动"、2003年菲律宾反华大游行等。然而,这些事件并未从根本上改变华侨华人与东南亚国家已经成为不可分割整体的事实,排华事件的出现促使华侨华人对其融入当地社会的方式、路径的深刻反思,同时也有助于住在国人民对当地文化的反思与调整,以强化华侨华人与当地社会的共生共荣关系。可见海外华侨华人的历史是一部充满冒险精神、艰苦奋斗和奋发图强的历史,是一部血泪史和苦难史,是华侨华人与住在国人民一起艰苦创业、共同反帝反殖民斗争的历史,是华侨华人在海外传播和弘扬中华文化、促进中外文化交流和对世界文明做出贡献的历史。②

改革开放以来,中国对外交往和经济活动的逐步扩大,中国政府重新恢复向海外派遣留学生,欧美等西方国家相继取消了一些明显歧视华人的政策,中国大陆流往海外的人口明显增加。尤其是在1986年2月《中华人民共和国出入境管理法》施行后,中国内地出现了持续多年的"出国热",迁徙海外的移民人数呈现上升趋势,经过30多年的逐步壮大,在海外已经形成了一个"新华侨华人"群体,目前这一群体有上千万人,主要

---

① 大陆地区中国人的国际移民在1950—1960期间陷入沉寂,1970年后再次形成新的潮流。参见陈文寿《华侨华人侨务:北京视点》,香港社会科学出版社有限公司2007年版,第86页。
② 周南京主编:《华侨华人百科全书历史卷(前言)》,中国华侨出版社2002年版,第2—3页。

分布在东南亚、北美洲、欧洲、大洋洲等地区，中国成为印度、墨西哥、俄罗斯之后的世界第四大移民输出国。① 遍布世界各地的华侨华人从事商业的比例较高，由此形成具有较大影响力华商群体。

华侨华人人数众多、分布广泛，据统计，目前海外华侨华人达 6000 多万人。在地域分布上呈现"大集中、广分散"的特点，遍布世界各地，目前海外华侨华人达 6000 多万人集中于东南亚、北美和欧洲地区。② 而 2008 年的一项调查报告估算，海外华侨华人约为 4800 万，闽南、广府、潮州、客家 4 种方言占 8 成；分布在 161 个国家和地区。其中亚洲 38 个国家和地区有华侨华人 3500 多万，占全球华侨华人数量的 73%；主要集中在东南亚（印尼 1000 万；泰国 900 万；马来西亚 645 万；新加坡 360 万；缅甸 250 万；菲律宾 150 万左右；越南约 150 万；柬埔寨约 70 万；老挝 28 万；文莱约 6 万）。美洲 34 个国家有华侨华人 650 万，占全球华侨华人人数 13.5%（美国 260 万；加拿大 100 万；秘鲁 30 万）。欧洲 33 个国家中有华侨华人 250 万，占全球华侨华人人数的 5.2%；超过 10 万的有英国、法国、意大利、德国、荷兰。大洋洲有华侨华人 100 多万，占全球华侨华人人数的 2%；澳大利亚 60 多万，新西兰 10 多万。非洲 42 个国家中有华侨华人 75 万，占全球华侨华人人数的 1.6%；南非 10 多万，马达加斯加 6 万，毛里求斯 4 万。③

海外华侨华人分布于世界各地，成为中国联结世界各国的桥梁和纽带。海外的 6000 多万华侨华人是中国海外的经济、政治、文化及安全利益的特殊承载者，是支援中国经济发展的重要资源，是中国和平崛起的重要力量，也是中华文化彰显魅力的重要平台，是中国在海外的宝贵财富。④ 他们是发展中国与世界各国政治经济文化关系的最重要的人力资源，他们在海外的存在与发展便是沟通这两者之间的关系的重要桥梁。他们身在国外，嵌入住在国的经济文化生活中，同时他们又与祖（籍）国保持着千丝

---

① 转引自胡修雷《2018 世界侨情报告》，社会科学文献出版社 2019 年版，第 2 页。
② 王耀辉、康荣平：《世界华商发展报告（2018）》，社会科学文献出版社 2018 年版，第 2 页。
③ 中国新闻社课题组：《世界华商发展报告（2008）》，中国侨网，http://www.chinaqw.com/news/200902/02/148817.shtml，2009 – 02 – 02。
④ 参见刘静、曹云华《华侨华人与中国的海外利益》，《八桂侨刊》2008 年第 4 期。

万缕的联系。华侨华人成了国外民众了解中国的窗口，他们不仅成为住在国成员，也时时刻刻承载着中国人的对外形象。华侨华人还把住在国经济、政治、文化等方面的情况介绍到中国，形成以华侨华人为中介的信息双向流动，加深了中国与世界各国的联系。在全球化、网络化、信息化进程中，华侨华人在海外社会交往的广度和深度都前所未有，华侨华人深深地嵌入于住在国经济文化生活中，卷入了全球化浪潮，形成纵横交错华人网络。

侨联是党和政府联系广大华侨华人和归侨、侨眷的桥梁和纽带，是归侨和海外侨胞之家，是广大归侨和海外侨胞心目中最信赖最可靠的组织。因而，侨联与海外华侨华人、归侨保持着紧密而深刻的联系，双方互动频繁，一方面侨联积极"走出去"开展工作，与华侨华人开展联谊活动，拓展海外关系，团结侨界人士，动员侨界资源服务于中国与世界各国的经贸交往和文化交流；另一方面，广大华侨华人、归侨视侨联为归属之地，再通过侨联获取国内政治、经济、文化等方面的信息尤其是投资信息的同时，积极以侨联为中介为国内企业及相关部门提供住在国政治、经济和文化信息，为中国企业和文化"走出去"提供了重要的信息支持。

进入20世纪80年代，侨联组织逐渐得到恢复，侨联工作逐步走上正轨，各级侨联积极帮助归侨落实政策、解决困难，维护他们的正当合法权益，使广大归侨又重新找到了家，侨联赢得归侨信任的同时也逐步赢得了海外侨胞的认可。改革开放以后，侨联积极利用归侨与海外侨胞的亲情、友情、乡情关系，加强与归侨和海外侨胞的联系，并创造条件走出去，深入到海外侨胞中去做细致的宣传工作，宣传祖国的政治新变化，经济建设新气象，改革开放新起点，对待归侨和海外侨胞的新政策，唤起了他们支援祖国经济建设的激情。多年来，侨联紧紧围绕党和国家的中心任务，利用自身优势，在"走出去""引进来"的过程中，积极牵线搭桥、铺路架桥，不断拓展中国的海外关系，服务于国家发展战略。

（二）侨联是"走出去"的推介者

1. 云南"走出去"战略实施现状

实施"走出去"战略，是中央在深刻分析国际、国内政治经济形势的基础上做出的重大决策，是关系我国发展全局和前途的重大战略。

近年来，随着"一带一路"倡议的稳步推进，中国与东南亚各国经贸往来更加频繁，中国企业对外投资势头强劲。据新加坡《海峡时报》网站8月14日报道，2019年以来中国对东南亚的投资出现大幅增加。2018年下半年，中国在东南亚的投资和建设合同金额为56亿美元，而2019年上半年猛增至110亿美元。由美国机构编纂的《中国全球投资追踪》报告指出，2019年上半年流入东南亚科技领域的中国投资达到25亿美元，超过2017年的全年总和。① 此外，随着东南亚国家5G移动网络发展的需求，中国投资电信设备公司也将成为东南亚国家网络发展投资的主要力量。

对于云南而言，加快实施走出去战略，有利于促进中国和东南亚、南亚三大经济区实现共同繁荣与和平发展；有利于发挥云南地理位置的优势、生态资源丰富的优势、经济互补性强的优势；有利于提高云南对外开放水平，促进云南经济社会可持续性发展；有利于落实中央"以邻为伴，与邻为善"和"睦邻、安邻、富邻"的周边外交方针和政策，营造发展和有序并存的良好周边环境。

云南"走出去"的战略布局重点是东盟10国和南亚7国。首先，"次区域五国"（缅甸、老挝、越南、柬埔寨、泰国）是中国面向西南的重要邻邦，是云南省最主要、最现实的外经、外贸和外资市场，是云南省"走出去"的重要区域和方向。其中缅甸、老挝、越南、柬埔寨四国经济相对不发达，基础设施落后，工业基础薄弱，但土地、矿产、森林、海洋、能源等自然资源十分丰富，与之相对应的是四国资源开发能力相对不足，其基本建设市场、消费市场皆有待于外来投资者开发。其次，新加坡、马来西亚、菲律宾、印尼和文莱等国是云南省"走出去"战略中走向更远更大的国际市场的理想"跳板"。这些国家经济相对发达，市场国际化程度较高，双方产业结构互补性强，具有广阔的合作空间。最后，印度、孟加拉国等南亚7国是云南省"走出去"的新兴市场和重要方向。该地区人口超过13亿，在资源结构、产业结构、产品结构、技术结构等方面都与云南有较大互补性，蕴含着巨大的商机。② 此外，非洲、南美洲等发展中国家

---

① 中国一带一路网，https://www.yidaiyilu.gov.cn/xwzx/hwxw/100071.htm，2019 – 08 – 15。
② 李丹丹：《实施"走出去战略"促进云南经济可持续性发展》，中国经济网，http://www.ce.cn/new_hgjj/zuliao3/200503/03/t20050303_3221547.shtml，2005 – 03 – 03。

以及欧美日韩澳等发达国家，也是云南省"走出去"的重要目标。

2005年以来，云南省企业"走出去"的步伐明显加快。2006年，云南省对外直接投资额为8753万美元，而到了2018年，这一数字增长到11.83亿美元，为2006年的13.5倍。2019年2月公布的数据显示[①]：截至2018年12月，云南省企业在全球58个国家（地区）设立788家（机构）企业，对外实际直接投资额累计达104.21亿美元。当年云南省境外97家企业对23个国家（地区）的124家境外企业直接投资11.83亿美元，涉及国民经济20大类中的14类，重点投资电力、热力、燃气及水的生产和供应业，建筑业，租赁和商务服务等行业。其中对"一带一路"沿线国家投资6.26亿美元，主要投资建筑业、电力、热力、燃气及水的生产和供应业等。截至2018年12月，云南省企业在"一带一路"沿线国家累计实际投资66.06亿美元，占全省总投资的63.4%，投资企业数583家，占比74%。

从投资区域来看，次区域国家仍是云南省对外投资重点国别（地区），2018年云南省在老挝、缅甸、柬埔寨三国实际投资6.07亿美元，占全省总投资的51.3%。其中，对老挝实际投资3.75亿美元，占全省总投资的31.7%，对缅甸实际投资1.5亿美元，占全省总投资的12.7%，对柬埔寨实际投资0.8亿美元，占全省总投资的6.8%。从投资业务来看，国际产能合作成绩显著。2018年云南省新批境外企业涉及国际产能合作的企业12家，占新批企业总数的20%，中方协议投资额3亿美元，占新批企业中方协议投资额的28.6%。2018年涉及国际产能合作实际对外直接投资5.72亿美元，占全年对外实际投资总数的48.35%。2016年至2018年12月，云南省对外投资新设国际产能合作企业34家，实际投资22.55亿美元，其中电力能源16.53亿美元、采矿业3.35亿美元、制造业2.67亿美元。投资对象以东南亚和非洲市场为主，分布情况：缅甸8家、老挝6家、印尼3家、玻利维亚3家、泰国2家、柬埔寨2家、南非2家、印度1家、中国香港1家、赞比亚1家、毛里求斯1家、刚果（金）1家、韩国1家、美国1家、哈萨克斯坦1家。从投资主体性质看，民营企业投资

---

① 《2018年1—12月云南对外投资简报》，云南省商务厅网站，http://www.bofcom.gov.cn/tjsj/dwtz/201902/t20190228_843145.html，2019-02-28。

活跃。2018年云南省新批境外投资企业中，民营企业51家，占比85%，协议投资9.9亿美元，占比94.3%。截至2018年12月，云南省民营企业在境外设立投资企业648家，占全省对外投资企业总数的82.2%；累计对外直接投资40.97亿美元，占全省对外投资总额的39.31%。

值得一提的是，由于云南省紧邻"金三角"的地缘特点，特殊领域的境外投资在全国独树一帜。主要表现为中国（云南）企业在缅甸、老挝北部开展的罂粟"替代种植"。2006年中国出台专门政策鼓励国内企业赴境外开展"替代种植"，并从资金、出境往返等方面提供支持。截至2015年，有200多家企业在缅甸、老挝北部等地开展"替代种植"，发展橡胶、甘蔗、柠檬、茶叶等替代产业，共实施"替代种植"项目300多个。云南省作为紧邻"金三角"毒源地的边疆省份，在开展境外罂粟"替代种植"方面起步较早。早在1992年，云南边境地区的部分外经贸企业自发到境外开展以橡胶、甘蔗、茶叶为主的经济作为种植，拓展生存和发展空间。2004年后，中国在总结云南边境地区境外经济作物种植经验的基础上，出台专门政策，鼓励和引导云南边境地区企业到境外开展罂粟"替代种植"。至此，中国与缅甸、老挝的罂粟"替代种植"合作正式开展。2004年12月，中国成立由商务部牵头、18个部委联合组成的"122工作组"，领导和协调云南境外罂粟替代发展工作。20年来，云南省按照"种得下、稳得住、可持续"的工作思路，积极开展"替代种植"工作。通过"替代种植"项目吸纳境外大量当地烟农参与，通过培训，使他们掌握一定生产技术，推进传统种植业、养殖业向科学化、规模化发展，为烟农弃种罂粟后开辟新收入渠道。

"替代种植"项目的实施在毒品"除源截流"、促进毒源区群众产业结构调整和生活水平提高、改善缅甸北部和老挝北部地区基础设施等方面发挥了重要作用。以云南西双版纳州为例，截至2015年开展境外罂粟"替代种植"发展的企业有38家，实施项目51个，主要分布在老挝南塔、乌多姆赛、万象、丰沙里、琅勃拉邦、沙耶武里等省，缅甸掸邦东部第四特区、第二特区等。项目涉及橡胶、稻谷、甘蔗、薏仁、芝麻、香蕉、西瓜等经济作物种植，还设立了橡胶、玉米、茶叶等的加工企业，促进当地就业，种植面积达100余万亩。境外罂粟"替代种植"项目实施涉及老挝、缅甸村寨1656个，为当地群众提供就业约66.4万人次；

投资 11731 万元新建（或改扩建）公路 0.9 万千米；投资 1415 万元建设饮水项目 205 项；投入 952 万元培训费用，举办稻谷、玉米、橡胶、茶叶等农业技术培训 1025 期，培训 24.1 万人次；投资 1532 万元架桥（或修涵洞）208 座；捐资 404 万元助学 4323 人次；捐资 1455 万元建校 42 所；投资 693 万元建设医疗服务站（点）52 项；投资 1002 万元组织当地官员和群众到中国考察学习 869 次；捐资 1726 万元给当地政府建设公益事业项目。①

再以普洱市为例，截至 2015 年 6 月，全市"替代种植"企业 32 家，"替代种植"面积达 105 万亩。其中，在缅甸北部地区开展"替代种植"的企业 23 家，种植面积 69 万亩，主要种植品种为橡胶 53 万亩、甘蔗 8 万亩、茶叶 5 万亩；在老挝北部地区开展"替代种植"的企业 9 家，种植面积 36 万亩，主要种植品种为橡胶 19 万亩、粮食 11 万亩、甘蔗 5 万亩，茶叶、咖啡、香蕉等 1 万亩。32 家"替代种植"企业在老挝、缅甸共投资 94149.66 万元，"替代种植"项目覆盖了缅甸、老挝北部地区的 1373 个村寨、192893 人；项目共吸纳当地劳力 87509 人，人均月收入普遍达到 800 元，比项目进入前增加了 4 倍。"替代种植"企业在开展"替代种植"项目的同时，还在当地积极兴办社会公益事业，32 家替代企业累计投入资金 8308 万元②，兴建学校、卫生、道路、电力、饮水、民房、戒毒等公益设施，改善了当地群众的生产、生活条件，提高了参与替代项目种植的积极性，绝大多数群众投身"替代种植"发展产业中，为跨境铲除毒源、实施毒品堵源截流，推动当地经济发展发挥了重要作用。

通过"替代种植"的开展，缅甸北部地区的罂粟种植面积从 1998 年的 248 万亩下降至 2013 年的 60 万亩，"替代种植"已经形成一定的规模。③ 目前，缅甸掸邦东部第四特区辖区内已基本实现罂粟禁种，老挝北部四省罂粟"替代种植"项目区域内罂粟种植也已得到明显控制。中国企业在缅甸北部和老挝北部开展的境外罂粟"替代种植"，初步探索出一条具有中国特色国际合作禁毒之路，为境外罂粟"替代种植"可持续发展积

---

① 杨春：《西双版纳推进境外罂粟替代种植结硕果》，西双版纳新闻网，http://www.bndaily.com/c/2016-06-26/40077.shtml，2016-06-26。
② 杨艾山：《普洱市"替代种植"成绩斐然》，《普洱日报》2015 年 9 月 18 日。
③ 刘新：《中国与金三角周边国家禁毒合作研究》，硕士学位论文，华中师范大学，2015 年。

累了宝贵经验。在境外罂粟"替代种植"迅猛发展的同时，企业在境外开展替代发展工作面临着极其复杂的国际环境和一系列的现实困难，"替代种植"企业自身也存在这样或那样的问题，为此，在大多数"替代种植"发展企业的迫切要求下，云南省"替代种植"企业协会于2008年5月正式成立，该协会的成立对整个"替代种植"行业进行行业规范、行业管理，通过发挥协会的桥梁和纽带作用以推动行业发展具有重要意义。中国在周边国家实施的"替代种植"项目也得到了相关国家的认可和肯定。老挝中央禁毒委官员表示，在中国企业的扶持和带动下，老挝北部积极种植粮食，发展橡胶产业，替代项目给当地群众带来了实惠，希望中国政府和企业加大投资力度，更好地促进罂粟"替代种植"。缅甸中央禁毒委官员也表示，替代发展项目实实在在帮助了缅甸北部地区的烟农，大部分群众改变了原来的生产生活习惯，逐步放弃了罂粟种植。

总体来说，罂粟"替代种植"投资项目的实施不仅带动了当地经济社会的发展，而且拓宽了我国农业发展的空间和就业渠道，与周边国家实现了互利共赢的发展，为贯彻我国发展"富邻、安邻、睦邻"的外交政策做出了积极的贡献。

再从文化"走出去"的情况看，云南具有生物多样性、植物多样性、民族文化多样性等三大特点，有"动物王国""植物王国"和"民族文化聚宝盆"之称。民族文化资源是云南最重要、最宝贵的资源之一。云南是一个多民族群体、多文化形态共生带，各民族在漫长的历史发展过程中，形成各具特色的民族歌舞、风俗、服饰、工艺品、建筑、饮食、节庆、祭祀等。据统计，云南收集到各民族歌曲2万多首，舞蹈6718套，戏剧2000多个，器乐200多种，叙事长诗50多部。[①] 目前，在政府、社会组织、民间团体的大力支持下，依托旅游平台，云南文化"走出去"取得不错成绩，云南民族文化与东南亚、南亚国家的民族风情渗透于旅游的各个环节，并形成一个产业链，形成了云南与东南亚、南亚国家和地区旅游与文化相互融合的局面。

随着"一带一路"建设和"建设云南成为面向南亚东南亚辐射中心战

---

① 转引自楼艺婵《试论云南"文化桥头堡"的构建》，《第五届云南论文集》，云南人民出版社2011年版，第115页。

略"的实施,云南把实施文化"走出去"作为重要发展战略之一,充分发挥人文交往的优势,采取多种方式扎实助推文化走出去,形成多渠道、多层次、多形式的对外文化交流新格局。① 通过举办印度"亲邻之旅",参与俄罗斯"中国年"、澳大利亚"中国文化年",开展"感知中国·美丽云南"日内瓦系列宣传展示活动,承办第十三届亚洲艺术节,与泰国、老挝、柬埔寨、尼泊尔等国举行跨国春晚等活动②,以及在海外举办一系列商演活动,积极推动中华文化和云南文化走向世界,有效提升中华文化和云南民族文化的国际影响力。

在云南边境及周边国家分布着国门书社、驻外剧场、孔子学院等传播中国文化和云南文化的机构和民间组织,被称之为搬到国外的"中国圆桌"③,成为中国文化和云南文化"走出去"的重要载体。云南大学、云南师范大学等高校,在与云南接壤或相邻的缅甸、老挝、泰国、孟加拉国、印度等国建立孔子学院或孔子课堂。驻外剧场加快了云南文化走出去的步伐,如:云南制作了两台分别在柬埔寨和新加坡两个国家长期驻演的演艺节目《吴哥的微笑》和《辉煌的新加坡》。此外,一大批反映中国和云南文化软实力的图书、音像制品、电影作品将陆续通过合适的方式走出国门,将成为各国人民了解中国的重要窗口。

同时,云南省还推进广播、电视、报纸、杂志、书城、文化交流中心等在周边国家"落地",《云南日报》报业集团先后与美国及8个南亚、东南亚国家主流媒体合作;以"香格里拉之声"命名的云南广播国际频率覆盖中越、中老、中缅边境县和以河内、曼谷为中心的7个东南亚、南亚国家和地区;云南广播电视台中国地面数字电视标准在老挝、柬埔寨成功落地;并逐步将合作拓展到尼泊尔、孟加拉国、斯里兰卡等国;由云南主办的缅文《吉祥》、老挝文《占芭》、泰文《湄公河》、柬文《高棉》等杂志成功进入对象国政府部门、大学图书馆等;在"一带一路"沿线国家建设了10个实体书店;充分发挥边境口岸的文化辐射效应,瑞丽口岸已被国务院新闻办列入"边境之窗"建设国家示范工程。④

---

① 佳维东:《云南全力构筑对外文化交流新格局》,《光明日报》2019年1月30日。
② 任维东、张勇:《文化走出去成果显著》,《光明日报》2016年3月2日。
③ 胡远航:《云南打造中国圆桌 推动文化走出去》,《商会中国》2011年10月28日。
④ 任维东:《云南全力构筑对外文化交流新格局》,《光明日报》2019年1月30日。

2. 侨联作为"走出去"的推介者

近年来,中国面向西南"走出去"的步伐进一步加快,云南由对外开放的末梢变为了对外开放的前沿,云南的对外开放水平和层次将大大提升,"走出去"的广度和深度将前所未有。

然而,"走出去"在迎来巨大历史机遇的同时,也面临着诸多问题。其中企业"走出去"面临的问题主要表现在以下几个方面。

一是"走出去"企业对住在国的认知不到位以及自身的行动失范。很多企业在未充分了解当地法律法规、文化习俗、市场信息、政治走向的情况下,就急于"走出去",导致"走出去"的效果大打折扣,甚至出现法律纠纷和文化冲突。部分"走出去"企业缺乏环保意识,不善于处理经济效益和社会效益的关系,采取粗放式经营管理,导致当地环境的破坏,损害了中国企业的形象,引发当地人对中国企业产生不满情绪。以中缅为例,近年来,中缅合作项目大多是官方项目。据不完全统计,中方已向缅提供30多项成套项目、9个技术合作项目以及27批单项物资支持。然而,由于过分重视官方外交而忽视了民间外交,在缅甸政局发生波动以及美、日、印等国际势力大举介入的情况下,西方大量非政府组织与缅甸社会深度融合,大力抢占民意甚至煽动缅甸民众以捍卫权利为名阻挠中国在缅项目开展。项目公司忽视当地社区的利益分配,忽视缅甸执政党与反对派的权力竞争。[①] 加上传统的补偿贸易、粗放型项目开发以及一些民营企业对当地法律、宗教、文化的不尊重,破坏了中缅合作的舆论环境。特别是近来中方在缅投资项目矛盾纠纷不断,冲突和项目停工情况时有发生,有时上升到国家外交层面,严重影响双边关系。

二是劳资纠纷问题。近年来,由于劳工权益保护意识薄弱,海外中国企业面临的劳资纠纷问题发生的频率越来越高。缅甸《外国投资法》规定,外资企业所聘用的技术人员中,缅甸雇员的比例在营业的前两年不低于25%,随后两年不低于50%,第五、第六年不低于75%;而且,外资企业还需承担对缅甸雇员进行技术培训的责任。这无疑增加了外资企业的经营成本和管理难度。特别是随着缅甸劳工的权益意识逐渐增强,一些非

---

① 张聪、孙学峰:《中国在缅投资项目成败的原因(2011—2016)》,《国际政治科学》2016年第4期。

理性诉求也相应增多。再加上工会等非政府组织的策划，少数劳工的行为往往演变为有组织的罢工、示威，甚至打砸抢等暴力事件。近年来缅甸国内因劳资纠纷引发的罢工事件频繁发生，给中国企业赴缅投资带来新的挑战。① 在缅投资企业如何平衡好效率和当地社区利益，关乎企业发展的可持续性问题。

三是一些共性问题，如缺乏资金、技术、管理、人才等企业发展的必备条件，以及投资结构不合理、经营分散、竞争核心力不足等问题。

与"走出去"的企业相比，分布于世界各地的华侨华人具有明显的群体特征和无可比拟的优势，能为中国企业和文化"走出去"提供必要的帮助和支持。海外华侨华人尤其是华商具有以下特点和优势。

第一，海外华人数量众多、分布广泛，6000多万华侨华人分布于世界161个国家和地区，这些华侨华人之间联系较多，形成纵横交错的华侨华人社会关系网络，是"走出去"可以利用的重要资源。

第二，广大华侨华人虽然身居国外，但仍与祖（籍）国保持着千丝万缕的联系，保留着浓厚的中国情结，大多数华商愿意为中国企业和文化的"走出去"提供帮助，或者与中国企业及相关组织和机构开展经贸和文化方面合作。

第三，海外华商经过几代人的经营发展和积淀，积累丰富的资源，建立了深厚的人脉关系网络，深谙住在国的文化传统、风俗习惯、政治局势、政策法规，熟悉住在国的经济形势和市场走向，能够为中国企业和文化的"走出去"提供准确的政治、经济、文化和市场信息，降低"走出去"的成本，提升"走出去"的成效。

第四，海外华商具有资金、管理、技术和人才等方面的优势，具备国际视野和现代性经营理念，懂管理、善经营，能为中国企业和文化"走出去"提供资金和智力支持。

第五，海外华商在长期的发展和历史积淀中形成了一些"华人经济圈"，处于经济圈中的广大华商一方面卷入全球化经济浪潮中，融合于住在国经济和文化环境中，另一方面又相互紧密地联系在一起，形成一个在

---

① 孟萍莉、吴若楠：《中国企业对缅甸投资面临的风险及对策》，《对外经贸实务》2019年第10期。

全世界有一定影响力并包含着中华文化元素的经济群体。"华人经济圈"的存在为中国企业和文化"走出去"提供了丰富的资源和良好的国际环境。

随着区域经济合作和经济全球化步伐加快,海外华商将在"走出去"战略实践中发挥重要作用。尤其是在推进中国与东盟区域经济一体化进程中,在东南亚国家和地区发挥着重要影响力的东盟华商将发挥起排头兵的作用,充分发挥他们所具有的优势,为中国企业有序地到境外投资合作、发展海外工程承包、扩大农业国际合作、深化国际能源资源互利合作牵线搭桥[1],服务于中国战略性发展需求。

东南亚华侨华人人数众多,经济实力雄厚。截至2007年,世界华侨华人共计4543万人,其中东南亚有华侨华人3348.6万人,包括约250多万的新移民及其眷属,约占全球4543万华侨华人总数的73.5%。东南亚还是海外华商实力最强的地区,其经济实力占世界华商经济总量的70%以上。其中在东南亚,云南籍华侨华人人数也较多,有约250余万。[2]"走出去"战略的实施离不开广大华侨华人。而侨联是党和政府联系广大华侨华人和归侨、侨眷的桥梁和纽带,专门从事侨务工作的部门之一。侨联与海外特别是东南亚的华侨华人社团、企业、知名人士有着密切的联系和交往。侨联将紧紧围绕国家的中心任务,充分利用其工作性质具有的民间性、涉外性和工作方法灵活性等特点,通过搭建企业与华商交流合作的平台,利用海外华商所具备的多元性优势,为中国企业和文化的"走出去"提供海外市场信息、法律援助、智力支持、管理培训等方面服务。同时积极为向国内企业提供投资机遇,向海外介绍国内企业情况、推介投资项目意向,引荐国内企业到海外进行项目考察,协调海外侨界为"走出动"企业提供服务,帮助"走出去"企业了解住在国投资政策、投资环境和项目论证、风险评估咨询等。侨联要真正承担起为经济建设服务的职能,在涵养侨务资源的基础上,主动为中国企业和文化"走出去"创造条件、搭建平台,为"走出去"到境外开展经贸合作和文化交流铺路架桥,这是节约

---

[1] 《中国企业"走出去"借力海外华商接轨国际市场》,凤凰资讯网,http://news.ifeng.com/c/7fZo6PM2jyo,2011-06-05。

[2] 庄国土:《东南亚华侨华人数量的新估算》,《厦门大学学报》(哲学社会科学版)2009年第3期。

"走出去"成本、提升"走出去"水平的必然要求。

(三) 侨联是海外企业权益的维护者

各级侨联组织既是海外侨胞、归侨、侨眷在国内正当权益的维护者,也是海外企业在国外正当权益的维护者。而这里所讲的海外企业有包括两类:海外华商企业和海外"走出去"的中国企业。维护海外华商企业和"走出去"企业的正当合法权益,是各级侨联组织的重要职能之一。

"走出去"企业在开展对外投资和工程承包、产业合作必然会诸多风险,主要表现为政治风险、法律风险、财务风险、工会和劳工组织的风险以及企业文化融合的过程中的风险等。比如中海油集团对美国尤尼科公司的收购案、五矿集团对加拿大诺兰达公司的收购案,都因东道国的政治干预而终止;中集集团收购荷兰博格工业公司因欧盟委员会的反垄断调查而蒙受损失;中化国际收购韩国仁川炼油公司,因未在谅解备忘录中增加附加条款以限制对方再提价,结果该公司的最大债权人美国花旗银行抬价至8.5亿美元,超出了中化集团的承受能力,最终导致了并购失败。[①] 在这些并购案中,东道国出于意识形态的本能与自身经济安全的考虑,以多种方式和所谓规则、惯例等借口对中国企业的跨国并购进行约束和限制。"走出去"企业面临的风险往往与当地的政治变革、风俗文化、法律法规有关,仅凭企业自身是难以有效解决的,也不能完全寄希望于中国的外交和商务部门,必然要求相关机构和组织出面协调与沟通。为保护好他们在国外的合法权益利益,各级侨联设立专门机构和服务窗口,成立侨联法律顾问委员会,聘请法律专家、知名律师为他们服务。一是积极为"走出去"企业提供政策、法律咨询,二是积极帮助他们解决在国外投资和工程承包过程中出现的经济纠纷、劳务纠纷等,以及由政治和文化因素所引发的矛盾和冲突。

此外,侨联组织可以借助分布于世界各地海外华商资源,结合自身民间性、涉外性、灵活性的优势,积极联合相关部门建立好中国企业"走出去"的风险防范机制,充分利用华商资源,收集投资国政治、市场、法律、文化等全方位的信息,提前对投资国进行调查研究,制定详细、严谨

---

① 《海外并购中的风险》,北大法律信息网,http://www.chinalawinfo.com/,2011-11-09。

的可行性研究报告，吃透国家参与签订的各种国际投资保护协定，建立风险防范机制，在企业投资发生风险后，有能力快速应对，积极获取国家主管部门和相关国际机构的帮助。

　　侨联的护侨工作得到了海内外侨界的肯定和赞扬，海外侨胞称赞侨联为真正的"华侨之家"。侨联不仅要维护归侨、侨眷的权益，也要积极为海外华侨华人提供必要的帮助和支持。广大海外华侨华人取得巨大成就的同时，也面临着各种风险。其中最大的风险仍然是政治风险，以及由此引发的程度不同的排华事件。在海外社会风险爆发如金融海啸爆发后，海外华侨华人社会中恶性案件越来越多，侨胞权益受到侵害的问题也越来越严重。随着中国政府和民众与海外交流达到空前程度，涉外矛盾和纠纷也随之增加。要想在与西方国家及民众交往过程中掌握主动权，维护自身合法权益，就必须深刻地了解西方社会，掌握并运用好西方法律。中国侨联以维护海外侨胞权益为切入点，成立海外律师团，就是要利用西方法律去保护广大华侨华人的正当权益和利益，为权益受训的华侨华人争取道德正义和经济赔偿。① 侨联已经成为"走出去"企业和海外华侨华人、归侨、侨眷的重要维护者。

---

① 《中国侨联成立海外律师团　用西方法律维护华人利益》，新浪网，http：//news.sina.com.cn/o/2008-11-30/154114808213s.shtml，2008-11-30。

第十一章 侨联在"走出去"战略平台创建中的对策思考

一 创新侨务观念,以大侨务观促进侨务工作社会化

时代在变化,侨务工作的内容和性质也在发生变化,这就要求广大侨务工作者紧跟时代步伐,与时俱进,把握侨务工作的新内涵,形成与社会发展和时代进步相一致的侨务工作新观念。

2005年2月28日,胡锦涛同志在会见出席全国侨务工作的代表时发表的侨务工作"三个大有作为"的讲话指出,在凝聚侨心、发挥侨力,为实现全面建设小康社会的宏伟目标做贡献方面,侨务工作大有作为;在反对和遏制"台独"分裂势力,推动祖国和平统一进程方面,侨务工作大有作为;在开展民间外交、传播中华优秀文化,扩大中国人民与世界各国人民友好交往方面,侨务工作大有作为。此次讲话深刻阐明了新形势下侨务工作的重要性及其工作方向。紧接着,中央办公厅和国务院办公厅印发了《关于加强新形势下侨务工作的意见》进一步明确了侨务工作的指导思想、三项方针和五项原则,提出了当前和今后一个时期侨务工作的主要任务,是各级侨务机构和组织开展侨务工作的指导性文件。

早在1995年,习近平同志就在《"大侨务"观念的确立》[①] 一文中指出,新时期的侨务工作要有新的观念和新的思路,即要在坚持"投资者有利、对住在国有利、对中国有利"的前提下,充分发挥"侨"的优势,深层次、宽领域、全方位地开展经济、科技、文化等方面的交流与合作,为

---

① 习近平:《"大侨务"观念的确立》,《管理与世界》1995年第2期。

现代化建设服务，为社会主义市场经济同国际经济接轨铺路，为世界和平和发展做出贡献。文章还指出大侨务观念的基本内涵：一是在工作力量上，要从侨务部门唱"独角戏"，向各级各部门共同参与转变。二是在工作内容上，要从服务经济建设的大局出发，鼓励海外乡亲回乡进行全方位的合作交流，通过引资兴业健全"造血"功能，增强发展后劲。三是在工作对象上，要由老一代华侨的工作转向同时重视侨裔和华侨新移民的工作，尽快弥合部分青年华侨对故土亲宜的感情上的裂缝。四是在工作范围上，要打破本乡本土的亲缘、地缘关系，在更广泛的范围中寻找新的合作伙伴；在工作方法上，要由主要做国内归侨、侨眷、侨属的工作，转向国内外兼顾；从送上门转向主动上门工作。

党的十八大以来，习近平同志仍然关心和高度重视侨务工作，多次讲话中深刻论述了侨务工作。对于广大海外华侨华人的地位和作用，他指出，"广大海外侨胞有着赤忱的爱国情怀、雄厚的经济实力、丰富的智力资源、广泛的商业人脉，是实现中国梦的重要力量"。"广大海外侨胞要运用自身优势和条件，积极为住在国同中国各领域交流合作牵线搭桥，更好地融入和回馈当地社会，为促进世界和平与发展不断做出新贡献。"①"侨联组织要发挥桥梁和纽带作用，广泛凝聚侨心、侨力、侨智，团结动员广大归侨侨眷和海外侨胞为改革开放和社会主义现代化建设贡献力量。"②对于"如何凝聚海外华人华侨"的问题，他强调，"团结统一的中华民族是海内外中华儿女共同的根，博大精深的中华文化是海内外中华儿女共同的魂，实现中华民族伟大复兴是海内外中华儿女共同的梦。共同的根让我们情深意长，共同的魂让我们心心相印，共同的梦让我们同心同德，我们一定能够共同书写中华民族发展的时代新篇章"③，即"根""魂""梦"凝聚海外华人华侨的动力和纽带。对于新时代的侨务干部队伍建设要求，他在对侨务工作做出的重要指示中指出："希望侨务战线的同志们坚持胸怀

---

① 《习近平会见第七届世界华侨华人社团联谊大会代表》，新华网，http：//www.xinhua-net.com/photo/2014-06/06/c_126588952.htm，2014-06-06。

② 《习近平在看望参加政协会议的民盟致公党无党派人士侨联界委员时的讲话》，2018-03-04。

③ 《习近平会见第七届世界华侨华人社团联谊大会代表》，新华网，http：//www.xinhua-net.com/photo/2014-06/06/c_126588952.htm，2014-06-06。

全局、坚持为侨服务、坚持改革创新，当好海外侨胞和归侨侨眷的贴心人，成为侨务工作的实干家。"

国家领导人对侨务工作的深刻论述为新时代侨务工作的深入开展指明了方向。从相关的论述可知，"大侨务"观念具有两大特点。一是侨务观念的动态性与开放性，侨务观念不是僵死的也不是封闭的，不同社会发展阶段和不同时代要有相应的侨务观念与侨务工作相适应，要以"三个有利"为原则，不断创新侨务工作理念。二是侨务观念宽广性，侨务工作在工作主体、工作对象、工作内容、工作方法等方面都要有所拓展，要不断开拓创新，积极服务于国家经济建设和战略发展，服务于改革、发展、稳定的大局，服务于全面建成小康社会和人类命运共同体的构建。

2018年，党的十九届三中全会通过了《深化党和国家机构改革方案》，对侨务工作做出新部署。以习近平总书记为核心的党中央把侨务工作放在党和国家战略全局中来谋划，形成了"大侨务"的工作格局，将当前的侨务工作置于构建人类命运共同体的大格局中，着力引导"一带一路"沿线国家和地区的华侨华人在民心相通方面展现特点和优势，努力推动人类命运共同体的理念在各国民间扎根，使共商共建共享的理念在各国深入人心，为构建人类命运共同体贡献中国力量。①

侨务工作观念的创新还要求侨务机构和组织不断促进侨务工作社会化。随着中国对外开放程度的日益加深，中国与世界各国的联系日益紧密，丰富而独特的侨界资源优势和侨务工作的重要性日益凸显，侨务工作涉及的领域将越来越宽广，如何使侨务工作在社会发展进程中发挥其独特作用，侨务工作的社会化是我们应该关注的焦点之一。如何用社会化理念和社会化的手段开展侨务工作是侨务事业科学发展、和谐发展的前提，牢固树立大侨务的思想，提升对侨务工作的认识是发展和创新侨务工作社会化的关键。侨务工作社会化是由侨联组织涉外性、民间性以及华侨华人分布的广泛性决定的，也是侨务机构和组织履行为侨服务和为经济建设服务职能的必然要求。

侨务工作社会化是改革开放的必然要求，更是推进"一带一路"建设

---

① 中共中国侨联党组：《新时代侨联工作改革创新的根本遵循——深入学习贯彻习近平总书记关于侨务工作的重要论述》，《求是》2018年第16期。

和"走出去"战略的必然要求。侨务工作社会化意味着侨务工作力量的多元化趋势，要动员广泛的社会力量参与侨务资源的开放和为侨服务工作。开发侨力资源的社会化，客观上也要求为侨服务的社会化。近些年来，社区侨务也在各地蓬勃兴起，侨务工作逐步成为社区工作的重要方面，受到海外华侨华人和归侨、侨眷的普遍赞誉。通过社区侨务加快侨务工作社会化，应充分发挥侨力资源，引导侨界人士积极参与社区建设和管理，形成了"社区为侨服务，侨为社区做贡献，侨为政府分忧"的多赢局面。并通过"党建带侨建""侨建促党建"，不断开发社区活动载体，满足侨界人士对多元文化的需求。

在"走出去"战略背景下，侨务工作为经济建设服务的职能逐渐被社会各界所认同、所接受、所参与，尤其是与广大海外华侨有着密切联系的侨联组织，应该积极发挥民间性和涉外性优势，树立大侨务观念，大力整合各方资源，加快侨务工作社会化进程，积极服务于中国企业与文化的"走出去"，满足国家战略性侨务工作需求。近年来，云南省侨联按照大侨务工作格局，坚持"三个有利于"原则，围绕侨联"六大职能"，紧扣云南省"三大定位"①"三大目标"②，不断加强与海外侨胞的联谊和交往，努力拓宽侨务工作领域，团结和凝聚了侨界力量，助力云南经济社会发展。如实施了"侨爱工程""侨心工程"，引导海外侨胞、港澳同胞支持云南省公益事业的发展；建立省级侨务工作协调会议、"五侨"联席会议、侨务联络员等制度；开展创建侨务品牌活动，相继开展"世界云南同乡联谊大会""'四个一百'工程""侨爱工程""侨心工程""联侨兴滇""暖侨计划""海外华文媒体访滇活动""海外青年侨乡行""青年创业座谈交流会""亲情中华夏令营"等一系列侨务品牌活动；组织开展东盟华商会项目推介会、云南企业"走出去"和侨商侨企"走进来"项目考察活动；成立新侨海归创新创业联盟及新侨海归协会、国际青年交流服务中心等机构；在缅甸、马来西亚等国实施"侨心书屋""海外书屋"等海外项目；

---

① 2015年1月，习近平总书记考察云南，他希望云南主动服务和融入国家发展战略，闯出一条跨越式发展的路子来，努力成为民族团结进步示范区、生态文明建设排头兵、面向南亚东南亚辐射中心，谱写好中国梦的云南篇章。

② 2018年云南省政府工作报告提出，要全力打造世界一流的"绿色能源""绿色食品""健康生活目的地"这"三张牌"。

云南省侨联"朋友圈"不断扩大，在云南省侨联相关机构和组织担任荣誉职务的海外华已由191人增加到223人，国家（地区）由83个增加到92个。① 同时加强了同泛亚铁路沿线国家和云南周边国家的联系与合作，在积极服务中国企业和文化"走出去"，引导侨资与云南特色产业相对接等方面发挥着极其重要的作用。通过这些活动和具体工作，云南侨联的工作效率和水平得到大幅提升，侨联职能得到较好履行。

二 把握工作重点，努力拓展和深化侨联工作职能

为侨服务和为经济社会发展服务是侨联不可偏废的两大任务，是侨联工作彰显"时代性"的重要维度。侨联"服务经济发展、依法维护侨益、拓展海外联谊、积极参政议政、弘扬中华文化、参与社会建设"六大职能可具体地归纳为"为侨服务"和"为经济社会发展服务"两大任务。

在全世界6000多万华侨华人中，东南亚华商的影响力最甚。东南亚华商经济实力雄厚，商业资源和人脉资源丰富，中国政府推进"一带一路"建设，推动中国—东盟自由贸易区建设，落实区域合作机制，借重海外华侨华人在东南亚国家的力量是很务实的做法。海外华商网络有共同的文化纽带，有明显的经济同质性，中国经济的进一步开放与发展，通过华人企业对华投资和中国企业向海外投资，以血缘、地缘和商缘为基础，使商务活动开展得更加顺利。中国的日益强大增强了海外华人与中国开展经贸合作的信心，同时也给东南亚华人带来更多的机会。在中外经贸互动中，侨联及相关侨务机构的桥梁和纽带作用日趋重要，其肩负的历史责任也日益重大。

过去我们强调侨联要为侨服务尤其是为归侨、侨眷提供服务，但往往忽略了侨联在经济社会发展中的重要作用。经济交往是国与国之间交往的核心内容，海外华侨华人与祖籍国有着千丝万缕的历史联系，同时又在住在国落地生根，为住在国的经济社会发展做着贡献。中国与其他国家的经济交往必然需要这些具有较大资金优势和人才优势的华侨华人参与其中。侨联作为专门从事华侨华人工作的社会组织，在促进华侨华人参与中国与

---

① 《云南省侨联不断扩大"朋友圈"服务"一带一路"》，《民族时报》2019年5月17日。

其住在国经济贸易往来、服务"走出去"战略、助力社会建设和改善民生等方面，负有不可推卸的责任。

为侨服务和为经济社会发展服务是侨务部门不可偏废的两大任务，在具体的工作中，侨联应加强对国内投资环境、优惠政策、产业优势等方面的宣传以及重大招商项目的推荐，为华侨华人提供商机。通过邀请华侨华人参加各种项目推介会、经贸洽谈会、商品交易会等重大涉外活动，为华侨华人拓展生存空间。① 同时，还要持之以恒，为华侨华人提供持续性服务，一方面保障华侨华人在华投资的利益不受损害，促使内外合作中共赢局面的形成；另一方面，华侨华人对住在国社会政策、社会治理的有着切身的体会和理解，应引导华侨华人尤其是归国华侨积极贡献社会治理领域的智慧，助力中国的社会建设。

同时，把云南建设成面向南亚东南亚的辐射中心，是国家的发展战略要求，更是云南自身的发展诉求。在云南"辐射中心"建设中，必须高度重视东南亚华侨华人的作用。针对云南省的发展实际，侨联及相关侨务部门应在引导侨资与云南特色产业有机结合等方面积极作为，推进云南省产业结构转型升级，服务和推进云南高质量发展。

三　加大侨情调研，夯实侨联侨务工作基础

准确了解海外侨情是侨联有效开展侨务工作的基础和前提。现实情况是，我们对海外华侨华人基本数据的掌握存在很大欠缺，主要表现在以下几个方面：一是对各国华侨华人基本规模的掌握存在数据过时、模糊等情况，在调研过程中我们发现，不同的海外华人对当地华人基本数据的反馈差别很大，不同侨团侨社对当地华人基本数据的反馈也有差别，侨务工作者所掌握的大多是海外华人和侨团提供的二手数据，这些数据准确性有待检验；二是有关海外华侨华人分布、结构的数据极为匮乏；三是有关海外华人基本生活状况的数据较少甚至空白。同时，广大侨务工作组织和机构、科研单位对海外华侨华人心理状态、文化适应等方面的调研活动较

---

① 国务院侨务办公室政研司：《关于"大侨务新格局"的研究》，《侨务课题研究论文集》，2005年，第1203页。

少，导致我们在对侨工作决策过程中存在先入为主的问题，工作效果受到影响。因而，积极采取措施，及时准确地掌握海外侨情信息是当前侨务工作的中心内容之一。

具体而言，可以采取双路径、多渠道的方式去获取海外侨情信息。所谓双路径指的是调研和建立侨情信息联通、反馈渠道这两个获知海外侨情信息基本方式；多渠道意味着知晓海外侨情不能局限于以上两种方式，应充分发挥海外华人分布广、信息丰富的优势，建立广泛而稳定信息交流网络，千方百计地获取有关海外华人的基本数据。

1. 走出去开展侨情调研

侨联作为党领导下的全国性人民团体，其工作对象主要是广大归侨、侨眷和海外侨胞，因而对于海外华侨华人基本情况的了解是其制定侨务政策和开展侨务工作的前提和基础，广泛开展调查研究正是获取海外侨情的重要手段之一。海外侨情调研是一项长期性、系统性工作，需要侨联和相关部门通力合作，并投入大量的人力、物力和财力，才能得以顺利开展。

首先，广大侨务工作者必须在思想上充分认识到侨情调研在整个侨务工作中的地位和作用。没有调查就没有发言权，没有调查就会墨守固有思维、凭常识行动，缺乏与时俱进的变革与创新。社会科学家曾指出："缺少经验事实的检验，关于社会的理论就是一种不负责任的或轻率的意识形态。"调查研究是了解事实、制定方案、做出决策的前提和基础。对于侨联工作而言，调查研究是其主要的工作内容，也是开展其他工作的基础性工作。通过侨情调研，在行动中开展工作，赋予侨联工作以动态性、时代性和可持续性。只有通过侨情调研，侨务部门及侨务工作者才能突破固有思维的限制，更加清晰地了解侨界实情，更加科学地制定侨务政策，更加务实地开展侨务工作。

其次，侨情调研的顺利开展离不开侨联组织和相关政府部门、科研机构的通力合作。侨情调研是一项系统性工作，单凭侨联工作人员是难以顺利开展的，它需要侨联、相关政府部门、高校等科研单位的积极参加。具体而言，侨联是侨情调研的牵头者，负责领导和组织工作；相关部门是侨情调研的支持者，负责调研所需资源的协调和供给；高校等科研单位是侨情调研的具体实施者，负责调研方案的设计、调研活动的开展以及调研报告的撰写等。当然侨联工作者也要参与调研活动，通过亲身体验以加深对侨联侨务工作的理解。与云南作为中国第五大侨乡不相匹配的是，到目前为止，云南还没有一家专门从事华侨华人研究的科研机构，一些零星的研究涉及该领域，但并未产生综合性、系统性的成果。在东南亚地区，尤其是与云南接壤和互为近邻的缅甸、老挝、越南、柬埔寨、泰国等国，云南籍华侨华人在这些国家所有华侨华人中占有很大比例，在当地经济、政治、文化领域具有较大的影响力。对这一地区数量巨大的华侨华人群体的研究，具有极强的理论意义和现实意义。理论上，这类研究将是对国内华侨华人领域研究的重要补充，有助于在多元视角下思考并完善已有的华侨华人理论。实践上，东南亚华侨华人研究为国家制定对外政策提供了理论支持，有助于提升中国与东南亚各国政治、经济、文化各领域的友好交往，有助于国家桥头堡战略的推进与实施。因而，在相关部门支持下，在侨联领导和组织下，科研机构发挥其科研优势积极参与到侨情调研工作中来，不失为提升侨联工作质量和水平的有效之策。

再次，侨情调研意味着侨联侨务工作务必"走出去"。侨联工作是一项实践性很强的工作，侨联组织的侨情调研不是通过网络和图书馆查资料就能完成的，而是需要侨务工作者深入到华侨华人的生活场景中，采取普遍调查和个案调查相结合的基本研究方式，通过问卷、访谈、观察等具体的研究方法，全方位地收集有关华侨华人信息和资料，了解他们的生产经营活动、生活状况、心理状态等，在此基础上，通过分析、总结、提炼，形成集理论性与实践性、时效性与前瞻性为一体的研究报告，作为侨联制定工作方案的主要依据。侨联"走出去"开展侨情调研应注意以下几点。

（1）要做好调研前的准备工作，包括：调研计划和行程的拟定；问卷和访谈提纲的设计与修改；有关拟调查国家华侨华人历史与现状等资料的收集；调研人员的选拔与培训；调研工具的准备；华侨华人祖籍地基本情况的了解等。

（2）调研行程的自主性和灵活性。为保证调研结果的客观性和科学性，在行程、调研对象选择、食住行等方面全部由调研团自行安排，费用自理。这样做的好处在于：既减轻了接待社团的负担，又增强了调研工作的自主性，扩大了调研范围。此外，在调研过程中，全团分成若干个小组开展调研工作，并根据情况及时调整行程与调研对象，做到调研工作的灵活性。① 在时间安排上，应视该国侨胞多少而定，不宜过短也不宜过长。

（3）科学选择调研对象。调研对象的选择直接影响调研成果的质量。选择的调研对象要具有代表性，侨情调研既要关注特殊的个别人物和事件，更要以得出有关某国侨情的普遍性结论为目的。因而调研对象要体现出多元性，从调研对象祖籍地分布来看，不能因为该国侨胞主要来自某省，就只调查来自该省的华侨华人，来自各省的华侨华人都应该有所分布；从调研对象职业分布来看，不能仅仅局限于调查工商界人士，处于各种行业，从事各种职业的华侨华人都应该有所涉及；从调研对象的阶层分布来看，不能仅调查在政界和工商界有影响力的社会上层人士，应更多关注处于当地社会中下层的华侨华人。由于海外华侨华人常常以捐赠者、投资者的形象出现在国人眼中，新闻上也经常报道某些艺人、明星加入了外国国籍，这就形成了一种误解，即海外华侨华人都是有钱有势之人，属于社会上层的精英人士。而现实的情况是，海外华侨华人既有在经济和政治上有所建树的社会上层，也有生活水平一般甚至贫困的下层人士。以往调研中经常忽略这个问题，如果不把下层人士作为调研对象，调研结果是不科学的，对海外侨情的了解是不全面、不客观的。如在泰国，有的华人可以随意在曼谷市中心购买一座高楼大厦，有的华人却不得不以做小本生意为生；在缅甸，有的华人经营着遍布世界的商业帝国，有的华人却不得不奔波劳碌以求果腹。海外侨情调研就是要弄清楚真正的华侨华人社会是什么样的，而不能以某一群体的状况来代表全部。

（4）抽调得力人手，与高校和科研机构研究者合作，集中精力撰写研究报告。整个调研过程是分小组进行的，各小组应在调研结束的当天完成调研资料的分类、整理，并录入电脑。整个调研活动结束之后，各小组要在限定的时间内上交本小组的调研资料及调研报告以供调研总报告的撰写者使用。调研报告是整个调研活动的成果展示，是调研活动的结晶，调研报告的撰写要求撰写者参与过调查的全过程，并对该领域较为熟悉，同时还要具有丰富的研究经验，因而最好由高校科研人员和侨联相关人员合作完成，高校科研人员擅长于做学理性分析，侨联工作人员擅长于事实性的归纳总结及对策性分析，两者结合完成的研究报告既有相当的理论高度，

---

① 参见吴行赐《广东省侨办开展海外侨情调研的做法与思考》，《八桂侨刊》2005年第4期。

也有强大的现实指导作用。

最后，以调研工作为契机，在了解侨情的同时，切实采取措施为遇到困难的侨界群众提供支持和帮助。群众工作和维护侨益是侨联的两大传统工作职能。在侨情调研过程中，经常会有华侨华人向调研人员反映他们遇到的困难和遭遇，以及他们观察到的当地社会中出现的和华侨华人有关的突发事件等。针对华侨华人反映的问题，调研团应该如实记录相关事件的来龙去脉并由侨胞亲自撰写反映情况的信函，把事件辑要及相关信函呈交有关职能部门，转达侨胞意见。为相关部门制定后续的侨务政策，为侨联切实履行为侨服务职能提供依据。

2. 建立海外侨情信息联通、反馈渠道

及时掌握海外侨情的另外一个有效措施是建立持续性海外侨情信息联通、反馈渠道。侨联要充分发挥其与海外侨团侨社联系紧密的优势，在海外侨团侨社设立信息员，及时通报海外侨讯，建立持续性的信息联通渠道，便于侨联及时掌握海外侨情，适时调整侨联工作思路和方法。

首先，侨联应组织专门人员从事海外侨情信息收集和整理工作。侨情信息的收集和整理不是简单的信息接收和传递工作，而是包括信息获取、鉴别、分析、加工、呈现等内容的系统性工作。信息的获取要求工作人员主动出击，在政策许可的范围内采取各种可能的手段主动获取信息，以保证信息的丰富性。信息的鉴别要求工作人员从纷繁复杂的信息中识别出能反映华侨华人最新情况的信息，以保证信息的有用性。信息的分析、加工和呈现要求工作人员在尊重真实性的前提下，采用适当表述方式，归纳总结信息要点，形成信息文本，以备呈交领导及相关部门审阅。

其次，在海外侨团侨社、机构和留学生中设立信息员，专门与侨联负责侨情信息收集和整理的工作人员对接，建立持续性的信息联通渠道。信息员在遵守当地法律法规的前提下开展信息收集和传递工作。信息员的工作内容包括：紧密关注与当地华侨华人相关的舆情信息，做好收集和整理；特别关注影响较大的突发事件及信息，注意收集信息细节，保证信息客观、真实；配合侨联工作人员做好侨情调研工作；及时准确地传递收集到的相关信息。这些工作要求信息员知晓当地法律法规和社会文化，并具有敏锐的洞察力和较强的调查研究能力。

再次，所收集的侨情信息不能仅局限于常态信息，还要特别关注与华侨华人有关的非常态信息。常态信息是海外华侨华人日常生活形态的反映，而非常态信息则表现为日常生活形态之外的一些突发性事件及信息，这些信息往往呈现出一定的破坏性和负面效应。影响较大的如泰国的"红衫军"抗议事件，由于抗议活动持续时间较长，并发生了暴力事件，给当地华人的日常生活和生产经营活动造成较大冲击；较小的如一些中国商人在缅甸经商过程中出现不诚信并殴打当地人，引起当地民众聚集抗议的事件。这些突发性事件无论大小，都对当地华侨华人的日常生活造成了一定影响，因而对这类事件和信息的关注，有助于我们建立相应的防范机制，避免类似突发事件出现造成不必要的损失。

最后，充分利用网络等现代化信息传递工具，增强侨情信息传递的时效性。时效性与准确性是侨情信息收集的基本要求，网络作为现代性的信息传播工具，必然成为侨联工作人员与海外信息员交流与联系的主要工具。网络两端的信息收集和整理者被网络连接在一起，他们在互动交流中，共同商讨相关事宜，分享经验，提高了侨情信息收集和整理的时效性和准确性。

四 转变工作方法，由牵线搭桥转向铺路架桥

侨联工作方法的创新的基础在于侨联工作主动性的不断提升。侨联要主动为中国企业和文化"走出去"以及海外侨资"引进来"搭建平台。所谓搭建平台，就是要搭建中国企业走出去和海外（华人）企业引进来相结合的内外互动、互利共赢的合作发展平台。中国于2010年超越日本，成为世界上仅次于美国的第二大经济体。中国GDP占世界经济的比重，从1978年的1.8%上升到2018年的接近16%。2006年以来，中国对世界经济增长的贡献率稳居世界第一。[1] 中国的经济发展不但惠及本国人民，也对世界经济发展提供了强劲的动力，特别是对周边国家的发展和转型提供了难得的商机。中国与东南亚国家的联系越来越紧密。

在中国与东南亚各国的经济合作和友好交往中，华侨华人起着重要的

---

[1] 《70年，中国经济总量增长超170倍》，《北京日报》2019年9月22日。

纽带和桥梁作用。广大华商是双方友好与合作的参与者、先行者、贡献者。在中国经济结构转型期，大量中国资本"走出去"的发展过程中，具备地缘、血缘、业缘等优势的华侨华人，依然会发挥极其重要的作用。

侨联作为与海外华侨华人联系紧密的社会组织，要发挥其工作涉及面广、工作方法灵活等优势，积极主动服务于国内资本的走出去和海外资本的引进来。泰国、缅甸、老挝、越南、柬埔寨等国华侨华人无论经济还是政治方面在当地都有一定的影响力，侨联应积极引导一些重要、知名的华商企业与国内（云南）企业合作，为他们铺路架桥、提供信息，搭建起服务于中国（云南）与东南亚各国长期性经贸交往的战略平台，促进内外互动，探寻国内企业与海外华商共同发展的新路子，为实施走出去战略、桥头堡战略提供支持。近年来，云南省侨联紧紧围绕"一个中心、两个突破、三个平台"的基本思路开展工作，"一个中心"即云南省委、省政府出台新形势下进一步加强侨联工作意见，为云南侨联深入开展工作明确了方向。"两个突破"即亲情中华项目的突破和侨情专报工作方面的突破，标志着云南侨联工作水平的提升。"三个平台"即以"青年会"搭建二、三代华人融入国内政治生活的平台；以"泛亚华商投资贸易促进会"搭建中资企业"走出去"的平台；以"云南华商公益基金会"搭建广大华商服务云南卫生、教育、扶贫等事业的平台。① 侨联工作的理念不断更新，侨联工作的内容不断拓展，侨联工作的方法不断完善，侨联工作的水平和质量不断提升。

当然，中国企业"走出去"也存在一些挑战：（1）国内企业和商人在对外投资和经商过程中，存在诸如不诚信、经营方式粗暴甚至违反当地法律的情况。（2）部分海外华商对国内企业走出去怀有矛盾心理。一方面希望在走出去战略中加深与国内企业的互动和合作，谋取新的发展机会；另

---

① 云南华商公益基金会成立于2011年6月5日该基金会为广大华商参与祖国和家乡公益事业提供了重要平台。公益基金会将进一步发扬海内外侨界热心公益的优秀传统，支持和鼓励海内外华商关心和资助福利、慈善、文化、艺术、教育、科技、卫生、体育等各项社会公益事业的发展，竭诚为海内外华商参与建设富裕民主文明开放和谐云南提供服务。目前，云南华商公益基金会完成或正在筹划的主要工作有："忠魂归国"项目、华侨历史博物馆建设项目、《南侨机工》电视剧拍摄项目。其中已经"忠魂归国"由云南省黄埔军校同学会、云南省侨联发起并组织实施。2011年7月底至8月中旬，活动组委会在缅甸北部的密支那、西保等地寻找到19位中国远征军抗日将士遗骸，火化后于9月14日在云南省腾冲市国殇墓园安葬。

一方面又对国内企业的进入心存戒备，尤其是在一些市场开放程度较弱的国家，市场网络还未形成，行业之间的联系不够紧密，国内企业的介入容易破坏已有的商业环境，对当地企业形成冲击。

因而，侨联应发挥其工作方法灵活多样、工作内容辐射面广的优势，一方面通过宣传、培训等方式加深走出去企业和商人对住在国政治、文化、法律等基本情况的了解，为走出去做好思想准备，促使中国企业及商人注重自身形象的塑造；另一方面，积极为华侨华人提供力所能及的服务，为他们提供信息、搭建平台，在走出去战略中兼顾华商利益，为华人企业注入新发展动力，化解他们的矛盾心理，是整合海外侨务资源服务于走出去战略的必由之路。

"一带一路"及云南"辐射中心"建设为云南跨越式发展提供了新的机遇，搭建了海外华侨华人谋求发展的新平台，同时也为侨联创新工作理念、改进工作方法、拓展工作职能、提升工作水平提供了新机会。侨联作为重要的侨务工作组织，要以全局性眼光，处理好国内工作与国外工作的关系、为侨服务和为经济社会发展服务的关系、老一代华侨华人工作和新生代华侨华人工作的关系，积极服务于国家的经济和社会发展战略以及周边国家命运和人类命运共同体的构建。

参考文献

一 著作类

曹云华:《变异与保持:东南亚华人的文化适应》,中国华侨出版社2001年版。

陈乔之:《面向21世纪的东南亚:改革与发展》,暨南大学出版社2000年版。

陈文寿:《华侨华人侨务:北京视点》,香港社会科学出版社有限公司2007年版。

陈衍说:《与印度尼西亚开展经济合作指南》,中山大学出版社1997年版。

成思危:《东亚金融危机的分析与启示》,民主建设出版社1999年版。

范宏贵:《中越跨境民族研究》,社会科学文献出版社2015年版。

范宏伟:《缅甸华侨华人史》,中国华侨出版社2016年版。

冯子平:《海外春秋》,商务印书馆1993年版。

郭梁:《东南亚华侨华人经济简史》,经济出版社1998年版。

国务院发展研究中心世界发展研究所:《世界发展状况》,时事出版社2001年版。

国务院侨办侨务干部学校编:《华侨华人概述》,九州出版社2005年版。

郝勇、黄勇、覃海伦:《老挝概论》,世界图书出版广东有限公司2012年版。

贺圣达:《当代缅甸》,人民出版社1993年版。

贺圣达、李晨阳:《列国志·缅甸》,社会科学文献出版社2005年版。

胡修雷:《2018世界侨情报告》,社会科学文献出版社2019年版。

黄明生、何作庆:《陆疆侨乡名村——云南省红河州红河县迤萨镇跑马路社区安邦村调查报告》，社会科学文献出版社 2010 年版。

黄望波：《改革开放以来东南亚华商对中国大陆的投资研究》，厦门大学出版社 2004 年版。

黄望波、庄国土：《2008 年海外华侨华人概述》，世界知识出版社 2011 年版。

黄枝连：《东南亚华族社会发展论》，上海社会科学院出版社 1992 年版。

李爱慧：《越柬寮潮属华人难民与美国潮州会馆的勃兴》，《华侨华人文献学刊》第三辑，社会科学文献出版社 2016 年版。

李健：《20 世纪缅甸的华文报刊和华文教育》，社会科学文献出版社 2016 年版。

梁英明：《东南亚华人研究：新世纪新视野》，香港社会科学出版社有限公司 2008 年版。

廖小健：《世纪之交马来西亚》，世界知识出版社 2002 年版。

陆琮渊、黄日涵：《搭桥引路：华人华侨与"一带一路"》，社会科学文献出版社 2016 年版。

陆亚琴：《东盟自由贸易区与云南对外开放》，云南民族出版社 2004 年版。

毛起雄：《当代国内外侨情与中国侨务法制建设》，中国民主法制出版社 2008 年版。

丘进、张禹东、骆克任：《华侨华人研究报告（2013）》，社会科学文献出版社 2014 年版。

石维有：《泰国华商资本的兴起与发展研究》，广西师范大学出版社 2009 年版。

田禾、周方冶：《泰国·列国志》，社会科学文献出版社 2005 年版。

王介南、王全珍：《中缅友好两千年》，云南德宏民族出版社 1996 年版。

王耀辉、康荣平：《世界华商发展报告（2017）》，中国华侨出版社 2017 年版。

王耀辉、康荣平：《世界华商发展报告（2018）》，社会科学文献出版社 2018 年版。

吴东儒、李义斌、林春培：《华侨华人蓝皮书：华侨华人研究报告（2016）》，社会科学文献出版社 2017 年版。

吴凤斌：《东南亚华侨通史》，福建人民出版社 1994 年版。

姚望：《国崛起的步伐——中国"走出去"战略》，科学出版社 2008 年版。

叶祥松、陈晴晔、赵景峰等：《东南亚华人经济研究》，经济科学出版社 1999 年版。

余定邦：《中缅关系史》，光明日报出版社 2000 年版。

云冠平、陈乔之：《东南亚华人企业经营管理研究》，经济管理出版社 2000 年版。

云南省地方志编纂委员会：《云南省志·侨务志》，云南人民出版社 1993 年版。

云南省地方志编纂委员会：《云南省志·外事志》，云南人民出版社 1996 年版。

云南省社科院编：《云南民营经济蓝皮书》，云南大学出版社 2010 年版。

张春旺、张秀明、胡修雷：《世界侨情蓝皮书：世界侨情报告（2019）》，社会科学文献出版社 2019 年版。

张水长：《寻求新的突破》，云南人民出版社 1997 年版。

张琢、马福云：《发展社会学》，中国社会科学出版社 2001 年版。

郑杭生主编：《社会学概论》，中国人民大学出版社 2002 年版。

郑民、梁初鸣：《华侨华人史研究集》，海洋出版社 1989 年版。

周南京主编：《华侨华人百科全书·历史卷》，中国华侨出版社 2002 年版。

周起业：《区域经济学》，中国人民大学出版社 1989 年版。

庄国土、刘文正：《东亚华人社会的形成和发展》，厦门大学出版社 2009 年版。

庄国土、刘文正：《东亚华人社会形成与发展——华商网络、移民与一体化趋势》，厦门大学出版社 2009 年版。

庄国土等：《二战以后东南亚华族社会地位的变化》，厦门大学出版社 2003 年版。

二 期刊论文

陈迪宇：《云南与"大湄公河次区域经济合作机制"》，《国际观察》2008 年第 6 期。

陈海丽、黄子娟：《从越南华人华侨政策看中越关系》，《当代文化与教育研究》2009 年第 3 期。

陈豪：《奋力谱写中国梦的云南篇章》，《求是》2020 年第 1 期。

陈庆、黄汉宝、陈金云：《越南华人的人口学分析》，《八桂侨刊》2001 年第 3 期。

陈莺：《云南与东盟农产品贸易的影响因素及应对策略》，《农业经济》2017 年第 3 期。

单晓红：《缅甸早期华文报纸实践及其属性特征》，《文化与传播》2019 年第 3 期。

范宏伟：《缅甸华人的政治地位及其前景》，《国际关系学院学报》2009 年第 2 期。

方积根、胡文英：《缅甸华文报刊史略》，《东南亚南亚研究》1988 年第 1 期。

方普雄：《缅甸华人经济掠影》，《侨园》2001 年第 2 期。

方圆、张万益等：《我国能源资源现状与发展趋势》，《矿产保护与利用》2018 年第 4 期。

方芸：《老挝华侨华人与"一带一路"建设》，《八桂侨刊》2018 年第 2 期。

顾佳赟：《"一带一路"视域下柬埔寨华人华侨的群体特征分析与政策选择》，《亚非研究》2016 年第 1 期。

郭元丽：《昆曼公路贸易运输一站式服务模式研究》，《中国市场》2015 年第 11 期。

郝志刚：《缅甸华人华侨华文教育》，《东南亚研究》1997 年第 4 期。

何平：《移居缅甸的云南人》，《云南师范大学学报》（哲学社会科学版）2008 年第 2 期。

贺圣达：《中国周边大湄公河次区域国家形势新发展对中国西南边疆的影响及中国的应对》，《创新》2011 年第 5 期。

贺圣达、李晨阳：《缅甸民族的种类和各民族现有人口》，《广西大学学报》（哲学社会科学版）2007 年第 1 期。

侯松岭、聂爱生：《浅析缅甸华人经济的现状、特点和发展》，《东南亚纵横》2003 年第 5 期。

胡启：《加快发展云南生物医药和大健康产业》，《社会主义论坛》2017 年第 7 期。

胡庆忠:《推进云南生物医药产业发展》,《社会主义论坛》2017年第7期。

胡然、亨凯:《从勐稳人入籍看缅甸的多元民族政治》,《世界知识》2016年第9期。

黄洁、白捷伊:《昆曼公路通而不畅问题分析》,《特区经济》2016年第10期。

黄晓坚:《柬埔寨华人社会的变迁——兼论柬埔寨华侨华人在"一带一路"建设中的作用》,《华侨华人历史研究》2018年第3期。

康晓丽:《20世纪50年代以来东南亚闽籍华人数量的估算》,《华侨华人历史研究》2019年第9期。

李白茵、罗方明:《越南各个时期的华侨政策》,《印度支那》1989年第4期。

李寒秋:《中国周边安全形势之东南亚篇》,《世界军事》2011年第1期。

李庆林、张帅:《中国与老挝媒体合作研究》,《对外传播》2019年第5期。

林锡星:《军人统治下缅甸华人经济的发展变化》,《世界民族》1998年第3期。

林锡星:《缅甸华人与当地民族关系研究》,《东南亚研究》2002年第2期。

林锡星:《早期缅甸华人经济的形成——缅甸华人经济研究之一》,《东南亚研究》1998年第4期。

林锡星:《战前与战后初期缅甸华人经济比较——缅甸华人经济研究之二》,《东南亚研究》1998年第5期。

刘半甜:《泰国华商发家史》,《世界博览》2010年第12期。

刘静、曹云华:《华侨华人与中国的海外利益》,《八桂侨刊》2008年第4期。

卢光盛:《缅甸华人:概况和特点》,《当代亚太》2011年第6期。

罗承松、孟选高、李秋蓉:《老挝民族问题的特点及其政策路径选择》,《普洱学院学报》2019年第5期。

罗英祥:《缅甸华侨华人的历史与现状透视》,《华侨华人历史研究》1997年第3期。

马树洪：《老挝人民革命党"五大"评介》，《东南亚纵横》1991 年第 3 期。

孟萍莉、吴若楠：《中国企业对缅甸投资面临的风险及对策》，《对外经贸实务》2019 年第 10 期。

末广昭、向来：《战后泰国的资本主义发展：商业银行家、工业巨头和农产企业集团》，《南洋资料译丛》1996 年第 Z1 期。

聂慧慧：《越南：2018 年回顾与 2019 年展望》，《东南亚纵横》2019 年第 1 期。

潘艳贤：《浅析 20 世纪以来泰国华族群关系》，《八桂侨刊》2016 年第 6 期。

庞彦翔：《对我国企业"走出去"战略内涵极其重点的思考》，《濮阳职业技术学院学报》2006 年第 1 期。

彭晖：《柬埔寨华侨华人现况》，《东南亚纵横》2000 年第 S2 期。

齐勇锋、蒋多：《中国文化走出去战略的内涵和模式探讨》，《东岳论丛》2010 年第 10 期。

丘普艳：《越南华侨社会的形成和发展》，《东南亚南亚研究》2012 年第 1 期。

孙泰然：《"一带一路"背景下中国电影如何走进国外市场》，《孔子学院》2018 年第 3 期。

覃翊：《近年越南华人数量的估算与分析》，《南洋问题研究》2015 年第 1 期。

王苍柏：《东亚现代化视野中的华人经济网络——以泰国为例的研究》，《华侨华人历史研究》1998 年第 3 期。

王士录：《柬埔寨华侨华人的历史与现状》，《华侨华人历史研究》2002 年第 4 期。

卫炎雄：《老挝：2018 年回顾与 2019 年展望》，《东南亚纵横》2019 年第 1 期。

温北炎：《柬埔寨政治经济发展与华人经济》，《东南亚研究》2003 年第 3 期。

吴群、李有江：《二战后泰国华侨华人社会的变化》，《云南师范大学学报》（哲学社会科学版）2004 年第 5 期。

吴行赐：《广东省侨办开展海外侨情调研的做法与思考》，《八桂侨刊》2005 年第 4 期。

夏玉清：《当代缅甸华人社会的延续与变迁》，《东南亚纵横》2018 年第 3 期。

向大有：《一百万与四百万的反差——关于越南华侨华人人口数据的考证》，《八桂侨刊》1994 年第 2 期。

肖丽萍等：《云南生物医药与大健康产业发展现状研究》，《现代商业》2018 年第 27 期。

肖宇、彭子龙、何京东等：《科技创新助力构建国家能源新体系》，《中国科学院院刊》2019 年第 4 期。

许梅：《越南侨民战略的调整与实践及其初步成效》，《八桂侨刊》2019 年第 2 期。

许梅、郑可敏：《战后老挝华人社会地位变迁与发展》，《八桂侨刊》1999 年第 2 期。

许肖生：《中国共产党早期的华侨政策和侨务工作》，《暨南学报》1991 年第 3 期。

颜星：《越南的华人经济与中越边贸》，《学术探索》2002 年第 1 期。

杨超：《老挝新华侨华人与中老友好交往》，《八桂侨刊》2011 年第 2 期。

杨晓兰：《推进德宏与缅甸文化交流探析》，《缅甸研究》2018 年第 2 期。

尹志征：《略述越南华侨史各时期基本情况和特点》，《印度支那》1985 年第 1 期。

于向东：《越南华人政治、文化和宗教活动现状评价》，《八桂侨刊》2004 年第 4 期。

余定邦：《殖民地时期缅甸立法会议的华侨议员》，《东南亚学刊》1999 年第 3 期。

余翔：《越南民族宗教概况》，《国际资料信息》2003 年第 10 期。

曾少聪、赵永胜：《缅甸华人及其文化特点》，《玉溪师范学院学报》2016 年第 2 期。

张聪、孙学峰：《中国在缅投资项目成败的原因（2011—2016）》，《国际政治科学》2016 年第 4 期。

张伟玉、黄德海：《"一带一路"视域下侨务工作的转型路径、合作机制与模式创新》，《东南亚研究》2017年第4期。

张燕生：《走出去战略是个大战略》，《宏观经济研究》2000年第10期。

张友国：《中国贸易增长的能源环境代价》，《数量经济技术经济研究》2009年第1期。

张钟鑫：《当代东南亚华人基督徒数量的估算与评析——兼统计东南亚、世界基督徒与东南亚华人数量》，《世界宗教研究》2018年第1期。

赵晓笛：《发展中国家直接投资发展之路——投资发展周期理论述评》，《中国流通经济》2007年第8期。

肇琳：《试析二战后东南亚华侨华人社会的变化发展》，《华侨华人历史研究》1996年第2期。

周建新、王美莲：《泰国的民族划分及其民族政策分析》，《广西民族研究》2019年第5期。

朱芳华：《老挝汉语推广的对策初探》，《海外华文教育》2010年第1期。

庄国土：《东南亚华侨华人数量新估算》，《厦门大学学报》2009年第3期。

[缅] 戚基耶基纽、李秉年、南诊：《四个时期的缅甸华文报》，《东南亚研究资料》1983年第2期。

[缅] 钦佐温：《佛教与民族主义——缅甸：如何走出民族主义的泥淖》，《南洋问题研究》2016年第1期。

[日] 野泽知弘：《柬埔寨的华人社会》，《南洋资料译丛》2007年第3期。

[越] 朱海：《华人移居越南的各个时期及其特点》，《八桂侨刊》1993年第1期。

三　学位论文

陈美君：《老挝华校华文教育的现状、困难与改革》，硕士学位论文，苏州大学，2012年。

杜玲：《发展中国家/地区对外直接投资：理论、经验与趋势》，博士学位论文，中国社会科学院，2005年。

范锦荣：《泰国华人政治参与研究》，硕士学位论文，暨南大学，2011年。

谷禾：《跨境民族身份认同研究——以云南跨境民族为例》，博士学位论文，中国人民大学，2008年。

莉姝:《云南与东盟经贸关系探析》,硕士学位论文,东北财经大学,2005年。

黎玉容:《越南华人华文教育现状考察——以胡志明市为例》,硕士学位论文,华中师范大学,2010年。

刘新:《中国与金三角周边国家禁毒合作研究》,硕士学位论文,华中师范大学,2015年。

穆丽华:《缅甸独立后的华人社会变迁研究》,硕士学位论文,云南师范大学,2009年。

邱会珍:《1975年以来泰国华侨华人与中泰关系研究》,硕士学位论文,华侨大学,2016年。

田霞:《柬埔寨民族国家建构与民族整合进程研究》,硕士学位论文,云南大学,2016年。

魏来:《越南、柬埔寨、老挝、印尼四国主要城市华文教育调查报告》,硕士学位论文,暨南大学,2014年。

吴壁鸿:《改革开放以来泰国华商对中国大陆的投资分析》,硕士学位论文,暨南大学,2012年。

张月明:《越南经济革新与华人经济发展》,硕士学位论文,郑州大学,2016年。